Pamela Ander

IN LIEBE, PAM

In Liebe,
Pamela

PAMELA
ANDERSON

AUS DEM AMERIKANISCHEN ENGLISCH VON ALAN TEPPER

hannibal
www.hannibal-verlag.de

Impressum

Deutsche Erstausgabe 2023

Hannibal Verlag, ein Imprint der KOCH International GmbH, A-6604 Höfen
www.hannibal-verlag.de

ISBN 978-3-85445-762-6
Auch als E-Book erhältlich mit der ISBN 978-3-85445-763-3

Titel der Originalausgabe: Love, Pamela

Erschienen bei Dey Street Books, ein Imprint von HarperCollins Publishers, 195 Broadway, New York, NY 10007
ISBN 978-0-06-322656-2

Coverfoto und Foto Seite 7: Carmelo Redondo
Grafischer Satz in deutscher Sprache: Thomas Auer
Übersetzung: Alan Tepper
Deutsches Lektorat und Korrektorat: Thomas Wachter

Printed in Germany

FSC www.fsc.org
MIX
Papier aus verantwortungsvollen Quellen
FSC® C083411

FÜR MEINE JUNGS,

Die mich ermutigten
meine Geschichte aufzuschreiben,
in meinem
unvollkommenen Stil.
Es ist der einzige Weg,
mein Leben
zu ertragen
und zu beschreiben.
Meinen einzigartigen Wahnsinn,
mein Vermächtnis.
Nur mit meinem unerschütterlichen Herzen,
frei heraus zu schreiben.

IN LIEBE, PAMELA

Die Liebe währt so kurz,
aber das Vergessen so lang.
– PABLO NERUDA

Der schmale Grat verschwimmt
zwischen Träumen
und der Realität
oder wo ich ende
und die Welt beginnt.
Zu leben
und zu träumen
ist ein tückischer Tanz.
Meine Träume werden oft wahr,
ein Fluch
und auch ein Segen.

Nun, da
ich wieder den Ausgangspunkt erreiche,
fühle ich mich endlich „sicher“.
Ich stolperte über eine Liebe,
die mich aufrecht halten wird—
nicht eine zweisame,
freundschaftliche,
und mitfühlende Liebe.

Eine Liebe
voller Feen,
Nymphen
und Magie.
Eine wahre Liebesgeschichte—
Die Liebe
des Selbst.

Oder genauer,
eine zärtliche Vergebung.

Gute Angewohnheiten
sind schwer zu erkennen,
vor dem Hintergrund
all der vergangenen Tage
und heutigen Entscheidungen.
Es gibt kein Richtig
oder Falsch,
nur individuelle Fixierungen
basierend auf der eigenen Geschichte,
dem Trauma,
der Unschuld
und Bildung.
Man sagte mir immer, ich sei
„unkontrollierbar".
Niemand stimmte meinen Entscheidungen zu.
Vielleicht
ist das ein gutes Zeichen.
Ich folgte nur einem Weg – meinem.

Ich war eine selbstständige Mutter,
keine Nannys.
Die Baseballspiele
meiner Jungs,

eingetragen in meinen Film-
und Fernsehverträgen.
Meine Kinder kamen immer zuerst—
Egal, was geschah—
Niemand kann uns das
nehmen.

In Hollywood – eine Seltenheit.

Ich war
und bin immer noch:
ein extrem
einfaches Ziel.
Und
darauf bin ich stolz.
Meine Schutzwälle sind schwach.
Ich bin nicht verbittert,
ich habe nicht das Verlangen hart zu sein,
gehört oder ernst genommen zu werden.
Ich ziehe es vor,
zu schweben,
ohne Grenzen.
Dem Leben eine Chance zu lassen,
und dem Schicksal.
„Gib mir etwas, mit dem ich umgehen kann",
verlange ich—
Bereit für die Herausforderung.

Das Leben ist eine Aufeinanderfolge von Problemen,
durch die wir navigieren müssen.
Mit Würde—
Ein Problem gelöst, taucht ein anderes auf,
wieder
und wieder,

bis wir sterben.
Ich irre voran,
dränge die mir Nächsten
zu neuen,
aufwühlenden
und inspirierenden Orten,
erbitte von anderen
nur das, was ich von mir selbst
verlange—

Ich bin
ein kleines Mädchen, geboren
von strahlend schönen,
kreativ Co-abhängigen,
sich nie entschuldigenden Frauen,
die viel zu gut waren,
für irgendeinen Mann.

Meerjungfrauen gemeinsam,
lebend in Sandburgen,
träumend unter mit Seegras gefüllter Bettwäsche
Austernschalen als Geschirr …

Meine Mentoren waren heftig, ungestüm,
mit toupiertem Haar wie Zuckerwatte,
standhaft und weise,
aber auch merkwürdig wild.
Ich kann mich des Glückes schätzen,
den femininen wilden Geist zu haben,
launisch und immer präsent,
um mich herum wirbelnd.
Von meiner
Mutter, einer Sexbombe,
bis zu den einzigartigen Frauen,

die sie aufzogen.
Rebellische Schönheiten
mit Philip-Treacy-Baskenmützen,
den Blue-Water-Taktiken folgend,
mit niedlichen Geheimwaffen.
Unschuldig liebend
und frei heraus
sexy.
Eine Sinnlichkeit
ergänzt durch
fantastische Familienrezepte,
Liebe und Verführung.
„Der Weg zu dem Herzen jedes Mannes
führt durch seinen Magen“,
aber auch
zu seinem verhungernden Geist.

Mir wurde gelehrt,
niemals aufzugeben
oder von „der Jagd“ abzulassen—
„Mach es interessant“,
„Sei nicht zu leicht zu haben“ —
Heute so ein Mädchen zu sein,
sendet das gegenteilige Signal.
Tabu,
frustrierend, unpatriotisch,
oder problematisch.

Für mich ist es natürlich
und interessant,
den Feminismus mit dem
Femininen zu vereinen.
Erlerne die Kunst der Jagd,
während du liebevoll auf den Wert

des Selbstwertgefühls
achtest und ihn mit dir trägst.

Das alles,
fest verankert in mir,
himmlisch und
genetisch aufgeheizt.

Meine Erinnerungen
erscheinen wie ein schnelles Karussell,
wie ein Verschwimmen der Zeit.
Jahrzehnte der Desillusionierung,
der Verwirrung.
Ich mag es nicht, über Tage zu schreiben,
oder Jahre oder Monate
oder Wochen—
Es fühlt sich gekünstelt an.

Die Beziehungen,
die ich hatte,
sind nicht mein Lebenswerk—
Tja …
Sie sind eher eine Zeitlinie.

Eigentlich
teile ich mein Leben
nicht in Jahre ein,
sondern in die, in die ich
zu der Zeit verliebt war.
Eine verworrene Erinnerung.
Ich nenne sie einen „weichen Blick“ zurück,
ähnlich wie ich in die Kamera schaue—
Ich sehe „hindurch“ —
Sogar daran vorbei—

Niemals
ein direktes Starren in die Linse,
sondern ein gewollt weicher Fokus.

Ein vorsichtiges Blinzeln in den Abgrund,
als könnte ich etwas in der Ferne sehen,
aber nicht genau erkennen.
Neugierig—
Eine Energie, die mich ruft—
Die Schwerkraft zieht mich an.

Jedes Cover,
jedes Foto
war von meiner Seite aus wortwörtlich
verschwommen.
(Vielleicht hätte ich eine Brille gebraucht?)

Die Leben der meisten Menschen verlaufen
ohne eine Notiz
oder schlimmer noch:
Ungelebt.
Es ist wie eine Therapie,
sich durch die Archive zu wühlen.
Ich habe überlebt.
als hätte ich mein Leben gelebt,
um darüber zu schreiben.

Und so,
hole ich aus
von hier—
Direkt in die tiefe Schlammpfütze,
die ich kreiert habe—
und fische nach Steinen—

Und ziehe den ganzen Dreck hoch,
der den Grund schützt,
den oft anvisierten Bereich
dort tief unten …

Das bin ich—

Ich verzehre mich nach Büchern und Kunst—
Sie formen mich.
Ein Klumpen Ton,
darauf wartend, gestaltet zu werden.
Ich nehme alles auf,
was ich nur kann
und
wache auf.
Jeder Tag ein neuer Mensch—
Schmerzvoll, ausgehungert
Und greife nach der Gießkanne.

Dies ist ein ernstes Buch
über den Missbrauch,
über den mühseligen Kampf
und die Bewältigung.
Ich hoffe, es ist aber auch
unterhaltsam …
und
noch wichtiger
aufbauend und kraftspendend.

Meine Geschichte
mag widerhallen—
Ein Kleinstadtmädchen,
das sich verfing,
in ihrem Traum.

Schnell erkennend, dass sie etwas
aus dem Nichts erschaffen hatte.

Ich entfachte die Lunte
und
alles ging hoch – ohne mich.
Wie ein Feuerwerkskörper, den man nicht fangen kann—
spielerisch umhertanzend,
gefährlich, nicht vorherzusehen,
und zu heiß, um ihn zu fassen.
Ein nicht enden wollender, schwelender Brand.
Es gab
Entbehrungen
und Freude,
und
in all der Zeit
das Gefühl geführt zu werden:
Alles was ich brauchte, war
Mut,
um einen neuen Schritt zu machen—
Wissend, dass
mir Engel beistanden.
Es war der einzige Schutz,
den ich brauchte,
zusätzlich zu einem unmittelbaren Gespür des Selbst.
Ich habe einen
unerschütterlichen Glauben an etwas—
Einen Gott,
der dort sein muss—

Dann kam ein Wendepunkt,
wo ich mich frei fühlte,
ich selbst zu sein
und nicht nur im Überlebensmodus zu existieren—

Befreiung—
Als ich erkannte,
dass ich selbst meine schlimmste Kritikerin war,
entschied ich,
die lähmende Schüchternheit abzustreifen,
in der ich gefangen war—
Erkennend, dass das Leben geschieht,
mit mir
oder ohne mich.
Eine
neue Denkweise:
Wenn andere so sein können,
so kann ich es auch.

An die jungen Mädchen
und Jungs
da draußen, die ihr eigenes Leben auf eine Leinwand bannen:
„Beflügelt es“,
Ihr seid nicht verrückt.
Ihr seid genauso mutig wie ich.
Unabhängiges Denken und
Ungehorsam
sind wichtig—
Und:
Es wird euch gut gehen.
Ich wünschte, mir hätte das jemand gesagt.
Und wenn sie es gemacht hätten,
hätte ich mir gewünscht,
es geglaubt zu haben.

Ich wurde eine Kriegerin.
Eine Zerstörerin
alter Meinungen,
Drachen bezwingend.

Ich machte mir
die erleuchtende Ansicht zu eigen:
Ich bin „gut genug".
Ich bin mächtig—

Ja, das bin ich …

I

Ich stelle mich als Fünfjährige vor—
Ganz genau—
Ich betrachte sie von Kopf bis Fuß—
Ich sehe ihr eine Weile beim
Spielen zu,
lebhaft, verspielt, theatralisch—
Ich rufe ihren Namen, will ihre Aufmerksamkeit—
Sie braucht einen Moment, um mich zu erkennen,
und dann rennt sie mit offenen Armen
zu mir.
Ich drücke sie fest,
halte ihre Hände und drehe mich um meine eigene Achse,
während sie so mitreißend lacht,
und kichert
mit
unschuldigem Staunen.
Ich sage ihr, wie sehr ich sie liebe,
wie schön sie ist,
eine Wildblume,
und dass ich für sie da bin,
und dass
alles gut sein wird.
Dass sie das alles überstehen wird,
mit Bravour—

Ich küsse sie ganz fest auf ihre sandige Wange—
Sie schneidet eine lustige Grimasse
und
reißt sich von mir los.
Rennt weg,
in ihrem abgetragenen,
apfelgrünen
Frottee-Bikini—
Der versucht dort zu sitzen,
wo es nötig ist.
Sie wirft mir Küsse zu
und winkt.
Dann eilt sie zu Wichtigerem—
Mr. und Mrs. Krebs
und
ihre
Quallenkinder.

Das wahre Ich—
unberührt, rein.

ICH WURDE 1967 GEBOREN, IM „SUMMER OF LOVE". EIN JAHRhundertbaby, das mit stattlichen sieben Pfund zu Kanadas 100. Geburtstag erschien. 100 Jahre von was, eigentlich? Einer manipulierten Geschichte. Vancouver Island entstand durch einen Vulkanausbruch vor 150 Millionen Jahren, und die Ureinwohner der First Nations lebten dort schon Tausende von Jahren, bevor Kolumbus einen Fuß auf die Insel setzte. Man kann kein Land „entdecken", in dem bereits Menschen leben. Die Geschichte wird oft neu geschrieben, um aus Monstern Helden zu machen. Oder umgekehrt. Die Wahrheit wird letztendlich immer an die Oberfläche dringen.

Ein Irrlicht …

Meine Mutter war erst 17 und mein Vater 19, also sehr jung, um mich zu bekommen. Sie begegneten sich am Anfang eines Frühlings unter einem großen, in Blüte stehenden Kirschbaum, direkt vor der Kirche, die die Familie meiner Mutter die meisten Sonntage besuchte. Sie saß auf dem niedrigsten Ast – so erzählt es die Story – und ließ ihre schönen Beine in langen Bobby-Socks hin und her baumeln, als mein Vater und ein Freund vorbeigingen. Dad nahm sein Ziel ins Visier und steckte seinem besten Kumpel einen Vierteldollar zu, damit er sich schleunigst aus dem Staub machte. *Hey, Angel,* sprach er sie an, sich mit seiner Hand am Baum abstützend. Nach hinten gekämmtes volles Haar und Augen in der Farbe des Ozeans. Sie war hin und weg. Die beiden verliebten sich auf der Stelle. Wie ein Blitz. *Coup de foudre.*

Ihre Liebesbeziehung glich einem Film aus den Fünfzigern. Denken Sie an *American Grafitti.* Drive-ins, Hot Rods, Burgers, zubereitet im lokalen Wings-Café. Dad schrieb ihr Gedichte auf lange Papierrollen, die er aus der stinkenden Papierfabrik mitgehen ließ, in der er damals arbeitete. Er schrieb meiner Mom jeden Tag, und sie rannte direkt nach der Schule zum Briefkasten, um seine Post an sich zu reißen. Obwohl sie nur wenige Meilen auseinanderlebten, war es für die beiden zu weit und zu lange, um voneinander getrennt zu sein.

Ladysmith ist ein ehemaliges Bergbauzentrum und ein Ort stillgelegter, verlassener Sägewerke. In dem von Stränden gesäumten, jetzigen Fischerstädtchen finden sich zahlreiche Parks und große Grundstücke der First Nations. Hier kann man nicht viel machen, außer zu tratschen. Oder die Leute tratschen über dich. Meine Eltern standen für Ärger und Aufruhr, glichen lokalen Bonnies und Clydes. Beide waren extrem, beinahe schon lächerlich eifersüchtig und schienen ihren Spaß an Auseinandersetzungen und Wiederversöhnungen zu haben. Mein Dad schleuste meine damals noch minderjährige Mutter in die lokale Bar – und wenn die Cops auftauchten, flüchteten sie, wobei Mom sich meist auf dem Klo versteckte, wo man sie wegen ihres knallgelben Jumpers schnell erkannte. Meist kamen sie mit einem nachdrücklichen „Ab nach Hause" davon, manchmal mit einer 5-Dollar-Strafe.

Dad stand darauf, durch die Straßen zu rasen und „crashte" einige seiner Autos. Besonders „berühmt" wurde der Stunt, bei dem er mit seinem Austin-Healey-Cabrio von einer schmalen Brücke in Saltair abkam und im Schlick stecken blieb. Sein Ruf gehört zur örtlichen Mythologie, und bis zum heutigen Tag kann sich jeder an eine eigene Erzählung erinnern: im Lebensmittelgeschäft, im Getränkeladen, in einfach jedem Shop. *Oh, dein Dad … Ich könnte dir da Geschichten erzählen …* Dann muss ich sie unterbrechen und einlenken *Ich habe schon genug gehört. Das können Sie mir glauben, aber vielen Dank auch.* Sie gehen danach weiter, kopfschüttelnd und mit einem verklärten „Ach, du lieber Himmel"-Ausdruck. Ich sehe ein aufmüpfiges Lächeln in ihrem Gesicht aufblitzen, einen plötzlichen Gedanken an die guten, alten Zeiten, ein leichtes, beschwingtes Hüpfen in ihrem Gang – so als würden sie nach Hause gehen und nach einer sehr langen Zeit wieder mit ihren Frauen schlafen.

Einmal versuchte Dad der Polizei zu entkommen und schrottete seinen grünen Ford Fairlane. Mom saß auf dem Beifahrersitz und flehte ihn an, langsamer zu fahren. Ihr schönes Gesicht durchschlug die Windschutzscheibe, und der blass cremefarbene Innenraum war mit Blut vollgespritzt. Sie war damals schwanger mit mir, und wir machen uns immer noch einen Spaß daraus, dass „das möglicherweise einiges erklärt". (Nicht bei ihr, sondern bei mir.) Heute bedeckt sie die lange, diagonale Narbe, die sich vom Haaransatz bis zur Augenbraue zieht mit ihrer Frisur.

Ihre Zwangshochzeit fiel bescheiden aus, und ich wurde nur wenige Monate später im örtlichen Krankenhaus von Ladysmith geboren. Mein Dad war gerade mit seinen Kumpels unterwegs, kippte einige Drinks und verpasste die Geburt. Sechs Monate später erschien ein Foto auf der ersten Seite des *Ladysmith Chronicle*, auf dem mein Vater stolz das „Jahrhundertbaby"-Medaillon hielt und ich auf dem Schoß meiner Mutter saß. Wie eine Kumari.

Unsere kleine Familie lebte im Arcady Auto Court, dem Grundstück meiner Großeltern mit neun winzigen Holzhäusern, die sich direkt am Strand an den Wald schmiegten. Cabin 6 – unser Haus – stand auf einer mit Gras bewachsenen Anhöhe. Durch die uralten Erdbeerbäume blickte man direkt auf den Ozean. Die meisten dort hatten eine große Klappe und schlugen einen rauen Ton an, doch meine Großmutter stand für Anmut – sie war groß, hatte perfekt frisiertes schwarzes Haar und einen hellen Teint. Sie trug schicke, einfarbige Kleidung: limonengrüne Hosen, an der Schulter ausgeschnittene Tops und hübsche Ballerinas. Rote Fingernägel, rote Lippen. Ihr Frühstück bestand aus einem Glas Sherry, das sie sich an der Bar im Frank-Sinatra-Stil eingoss – die Kristallflaschen standen stilgerecht auf einem alten, kirschfarbenen Weber-Klavier. Später vermietete Oma die kleinen Häuser, meist an Biker, und offenbar mochte und vertraute sie sogar den Hells Angels. Ich glaube, dass sie sich nach dem Tod von Opa in der Anwesenheit starker Männer sicherer fühlte, die für sie schwärmten, ihre Großzügigkeit schätzten und alles für sie erledigten. „Acid Eddy's" Hütte steht immer noch, und der Legende nach liegt dort irgendwo Gold vergraben – und vielleicht auch ein paar Leichen. Ich kann mich noch an den Sound von den Bikes erinnern, der sich mit dem Zirpen der kleinen Vögel vermischte, dem Ruf der Eulen und dem Krächzen der Adler.

Wild sein,
inmitten der Wildnis.

Das kleine Geschäft beim Auto Court verfügte über alles Notwendige, also die Hauptprodukte. Auf den pink und schwarz lackierten Regalen reihten sich Zigaretten, Süßigkeiten und Zeitungen aneinander. Der Kühlschrank war mit Limonadeflaschen gefüllt und die Gefriertruhe mit Tiefkühlware. Als Kind öffnete ich die Abdeckung, lehnte mich kopfüber hinein und strampelte mit den Beinen wie beim Fahrradfahren, während ich mit der Hand in der eisigen Luft nach meinem Lieblings-„Eis am Stiel" schnappte. Es musste Orangeneis sein, meine bevorzugte Sorte. Man konnte es immer an meinen geschwollenen, orangefarbenen Lippen erkennen, die Lippen, wegen denen ich als Kind gehänselt wurde, aber in die ich „hineinwuchs". Wenn Großmutter mich sah, bemerkte ich diesen „Was hast du gemacht?“-Ausdruck in ihrem Gesicht, obwohl sie die Antwort längst kannte. Ich schaute verlegen auf den Boden – orangefarben von der Nase bis zum Kinn – begann zu lächeln und bat sie, meine Beute auf unseren „Deckel“ anzuschreiben, nicht wissend, was genau das war und dass mein Vater ihn monatlich abstottern musste. Oma packte meinen Arm, zog mich zum Waschbecken, griff sich ein altes Stück Seife und wusch meine Hände zwischen ihren, im warmen, schaumigen Wasser. Dann nahm sie ein zerknittertes Spültuch, das nach irgendetwas merkwürdig Antiseptischem roch, um meinen Mund abzutrocknen, wonach sie mich nach Hause schickte.

Mein Bruder Gerry kam vier Jahre nach mir auf die Welt, ein Flachskopf voller blonder Locken und blauen Augen wie meine Mutter. Ein Cherub. In jeder Hinsicht das Gegenteil von mir. Er wurde am 31. Juli geboren, hier ein besonderer Feiertag. Eine weitere Erwähnung in der Zeitung, ein weiteres Medaillon.

Als meine Mutter mit Gerry schwanger war, zogen wir den Strand hinunter, in ein Holzhaus mit drei Zimmern an der Woodley Road. Das mit Schindeln bedeckte Dach passte zu dem verblichenen Zedernholz. Durch das endlose Getöse des Windes von der See und dem Regenwetter hatte es die Farbe von grauem Treibholz angenommen. Im Winter hingen die Eiszapfen so tief herab, dass sie den Boden berührten, ähnlich einem gefrorenen Wasserfall. Die vordere Veranda gehörte zu unserem Wohnraum, denn dort standen die Waschmaschine und der Gefrierschrank, Kästen leerer Bierflaschen, darauf wartend, an den Wochenenden zum Getränkegroßhandel gebracht zu werden.

Das Haus lag nur wenige Schritte vom Strand entfernt. Ich war gut darin, barfuß über die Rankenfußkrebse zu rennen, raste über sie, als seien sie glühende Kohlen. Ich bin mir nicht sicher, ob meine Füße überhaupt die scharfen Muscheln berührten, die überall lagen. Der Sand voller Kieselsteine, Felsen, Krabben, großen und kleinen Pfützen und Seesternen: ein Wunderland des reichen und gesunden Meereslebens, direkt vor unserer Tür. Mein Spielplatz.

Meine Welt war der Ozean.
Und ich berührte das Wasser immer mit einem Zeh.

Unser Zuhause war klein. Es gab nur wenig Platz für uns alle, und so spielten Gerry und ich meist draußen, sogar im strömenden Regen. Dort fühlte ich mich sicherer als drinnen. Ich liebte es, den Steingarten mit drei Ebenen hinter dem Haus hochzuklettern, voller wilder Mohnblümchen, Pfingstrosen und Brombeersträuchern … Wir schlitterten durch die Pfützen, pflückten Wildblumen und Beeren und mopsten gelegentlich die „Nicht berühren"-Narzissen aus Moms Garten. Meine Lieblingsplätze waren vom duftenden violetten Flieder umwachsen, und die Weinreben rankten eng die Baumstümpfe hoch, an deren Ästen säuerliche Äpfel wuchsen. Gerry und ich „backten" Pastete aus schlammiger Erde, und ich baute im Dreck einen „Tisch" aus Stöckchen und Blättern, in dessen Mitte wir unsere gestohlenen Blumen steckten. Und dann aßen wir die Pastete – ein bisschen Erde hat noch niemanden geschadet.

Meine Mom gab uns
alles,
aber meines Vaters Liebe war
anders—
clever, genial.
Immer ein bisschen zornig,
aber meist frustriert über sich selbst.
Das denke ich.
Die Liebe rettete ihn.
Die beiden waren die verschollenen Teile des jeweils anderen—

Mein schillerndes Beispiel—
Das, wonach ich strebte,
während meines ganzen Lebens.
Unglücklicherweise
und glücklicherweise—

Mein Vorbild der Liebe,
ein wenig verkorkst,
nicht nur
verzerrt—

Und,
schwer zu erreichen.

Meine Mutter war alles für mich, so witzig und wunderschön, das leuchtende Zentrum unseres Lebens. Wir liebten sie alle – ich, Gerry und Dad. Sie war eine zierliche, unglaublich lebendige und ständig kichernde Blondine. Auf gar keinen Fall dumm, aber naiv. Ich kann sie deutlich vor mir sehen – wie sie mit ihrem weißen Seidenschal winkte, wie eine sich Ergebende, eine Hilflose vor der Kamera spielend und dabei alles mit den größten blauen Augen wegfegte, die man je gesehen hat. Einfach jemand, der dich umhaut. Auf der Wäscheleine hingen immer zwei Kleider neben unserer knitterigen Unterwäsche – eins mit buttergelben und zu ihrem Haar passenden Blumen, das andere in einem grellen türkisfarbenen und zu ihren Augen passenden Ton. Sie trug ihre Haare in einer süßen blonden Bouffant-Frisur, ein wenig pink oder fliederfarben gefärbt und erzählte Geschichten, wie sie in ihrer Jugend Suppendosen benutzte, um die Haare aufzurollen. Mom und ihre Freundinnen teilten sich die Suppe, spülten danach die Dose aus und ergänzten damit ihre Sammlung. Sie konnten sich manchmal keine anständige Mahlzeit leisten, aber es war immer möglich, schön zu sein. *Es gibt keine Entschuldigung, nicht gut auszusehen*, erklärte sie stets. Ihre Haare litten niemals, auch wenn die Pflege beschwerlich war.

Mein Dad hatte auch einen fantastischen Stil und war ein unverkennbarer Aufschneider. Er zog weiße T-Shirts an, mit einer Packung von Menthol-Camels unter einem Ärmel gesteckt. Er trug die Armbanduhr links, das Zifferblatt nach unten. Sein dunkles Haar war als Schmalztolle zurückgekämmt, ähnlich wie bei Elvis, obwohl er vielleicht besser aussah. Auf immer und ewig der berüchtigte „böse

Junge". Trotz ihrer rauen und wilden Leuchtkraft strahlten die beiden einen natürlichen Glamour aus, obwohl sie noch zu jung waren, um ihn vollends auszuleben.

Dad lässt sich als Leser beschreiben, ein Denker, ein Träumer. Aber durch und durch ein Unruhestifter. Ständig alles hinterfragend. In der Schule war er ein Einser-Schüler. Bei seinen Freunden ein „Rechtsanwalt", der alles in Frage stellte. Er lernte intensiv Latein, las die Bibel zehn Mal und forderte die Lehrer bis zur Weißglut heraus. Man schickte ihn nach Hause, weil er seine Ansichten offen aussprach, immer den Status Quo herausforderte. Spielerisch provokant verkündete er, dass es – wenn überhaupt – Erik der Rote war, der Amerika „entdeckte".

Mir wurde beigebracht, Autoritäten zu hinterfragen—
Und so hinterfrage ich alles.

Auch mein Großvater Herman lässt sich als ein Denker mit eigenen Ansichten charakterisieren. Ein aggressiver Gelehrter. Er war ein Romantiker, ein anonymer Dichter für den *Ladysmith Chronicle*, ein spiritueller Dozent. Sein ganzes Leben hatte Opa als Holzfäller gearbeitet, gehörte zu den Männern, die auf 30 Meter hohen Baumwipfeln tanzten. Ich stelle ihn mir vor, wie er zurückgelehnt in seinem grünen La-Z-Boy-Sessel sitzt, ein Buch in der Hand, während meine Großmutter ganz in seiner Nähe neben dem Polizeifunk hockt, sich immer über den lokalen Tratsch informierend. Großvater las mir aus *Bulfinch's Mythology* vor, mit einer Stimme, tiefer als die von Barry White. Er brachte mir auch Finnisch bei. Überall, wo ich hinging, trug ich ein finnisches Wörterbuch bei mir, lernte neue Vokabeln und Sätze und versuchte ihn zu beeindrucken. Wir mochten es, uns vor den anderen zu unterhalten, ohne dass sie es verstanden. Als ich ihn fragte, welcher Religion ich angehöre, erklärte er mir, ich sei agnostisch. Ich dachte, er würde „antagonistisch" meinen. Und das erzählte ich den Leuten eine ganze Zeit lang, worauf sie natürlich mit einem verwirrten Gesichtsausdruck reagierten. Mit dem Alter und einiger

Recherche wurde mir klar, dass er damit keinen zu erkennenden oder nicht zu erkennenden Gott meinte, weder den Glauben, noch die Ungläubigkeit. Meine Spiritualität blieb allein mir überlassen. Niemand erklärte mir, was ich zu glauben hatte – ich würde Gott auf meine Art finden. Oder auch nicht. Ich wurde so erzogen, dass mir niemand vorschrieb, was ich tun sollte, wie ich sein sollte oder was ich denken musste oder an was ich zu glauben hatte – und dafür bin ich unendlich dankbar. Das ist ein unvergleichliches Geschenk! Großvaters intensive Beziehung zur Natur und der damit verbundene Respekt stellen für mich eine grundlegende Hinterlassenschaft dar. Er war derjenige, der mich davon überzeugte, dass Elfen und Feen existieren, dass die Bäume zu uns reden und miteinander sprechen können. Dass man – stellt man im Garten kleine Spiegel auf – damit die Reflektion einer Fee einfangen kann. Zweifeln Sie mich nicht an, denn ich habe sie mit eigenen Augen gesehen.

Wir hatten nur wenig, während wir aufwuchsen, aber Mom war eine magische Stimmungszauberin. Sie hinterließ winzige Pfade von Blütenblättern im Garten, stellte überall im Haus kleine Notizkärtchen auf und bastelte uns Überraschungen für Weihnachten, Ostern, den Valentinstag ... Sie vergaß niemals einen Feiertag, hielt kleine Geschenke für uns oder meinen Vater bereit, was immer sie sich auch leisten konnte. Mom hatte einige Jobs – sie kellnerte, pflückte Erdbeeren, grub nach Muscheln und verkaufte Staubsauger, während Dad meist als Schornsteinfeger arbeitete, der sich einen eigenen Zeitplan aufstellte. Jeden Abend stand bei Mom das Essen um exakt 17 Uhr auf dem Tisch. Das war eine Routine, auf die wir uns verließen. Nun wird mir klar, wie wichtig das für Gerry und mich war, dieses Ritual und die Beständigkeit, auch wenn es sich nur um Mahlzeiten mit laufendem Fernseher handelte. Ich aß am liebsten Makkaroni mit gekochten Dosentomaten, und ich verzehre mich heute noch nach Moms Piroggen – den Schinken mal weggelassen – und Rüben aus Dosen.

Auch wenn Mom mal erschöpft war, zeigte sie es nicht. Ich wollte sie immer zum Lachen bringen. Schon von einem jungen Alter an liebte ich es, sie fröhlich zu sehen. Ich sauste zum Beispiel mit Velcro-Lockenwicklern aus meinem Zimmer und führte die Parfüm-Werbung von Enjoli auf – *I can bring home the bacon, fry it up in a pan … never let you forget you're a man – 'cause I'm a woman* – und verschwand dann wieder. Wir hatten keine Tür zu unserem Zimmer, und so stoppte ich schnell, lehnte mich an die Türzarge und lauschte aufmerksam dem Lachen meiner Eltern, stolz auf mich selbst und leise kichernd. Und dann plante ich den nächsten großen Auftritt.

Auch Mom blödelte herum, sodass sie losprusten musste und uns mit ihrem Lachen ansteckte. Alberne Fitnessübungen und Stretching, „Jumping Jacks" – und meine Lieblingsaktivität, der „Hintern-Spaziergang" im Garten. Dabei setzte man sich auf den Boden, die Beine vor sich angewinkelt und hüpfte mit dem Hinterteil immer ein Stückchen weiter. Mom widmete sich diesem „Workout" sogar mit einigen Freundinnen – alles Glam-Ladys mit niedlichen Strickjacken und der gleichen Beehive-Frisur, allerdings in einer anderen Farbe, die sich den ganzen Weg kaputtlachten. Mom war lustig, so lustig wie Lucille Ball.

Sie erklärte mir, dass es so etwas wie die natürliche Schönheit nicht gibt – man benötigt dafür mindestens eine Stunde vor dem Spiegel – und dass eine attraktive Frau mehr Macht hat. Ich stellte einen starken Kontrast zu der gestylten Schönheit meiner Mutter dar – zu ihrem perfekt gemachtem Haar, dem knackig-engen T-Shirt, den hochgerollten Jeans und den süßen Gärtnerhandschuhen – und war eher jungenhaft und burschikos. In meiner Kindheit spielte ich mit allem, was kreuchte und fleuchte: einer langsamen Schnake, die sich ihren Weg über den Boden erkämpfte (das war sicher, denn sie können dich mit den langen Beinen nicht beißen), einer glitschigen Strumpfbandnatter, die ich herumtrug und sogar Bienen. Sie faszinierten mich so sehr, dass ich mich wieder und wieder stechen ließ, während ich einen Bienenstock inspizierte. Ein anderes Mal packte ich eine dicke Strandratte am Schwanz. Sie flüchtete schleunigst, aber ich hielt den Schwanz noch in der Hand! Irgendwie muss ich ihn wohl aus ihrem Hinterteil gezogen haben. Ich fühlte mich schrecklich, war aber verdutzt und zeigte ihn überall herum. Damit war es nicht schwer, Mom und ihre Freundinnen zum Kreischen zu bringen.

Ich hatte damals eine unglaubliche, übersprudelnde Energie und nicht viele Orte, an denen ich sie ausleben konnte. Wir verfügten nicht über das Geld, um Aktivitäten nach der Schule zu organisieren, doch ich fand immer einen Weg. Eiskunstlauf war sehr teuer, und so legte ich mir als Ersatz Schlittschuhe zu und nahm an der örtlichen Eisrevue teil. Ich gehörte zu einem der Dalmatiner in *101 Dalmatiner* (hier müssen noch 95 abgezogen werden und so blieben wir sechs in dementsprechenden Kostümen über). Mom benutzte Schuhpolitur, um eins meiner Augen zu schwärzen, doch es brannte höllisch, woraufhin ich schwarze Tränen heulte. Wir betraten das Eis, hielten uns an den Hüften fest und trippelten unseres Weges. Doch ich sah nichts mehr, stolperte und riss die ganze „Hundestaffel" mit mir.

Die Gemeinde bot kostenlose Akrobatikkurse an, wo sie mich „Gummiband" nannten, weil ich Spagat in drei Stellungen absolvierte und Back Walkovers auf derselben Stelle, ohne mich großartig zu bewegen. Da ich so klein war reichte man mich von einer zur nächsten Pyramidenformation. Ich liebte es, durch die Luft zu gleiten, hatte das Gefühl der Schwerelosigkeit, so als sei alles möglich. Natürlich forderte ich den Tod heraus und erlebte und entwickelte dadurch in einem sehr jungen Alter meinen unerschütterlichen Mut.

Eine Freundin der Familie gab mir Klavierunterricht, und zwar nach der Suzuki-Methode, bei der das Gehör eine zentrale Rolle einnahm. Sie spielte mir etwas vor, und ich ahmte es nach. Darin war ich gut, denn in unserem Haus lief überall Musik. Meine Eltern hörten viel Country, und ich sang immer zur Musik von George Strait, wenn seine Platte auf dem Plattenteller lag. Das traf auch auf Elvis zu (*So träumerisch*, meinte Mom) oder Tammy Wynettes „I Don't Wanna Play House". Sie wippte während des Abwaschs mit ihren Hüften, während ich umhertanzte und *I don't wanna play house; it makes mommy cry* sang.

Mom nahm mich mit ihren Freundinnen immer mit zum Drive-in. Natürlich rauchte jeder – und ich hasste das Brennen in meinen

Augen, während sie tratschten und eine Zigarette nach der anderen anzündeten. *Du wirst deinem Vater nichts von dem hier erzählen, hörst du?*, meinte sie, mir dabei eine Handvoll Popcorn in die geöffneten Hände schüttend. Ich war mir nicht ganz sicher, was denn nun das große Geheimnis war – die Tatsache, dass wir Geld für Junkfood ausgaben oder der Elvis-Streifen, bei dem sie beinahe in Ohnmacht fielen, wenn sie nur darüber redeten – aber ich stimmte zu, meine Augen reibend und beim Versuch zu überleben fast auf dem Rücksitz erstickend.

Der ganz große Spaß begann, wenn Mom bei der Arbeit war, denn Dad nahm uns zu den Pokerspielen mit seinen Freunden mit. Auf der Fahrt ging es durch die Wildnis, und wir wurden auf dem Rücksitz des lehmgrünen Land Rovers hin und her geschleudert. Ohne Sicherheitsgurte fielen wir in alle Richtungen, lachten, stießen uns die Köpfe, kreischten hysterisch, während wir über Baumstämme flogen und durch Gräben sausten. Hoch ging es die steilen Hügel und wir schrien angsterfüllt, befürchtend, wir würden uns gleich überschlagen. *Erzählt das bloß nicht Mom.* Das Ziel war Regan's Pool – ein leerer und mit Graffiti beschmierter Swimmingpool mitten im Wald. Dort tranken Dad und seine Freunde und spielten Karten. Dads enge Freunde mochten es, wenn wir sie „Onkel" nannten. Es gab einen Onkel Grift [dt. Kleinkrimineller] (selbsterklärend) und einen Onkel Leo. Er war der beste Freund meines Vaters und half ihm beim Bäume-Trimmen, indem er mit seiner zuverlässigen Schrotflinte die gefährlichen Äste abschoss, auch „Witwenmacher" genannt. Und dann tauchte noch Onkel Lem auf, ein dicker, großmäuliger Holzfäller, der sich eine „Katalog-Braut" angelacht hatte. Als sie Englisch gelernt hatte, verließ sie ihn und ließ dabei auch noch den Toaster mitgehen. Er schuldete Dad 500 Dollar und war bis zu seinem Tod auf der Flucht. Dad ist immer noch stinksauer, dass er sie nicht zurückbekam. Sie brachten Kühltaschen voller Bier mit, und es gehörte zum Job der Kinder, dass die Männer nie auf dem Trockenen saßen. Wir rannten wie Hochgeschwindigkeitskellner hin zum Cooler und wieder zurück. Ich hatte den begehrten Job des „Flaschenöffner-Halters", da ich so kräftig war.

Sie mussten immer erst zu mir kommen, um sich die Flaschen aufzumachen. Meine Arme waren über und über mit Bierschaum bespritzt, den ich dann ableckte. Es war ein schmutziger Job.

DAD SPIELTE KLAVIER UND LIEß EINE PARTY ANNÄHERND WIE EIN Jerry Lee Lewis abgehen. Während die violett schimmernde Sonne unterging, kramte er dann sein Akkordeon und die Löffel hervor. Sein Lieblingssong war „Green Door". *What's that secret you're keeping …* Wenn das Bier auf dem Tisch stand, dazu Austern direkt vom Strand, die wir öffneten und schlürften, dann begann Mom zu tanzen, twistete verträumt zu einer Melodie, die nur sie hören konnte. Ich erinnere mich an ein Picknick am Strand. Wir hatten nur wenig an, und auf dem Feuer im Sand stand eine schwarze, gusseiserne Pfanne, in der sich Meeresfrüchte mit einem Poppen öffneten, gedünstet in Bier und Butter. Dann am späten Abend in einem Ozean voller Quallen nackt schwimmen, mit Wasser spritzen, lachen, erleuchtet vom Flimmern einer Phosphoreszenz im eisigen schwarzen Wasser und den Feuern, die hell am Strand loderten. Schöne Mädchen, nur mit einem BH und weit hochgezogenen Shorts bekleidet, die die Jungs am Rande des Wassers necken. Schlaksige Jungs in durchnässten, langgezogenen Unterhosen, die den Mond anheulen. Mit von der Partie: Unser Hund Lobo, ein Wolfsmischling.

Am nächsten Morgen platzierten Gerry und ich die Stühle über den Männern, die noch regungslos auf dem Steg lagen. Und dann warfen wir ihnen kleine Kieselsteinchen an den Kopf. Wir machten daraus ein Spiel und wurden fluchend verfolgt und gejagt, aber ich entkam den verkaterten Kerlen immer.

Mir bereitet es immer noch Unbehagen,
einen erwachsenen Mann straucheln zu sehen.
Und ich habe einige erlebt …

Dads jüngere Schwester Tante Sherry fuhr eine blaue Stingray Corvette und hatte die wunderschönste Handschrift auf der ganzen Welt, einen lebhaften, verschnörkelten Schriftzug. Ich wollte ihr in jeder Hinsicht nacheifern. Seine ältere Schwester hieß Tante Marlene. Sie war taub und nannte mich „Bappely". Sie konnte Lippenlesen, aber na ja, vielleicht nicht so gut. Damals gab es für taube Menschen kaum Hilfsmittel, und so beschränkte sie sich auf ihre eigene Art des Hörens und der Kommunikation. Bei meinen Besuchen gab es stets Tee. Wenn sie mal wegschaute, schob ich die Teekanne dreist weg, um herauszufinden, ob sie das bemerkte. Sie schob sie wieder zurück. Dann stellte ich das Zuckerdöschen ein wenig zur Seite. Aber sie stellte es mit einem Seufzen wieder auf die Ausgangsposition.

Tante Marlene kümmerte sich um all die wilden Katzen, die um das Haus herumstreunten. Ich bemerkte, dass sie mit Tieren in einer ganz speziellen Sprache kommunizierte, und sie folgten ihr, als sei sie der Rattenfänger von Hameln. Neugierig und wissbegierig beobachtete ich sie, da ich ihre Geheimnisse herausfinden wollte, um davon zu lernen. Auch ich empfand eine tiefe Verbundenheit gegenüber Tieren und hatte erlebt, ihnen mehr zu vertrauen als den Menschen. Ich war diejenige, die ausgestoßene Tiere zu mir holte, sie im Grunde genommen sammelte – wie zum Beispiel eine orangene Tabby-Katze oder einen im Stich gelassenen, sehr jungen Rotluchs. Und ich war auch diejenige, zu der man Vögel mit gebrochenen Flügeln brachte. Die Tiere, die kein anderer mehr wollte oder für die niemand genügend Geduld hatte.

Dad mochte es, mit seinen Freunden auf die Jagd zu gehen, und ich erinnere mich an die toten Tiere, die sie auf den Motorhauben ihrer Trucks festgezurrt hatten und Waffen, die an der Wand hingen. Damals machte eine Geschichte die Runde, dass ein Hirsch, den sie geschossen hatten wieder aufstand und wegrannte, gerade als sie für Fotos neben ihrer Beute posierten, die Gewehre auf dem Geweih des vermeintlich toten Tieres abgestützt. Und sie? Sie lachten wie die Wahnsinnigen. Dad füllte die mitgenommene vergilbte Kühltruhe auf der Veranda mit Reh- und Elchfleisch auf, eingewickelt in braunem, blutverschmiertem Papier. Ich nannte es immer „komisches Fleisch", denn es schmeckte merkwürdig, durchzogen von einem undefinierbaren Aroma der Wildnis. Dieses Fleisch zu essen, fühlte sich falsch an.

Dad verbot mir, jemals das Pumpenhaus zu betreten. Natürlich wollte ich das dann unbedingt. Von unserem Garten aus starrte ich auf den Verschlag, mir vorstellend, dass dort alles nur Erdenkliche vor sich ginge … doch ich hätte mir niemals vorstellen können, was sich da tatsächlich befand. Schließlich, an einem Tag, nahm ich meinen ganzen Mut zusammen. Als niemand nach mir schaute, zwängte ich mich heimlich durch den Zaun, öffnete die quietschende Tür und entdeckte ein kopfloses Reh, das an den Läufen fixiert von der Decke hing. Ein großer, muskulöser Körper; Blut, das in einen Eimer tropfte. Ich stand dort wie erstarrt, auf eine bestimmte Art fasziniert, aber gleichzeitig entsetzt kreischend. Dann richtete ich meinen Blick auf den entstellten Kopf, der neben dem Körper auf einem blutigen Holzstumpf lag. Wie gebannt schaute ich in die Augen, dunkel und tief, eingerahmt von buschigen Brauen. Sie schienen mich anzustarren, durchdrangen meine Seele bis auf den Grund – bis zur größten Verletzlichkeit. Das war Fleisch? Ich würde meinen Eltern niemals vergeben.

Das brachte mich dazu, nie wieder Tiere zu essen und Aktivistin zu werden. Ich war ungefähr sechs oder sieben Jahre alt und dachte: Das ist nicht gerecht, denn Tiere haben kein Gewehr, keine Stimme. Vielleicht könnte ich ihre Stimme sein? Ich überzeugte Dad, nie wieder auf die Jagd zu gehen, indem ich ihn mit so viel emotionalen Traumata quälte wie ich nur konnte. Ich ließ es ihn büßen, so lange bis meine Zöpfe senkrecht in der Luft standen, dabei Tränen wie aus einem Springbrunnen vergießend und ihn anflehend. Er versprach mir, dass er niemals wieder jagen würde, woran er sich auch hielt. Damals erkannte ich, was für eine kleine Macht ich doch hatte. Es war ein Anfang.

Wie alle Kinder
hatte ich ein naives Verständnis—
Dass das mir Erzählte wahr war—
Dass das Gelesene wahr war—

Dass das mir Gesagte wahr war—
Lügen,
die verstand ich nicht—
Noch nicht!

SCHON IN EINEM JUNGEN ALTER LERNTE ICH, DASS DIE MENSCHEN meist schrecklich sind. Und Babysitter noch schrecklicher. In meinem Fall war es eine junge Babysitterin, die mich schon sehr früh sexualisierte, indem sie mich zwang, komische Spiele mit ihrem Körper zu veranstalten, so wie „Wägelchen". Sie brachte mir gebrauchtes Spielzeug mit – wie einen fast lebensgroßen Barbie-Kopf, bei dem ich die Haare stylte und Make-up im Gesicht auftrug. Meine Eltern glaubten, dass sie großzügig und liebenswert sei, doch im Grunde genommen war es nur ein Trick, um sie von der wahren Fährte abzulenken. Damals konnte ich noch nichts davon verstehen. Sie drohte mir und zwang mich, es niemanden zu verraten. Oder etwas Schlimmes würde geschehen.

Warum waren die Menschen nur so gemein, und was konnte ich dagegen unternehmen? Meine Eltern waren immer ehrlich zu mir – kompromisslos ehrlich – aber wenn mich jemand aufforderte, etwas zu verheimlichen, schmerzte mich das bis ins Innerste.

Ich war unschuldig:
eine Akrobatin,
eine Turnerin,
ein gelenkiges, jungenhaftes Mädchen
mit einer unendlichen Vorstellungskraft.
Aufbrausend Sandburgen bauend,
mit einer enormen Geschwindigkeit.
Meine eigene Welt kreierend, so schnell ich nur konnte.

AN DER WOODLEY ROAD LEBTEN NOCH EINIGE NACHBARN, DOCH glücklicherweise wohnten wir direkt neben der Atkinson-Familie, deren Haus für mich ein Zufluchtsort des Friedens war. Ich ließ mich jeden Tag in ihrem Haus sehen – wie ihr viertes Kind – und war wie verrückt in die beiden älteren Brüder Matt und John verknallt. Ihnen schickte ich anonyme Liebesbriefe, geschrieben mit einem Buntstift, sodass jeder wusste, dass sie nur von mir kommen konnten. Ihre Schwester Sara war etwas älter als ich. Sie nahm Tanzunterricht – Ballett, Jazz, Stepptanz – und ich hing immer bei ihnen ab, darauf wartend, dass sie endlich nach Hause kam. Wenn sie mit ihrem hübschen Turnanzug zurückkehrte, brachte sie mir einige Schritte bei. Ich in meinen abgeschnittenen Jeans und einem dreckigen T-Shirt … versuchte mich am Shuffle Ball Change.

Mrs. Atkinson war eine Hausfrau und Mr. Atkinson ein erfolgreicher Geschäftsmann, dem die Firma für Kabelleitungen gehörte, die die TV-Sender auf der Insel versorgten. Wie ich später noch herausfinden sollte, stellte er für viele eine Art Mentor dar. Glücklicherweise interessierte sich die Familie für mich und kümmerte sich auch um mich, als ich Zuspruch am dringendsten benötigte. Es war eine andere Welt. Ich hatte noch nicht mal gewusst, was ein Salat war, bis ich einen in Saras Haus entdeckte. Ihre Mutter muss mich wohl gebeten haben, ihr etwas zu bringen, da ich niemals von allein den Kühlschrank geöffnet hätte – ich verhielt mich niemals so unhöflich. Ich erinnere mich daran, die bis oben gefüllten Fächer inspiziert zu haben, die einen krassen Kontrast zu unseren darstellten. Mein Blick richtete sich auf eine große, hölzerne Schale mit Pilzen, die sorgsam in einem Kreis oben herum platziert waren, darunter geschälte Gurken und in der Mitte geraspelte Möhren und klein gehackte rote Zwiebeln. Es war Kunst, dieses Mandala, das sich da vor meinen Augen drehte. Ich starrte lange darauf, zu lange, um einen Kühlschrank aufstehen zu lassen. Ich stand dort wie angewurzelt, bis mich Mrs. Atkinson sanft anstieß und sagte *Pamela, Liebes* … Sie hatte meine Verwirrung bemerkt, war zutiefst berührt und fragte, ob ich ihr öfter beim Zubereiten des Essens helfen wolle. Und das wollte ich wirklich.

Ich wusste, dass bei ihrer Hintertür ein großes Glasgefäß mit Hunde-Leckerlis auf einer Anrichte stand. Sie erlaubten mir, einige auf dem Weg nach draußen mitzunehmen, um sie ihrem schönen Deutschen Kurzhaar namens Topey zu geben. Wir saßen dann Seite an Seite auf der hinteren Veranda, aßen sie gemeinsam, wobei ich seine Pfote hielt und wir beide gedankenverloren die Augen über den Ozean schweifen ließen. Eins für ihn, eins für mich.

Meine Eltern waren schnell dabei, Sprüche wie *Wenn wir nur genug Geld hätten, wäre alles besser* vom Stapel zu lassen. Doch ich wusste damals schon längst, dass dazu viel mehr gehörte.

ZUHAUSE WURDE ES NOCH BRENZLIGER. DAD SCHLEUDERTE Moms neuen Electrolux-Staubsauger über ihren Kopf hinweg, der dann vom vorderen Ufer abprallte, über das Bootshaus flog und am Strand landete. Sie hatte versucht, das Wohnzimmer zu putzen, den kleinen Tisch voller randvoller Aschenbecher, Lucky-Bierflaschen – die lokale Lieblingssorte – verstreut auf der abgewetzten braunen Cordcouch. Vom Fernseher her plärrte eine Hockey-Übertragung. Wir wussten, jetzt bloß keinen Krach zu machen, oder sonst was. Dad beschimpfte Mom mit schlimmen Worten. „Trottel" oder „dämlich". Er war außergewöhnlich klug, meisterte sogar Mensa, hatte einen hohen IQ, aber wenn er sich betrank und wütend wurde, zielte er auf Moms Intelligenz ab. Diese Worte schmerzten sehr. Solche Beschimpfungen mochte ich überhaupt nicht – und ich erlebte viel zu viele.

Wenn so etwas passierte, nahm ich Gerry mit nach draußen, wo wir uns auf die Treppe setzten. Wenn das Schreien verstummte, nahmen wir an, dass es endlich vorbei sei. Meist erwischten wir sie dann, wie sie es auf der Couch trieben oder auf dem Tisch oder gelehnt am Kühlschrank. Blitzschnell nahm ich Gerry an die Hand, und wir gingen wieder nach draußen und fanden etwas zur Ablenkung.

Sie waren nicht wie andere Eltern, die ich sah—
Ihre unbestreitbare Leidenschaft,
die Streitereien, die Tränen
und das Schreien—

Doch irgendwie endete es wieder in der Normalität—
Manchmal fühlten Gerry und ich uns,
als würden wir ihrer gemeinsamen Zeit im Wege stehen
oder so, als seien wir das Problem.

Mom weinte oft, immer ganz leise im Bad mit geschlossener Tür. Ich hörte ihr gedämpftes Schluchzen, hörte, wie sie leise mit sich selbst sprach und versuchte sich zu beruhigen. Wir hatten nur ein einziges Badezimmer, und wenn man durch das Schlüsselloch sah, konnte man alles erkennen. Ich beobachtete Mom. Sie versuchte ihre Haare und das Make-up wieder in Ordnung zu bringen, wobei die schwarze Mascara an ihren Wangen herablief. Der Spiegel hing an der Wand über der Toilette, und so musste sie sich auf den Klodeckel knien, um sich genau zu mustern. Das Make-up, die Bürsten, der Lippenstift und der verblasste, pinke Toupierkamm lagen ausgebreitet auf dem Spülkasten. Ob sie wusste, dass ich sie beobachtete?

Meine wunderschöne, traurige Mutter
machte aus mir ein melancholisches Kind.
Sie war ein lebendes Mel-Ramos-Schlüsselloch-Gemälde.

Ich ging selbst ins Badezimmer und stellte mich auf den Toilettensitz. Dann sah ich mich kritisch an, so wie sie es auch machte, kämmte meine Haare und versuchte ihren blass-pinken Lippenstift aufzutragen. Sogar als Kind hasste ich mein Aussehen. Für mein Alter war ich viel zu klein, mager und zu athletisch. Einmal entdeckte ich, dass sich der Spiegel öffnen ließ, denn es handelte sich eigentlich um ein Medizinschränkchen. Dort sah ich ein Fläschchen mit pinken Pillen. Kaubares Kleinkinder-Aspirin. Sie sahen wie Süßigkeiten aus, und so verschlang ich alle. Das Nächste, an das ich mich erinnere, war das Krankenhaus. Es war nicht das erste Mal. In meinem kurzen Leben war ich schon häufig im Krankenhaus gewesen – ich war ein „gelbliches" Baby, hatte eine vorübergehende Lungenentzündung und einen „überdehnten" Knochen, was mit einem Gips endete. Doch dieses Mal war Mom nervöser als sonst, denn sie hatte Angst, dass man mich ihr wegnehmen würde. Und das hatte einen guten Grund, denn einige Kids aus einer befreundeten Familie waren erst vor einer Woche abgeholt worden. Sie lebten nun in einem Hotelzimmer über der lokalen Bar. Ihre Mutter hatte uns erzählt, dass sie kleine, grüne Männchen in ihren Pflanzen sähe. Ich schaute immer nach, hoffend, sie zu entdecken. Wir hielten uns dort an dem Tag auf, als man die Kinder abholte. Ich habe ihnen zum Abschied gewunken, während sie mit den Sozialarbeitern in einem weißen Van fortfuhren. Wir haben sie nie wieder gesehen.

Wenn sich meine Eltern stritten, zwang ich mich wie Pu der Bär zu sagen: *Denke, Denke, Denke*. Einmal bat ich Gerry mit mir zu kommen und instruierte ihn, in das alte Kabelfass im Nachbarsgarten zu steigen und sich mucksmäuschenstill zu verhalten. Ich legte die Abdeckung drauf, rief 911 an und meldete ihn als vermisst. Die Suche erstreckte sich gefühlt über mehrere Stunden, bis er sich wieder sehen ließ, gelangweilt von dem Spiel. Vermutlich wollte er sich die Feuerwehrwagen ansehen und die Polizeiautos, deren Sirenen in der ganzen Nachbarschaft schrillten. Schließlich erzählte er allen, dass ich es gewesen sei, die ihn dazu gebracht habe. Ich wusste, dass ich jetzt im Schlamassel steckte, aber ich hatte mich schon längst an den Gürtel gewöhnt. Das hatte sich doch gelohnt, denn einige Striemen am Hintern konnte ich verkraften. Gott weiß, dass es für Mom schlimmer war. Es stimmt mich traurig, zurückzublicken, wissend, dass ich ihr einigen Kummer bereitet und für Ärger gesorgt hatte, während sie versuchte, alles so perfekt wie möglich zu gestalten, damit Dad nicht wütend auf sie oder uns wurde. Andererseits versuchte sie ihn ständig in Schutz zu nehmen, aber Gerry und ich waren nicht blöd. Etwas stimmte ganz und gar nicht, und wir machten uns große Sorgen um unsere Mutter. Das setzte uns sehr zu.

In einigen Nächten täuschte ich vor, ich sei schon am Schlafen, darauf wartend, dass meine Eltern endlich ins Bett gingen. Dann stand ich still und leise auf – was sehr schwierig war, da ich unser schäbiges Etagenbett aus rotem Stahl herunterklettern musste – und huschte wie eine Schlafwandlerin in die Küche. Dort steckte ich den

Stöpsel ins Waschbecken, drehte den Hahn auf und überflutete alles. Oder ich mischte alle Gewürze von Mom in die Butter. Ganz schön ungezogen – damals. Mein Dad war Frühaufsteher, und ich wachte durch sein Gebrüll auf: *Pamelaaaaaaaa*! Das fühlte sich aufregend an.

An einem Abend gingen meine Eltern gemeinsam aus, doch Dad hatte seine Lederjacke vergessen und kam unerwartet zurück. Meine Katze Momsy hatte erneut Kleine bekommen – unter der Waschmaschine auf der vorderen Veranda. Ich entschied mich, sie ins Haus zu holen, was man mir unmissverständlich verboten hatte. Dad kam rein und sah wie ich eine Kiste mit den Kleinen in den Händen hielt. Ich erstarrte vor Angst, weil er mich auf frischer Tat ertappt hatte. Er war so wütend, dass er die Jacke auf den Boden schleuderte, sich eine Papiertüte schnappte, all die Kätzchen da reinwarf und dann die Stufen zum Strand hinuntereilte. Ich folgte ihm wie in Trance – und konnte das gedämpfte Schreien der Kätzchen hören. Alles verschwamm, als liefe es in Zeitlupe ab. Dad ging in den Ozean und presste die Tüte unter Wasser. Er ertränkte sie – vor meinen Augen. Ich fühlte mich, als sei auch ich in dieser Nacht gestorben.

Es war meine Schuld—
Ich war schlecht.
Ich verließ meinen Körper,
schwebte zum Haus meiner Freundin Sara.
Ich stellte mir vor, über die Bäume zu fliegen,
die Abfahrt hinunter,
in ihr Haus
um die Ecke herum in ihr Zimmer—
In ihren Schrank—
Die Tür verschließend
inmitten ihrer schönen Spielsachen.
Ein Refugium.

Ich erzählte anderen nicht viel von unserem häuslichen Leben. Es war ein heikles Thema, und ich verstand von alleine, dass wir damit klarkommen mussten. Und ich war dankbar für das, was wir hatten. Ich hätte mein Erwachsenenleben kaum ohne die Stärke überstanden, die ich mir schon sehr früh aneignen musste.

In der Schule lobten mich die Lehrer für meine Kreativität und meinen Einfallsreichtum. Ich lebte meine künstlerische Freiheit auf verschiedenen Wegen aus und war geradezu ein Schwamm, der begierig Erfahrungen aufsaugte. Ich liebte das Schreiben und verlor mich im Erzählen von Geschichten. Ich fühlte mich so inspiriert, dass ich die Wörter rausbringen *musste*, denn mein Stift erwachte und hatte ein eigenes Bewusstsein. Manchmal schrieb ich über das Weltall – mit Zeichnungen, die den Text illustrierten – die Charaktere lebendig in meiner Vorstellungskraft. Ich interessierte mich für Aliens und kannte sogar ihre Namen. Einmal unternahmen wir einen Ausflug ins Naturkundemuseum. Das entfachte ein regelrechtes Feuer in mir, denn die Dinosaurierknochen drängten mich dazu, Archäologin werden zu wollen. Ich begann dann am Strand nach Fossilien und Katzengold zu suchen und besaß später eine stattliche Sammlung. Ich polierte das Gestein in großen Glasschalen und eröffnete einen Laden in einem großen, umgestürzten Baum, wo ich es meinen imaginären Kunden verkaufte.

So sehr ich die Schule auch genoss, konnte ich ein Agent Provocateur sein. Manchmal tat ich während des Unterrichts so, als sei ich taub oder ich wickelte meinen Arm in Toilettenpapier ein und behauptete er sei gebrochen. Ich täuschte auch vor, an meinem Tisch einzuschlafen und „schnarchte“ bis ich lauthals lachen musste. Einmal schnitt ich lange Strähnen meiner Haare ab, stülpte mir danach eine K-Way-Regenjacke über den Kopf und zog die Kapuze an den Kordeln so stark zusammen, dass nur noch ein kleines Loch da war, durch das ich Blinzeln konnte.

Das war schon merkwürdig, denn in vielerlei Hinsicht kann man mich als sehr schüchtern beschreiben. Aber ich mochte die Aufmerksamkeit, jedoch nur zu meinen Bedingungen. Ich hatte damals nur wenige Freunde – diese Form der Zweisamkeit war nicht mein Ding – aber ich konnte vor einem ganzen Klassenzimmer auftreten. An einem Tag stellte ich mich auf den Tisch und lud alle zum Schlittschuhlaufen ein – ohne das Wissen meiner Eltern, die Erlaubnis oder die finanziellen Möglichkeiten. Freunde kamen nie zu mir nach Hause – schon in jungen Jahren bereitete mir das Unbehagen – aber es fühlte sich gut an, nur eine einzige Minute so zu tun, als sei es mir möglich, andere einzuladen. Am Ende meiner Rede klatschten alle. Ich genoss es in vollen Zügen.

Am Samstag hatte ich das alles schon vergessen, und so überraschte es mich, dass ein Mädchen mit Schlittschuhen um den Hals auftauchte, die Abkürzung zur Haustür nahm, dabei die Hand ihrer Mutter haltend. Ich rannte blitzschnell in den Vorgarten, um sie noch rechtzeitig abzufangen, bevor sie an die Tür gelangten. Ich erklärte den beiden, dass wir nicht fahren konnten. Mom arbeitete und Dad lag schlafend auf der Couch. Ich ließ mir nicht mal eine Entschuldigung einfallen. Die Mutter des Mädchens schien alles recht schnell zu verstehen und schaute mich traurig an, dabei gütig lächelnd, während sie sich die Umgebung ansah und mit ihrer verwirrten Tochter wegging. Sie waren neu in der Stadt. An dem Tag tauchte kein anderer auf – sie wussten, dass ich sie „verulkt" hatte. Ich fühlte mich plötzlich so klein, und es war mir unendlich peinlich wieder zur Schule zu gehen. Ich entfernte mich von der Realität, war geistesabwesend. Unsicher, was meinen Platz in dieser Welt betraf. Manchmal saß ich mit gesenkten Augen an meinem Tischchen, die Hände kraftlos in den Schoß gelegt.

ICH HATTE EIN GEHEIMNIS, DENN ICH GRUB EIN GROSSES LOCH BIS nach China. Dabei kroch ich auf dem Bauch durch die Brombeersträucher mit einem Löffel in der Hand zu einer ganz kleinen, flachen und dreckigen Lichtung, zu der nur ich gelangen konnte. Wenn ich zum Graben zu müde wurde, legte ich ein großes Brett über die Mulde. Meine Mutter wunderte sich immer, warum ihr plötzlich die Löffel ausgingen. Das alles begann mit der Babysitterin, die ihre Hände nicht bei sich lassen konnte. Der Tropfen, der das Fass zum Überlaufen brachte, war ihr Versuch mich als „böses Mädchen" abzustempeln. Mir zu erklären, dass Santa Claus nicht käme. Das akzeptierte ich nicht – es war tiefer Winter und ich zählte die Nächte bis Weihnachten. Ich rannte ihr nach, weinend, nannte sie eine Lügnerin ... und versuchte ihr unbeholfen einen wie eine Zuckerstange gemusterten Stift in die Brust zu rammen. Ich hasste ihr stinkendes Supertramp-T-Shirt und diese fiesen dicken Titten, die sie mir ins Gesicht presste. *Ich hoffe, dass du stirbst!*, schrie ich unter Tränen. Dann rannte ich um mein Leben.

Kurz danach starb sie bei einem Autounfall. Aber ich konnte meinen Eltern doch nicht erzählen, dass ich sie mit meinen magischen Gedanken umgebracht hatte! Oder dass sie mich angefasst und mich dazu gebracht hatte, sie auf eine Art zu berühren, an die ich nicht mehr denken wollte. Ich habe das vergessen, alles von mir weggedrückt und gehofft, dass es niemand jemals herausfinden würde. Und diese Last trug ich mein ganzes junges Leben lang mit mir herum. Von da an war ich sehr vorsichtig, was ich mir wünschte.

Schließlich gab ich es auf, nach China zu gelangen.
Vielleicht hatte ich nur den halben Weg bis dorthin geschafft.
Ich dachte—
Es ist immer noch viel zu weit—
Meine Träume, Archäologin zu werden
und eine Weltreisende
verblassten langsam.

II

ICH HABE VERGESSEN, WIE OFT WIR DAD VERLIESSEN. WIR SPRANGEN ganz schnell in Moms zerbeulten roten Honda und flüchteten in das Haus einer Freundin, bis sich alles gelegt hatte, übernachteten dort auf der Couch. Doch dieses Mal fühlte es sich realer an. Man erklärte mir Wache zu halten, um sicher zu gehen, dass Dad nicht kam und das Auto zu stehlen versuchte – das hatte er davor schon manchmal gemacht. Mein Beobachtungsposten war weit oben in einem Baum. Als er und seine Freunde angerast kamen, rutschte ich runter, kratzte mir dabei alles auf und rannte blutend ins Haus, um es Mom zu sagen. Sie und ihre Freundin spielten gerade Karten, ließen sie schnell fallen und rannten auf die Straße. Sie trugen zueinander passende Gingham-Capri-Hosen, aber keine Schuhe und brüllten dem Wagen hinterher: *Barryyyyy*. Dad und seine Kumpels taten so, als sei das lustig. Die Karre fuhr schlingernd im Zickzackkurs, sie hielten Bierdosen in den Händen, und eine Rauchwolke drang wie eine Fahne aus dem Inneren.

Während Mom mir die Schürfwunden reinigte und verband, sprach sie mit ihrer Freundin darüber, dass es das letzte Mal gewesen sei … Sie war so aufgeregt und erklärte, meinen Vater „ein für alle Mal“ zu verlassen. Kurz darauf verließen wir die Insel und fuhren nach Kamloops, wo wir gegenüber von Debbie, der Schwester von Mom, in eine Sozialwohnung zogen. Dort lebten wir von Essensmarken und Milchpulver. Ich werde niemals diesen kreidigen Geschmack vergessen, und das morgendliche Müsli widerte mich an.

Mom kümmerte sich jeden Tag um Arbeit und durchkämmte die „Aushilfe gesucht“-Anzeigen in der Tageszeitung. Mit einem beruflichen Hintergrund als Kellnerin boten sich ihr nur minimale Chancen. Außerdem konnte sie uns in dem Apartment nicht so lange allein lassen. Schließlich ergatterte sie einen Job als Putzfrau im Krankenhaus. Sie trug eine blassblaue Arbeitskluft und ging direkt dorthin, wenn wir von der Schule zurückkamen. Mom berichtete einige schlimme Geschichten vom nächtlichen Putzen der Leichenhalle, denn niemand anders wollte das machen. Sie scheute sich nicht vor schwerer Arbeit, nur vor Aufzügen, woraufhin sie immer die Treppe nahm und dabei die Putzeimer und Wischmopps überall hin mitschleppte. Ihr Arbeitsplan war unregelmäßig, denn sie musste auf Abruf dort erscheinen, manchmal sogar ganze Nächte, was unglücklicherweise bedeutete, dass wir uns selbst überlassen blieben oder schlimmer – noch mehr Babysittern.

Da Gerry und ich von einer Insel kamen, waren wir zuerst verwirrt und unsicher. In Kamloops gab es keinen Strand, keinen Ozean, keine zerklüfteten Berge. Dort war es trocken, mit leichten Anhöhen, auf denen sich Grashüpfer tummelten. Wir hatten nur den Parkplatz zum Spielen, und dort trafen Gerry und ich einige Kids aus dem Örtchen. Wir setzten uns auf die Autos und redeten über unsere Träume. Ich wollte ein Wildpferd sein oder wenigstens einem begegnen. Die anderen Kids wollten Spielzeuge mit Fernsteuerung, Feuerwerkskörper und ähnliches. Gerry und ich nannten sie die „dreckigen Kinder“. Sie waren liebenswert, aber schmutzig und ungepflegt. Aber sie verhielten sich dennoch großzügig und boten an, sich ihr Frühstück mit uns zu teilen. Sie musterten uns dürre Kinder und fragten: *Wollt ihr 'nen Toast?* Sie rissen kleine Stückchen Brot ab und gaben sie uns, wonach wir alle auf der Motorhaube ihres schwarzen Trans Am saßen – verziert mit gemalten großen goldenen Flügeln – und den darauf zubereiteten „Toast“ verdrückten.

Ganz in der Nähe fand ich eine Pferdefarm und einen Obstgarten. Ich kletterte den Holzzaun hoch, pflückte Äpfel und stopfte so viele wie möglich in mein hochgerolltes T-Shirt. Dann ging's zum

Zaun der Ranch, wo ich die Pferde fütterte. Mein einziges Haustier damals war eine Katze namens Sugar, obwohl sie uns eigentlich nicht gehörte. Wir „teilten" sie mit den anderen Bewohnern, und als sie eines Tages verschwand, erzählte mir niemand, was geschehen war. Ich hörte niemals auf, nach ihr zu suchen und hängte überall in der Nachbarschaft selbstgemalte Bilder von ihr auf.

In Kamloops wurde ich das erste Mal ohnmächtig. *Niedriger Blutdruck*, diagnostizierte der Arzt. Sie erklärten mir, dass ich exakt vier Sekunden hätte, um mich abzusichern, egal, wo ich war. Wenn ich dieses bestimmte Gefühl bemerkte, musste ich mich schleunigst hinlegen und meine Füße oben an der Wand abstützen, weit weg vom Herzen. Das konnte mich vor einer Ohnmacht bewahren. Und wenn es das nicht tat, war die Sturzhöhe natürlich so gering wie möglich. Einmal schlenderte ich mit meinen Freunden durch die Mall, musste mich dort schleunigst hinlegen und mitten auf dem Gehweg die Füße in die Luft strecken. Die Leute stiegen über mich rüber, sich gar nicht bewusst, dass da ein Kind lag.

Ich fühlte mich unsichtbar,
manchmal.
Nur aus Partikeln von Energie bestehend, durch die
Menschen hindurchgingen—
Ich hatte das Gefühl,
dass mir eine Form fehlt.
Keine feste Hülle zu haben,
die mich abgrenzt—
Schmelzend, überallhin verlaufend—

Wir lebten ein gefühltes Jahr in Kamloops, bevor Dad uns fand. Er rief an, und zufällig nahm ich den Hörer ab. Dad erzählte, einen Autounfall gehabt zu haben, aber er sei okay und es ginge ihm schon besser. Er wollte kommen, um uns zu holen. Auch ich wollte das. Mit meiner Hand den Hörer abdeckend, sodass niemand etwas verstehen konnte, schaute ich mich vorsichtig um und flüsterte Dad, dass wir in

Kamloops wohnten, nahe Tante Debbie. Dann las ich ihm die exakte Adresse von einem Briefumschlag vor. Er antwortete, sich schleunigst auf den Weg zu machen. Als er an unserer Tür auftauchte, war Mom überrascht, doch neben dem Gefühl des Schocks empfand sie eine bestimmte Art der Erleichterung, als habe sie schon die ganze Zeit auf ihn gewartet. Als die beiden sich ansahen, erkannte man es augenblicklich – die tiefe, unbestreitbare Liebe. Ich erinnere mich an ihre Umarmung. Ich konnte sie durch den ganzen Raum spüren. Er war der einzige Mann, den sie jemals lieben würde. Und sie war sein Engel.

Dann zogen wir wieder auf die Insel, jedoch nicht mehr nach Ladysmith. Mom wollte nie wieder dorthin zurück – zu viele schlechte Erinnerungen. Und so ging es nach Comox, etwas höher auf der Insel gelegen. Dad hörte mit dem Trinken auf und trug einen runden Cowboyhut, um seinen nach dem Unfall rasierten Kopf zu bedecken und eine ovale Bolo-Tie-Kette mit eingefasster Jade. Er gründete ein eigenes Unternehmen und kaufte einen weißen Truck, auf dessen Seite BARRY'S FURNACE SERVICE mit unserer Telefonnummer stand: 339-2323. Er fuhr mich immer zur Schule, aber ich bat ihn, mich an der Ecke abzusetzen, da mir der heruntergekommene, dreckig-weiße und kleine Flachbettauflieger peinlich war, ganz offensichtlich eine Malocher-Kutsche. Die ganze Fahrt fand in absoluter Stille statt. Wir wechselten kein Wort – sagten einfach gar nichts. Langsam überlegte ich, ob ich meinen Dad mehr mochte, wenn er trank? Das hier war doch weniger interessant, nur „normal" zu sein. Sich gut und behaglich zu fühlen, empfand ich als ungut.

IN DER SCHULE ENTWICKELTEN SICH ALL DIE ANDEREN MÄDCHEN schneller als ich. Ich hätte eigentlich wissen müssen, was da passierte, aber als ich merkte, dass da so ein Knubbel auf meiner Brust größer wurde – nur auf einer Seite – versuchte ich ihn um alles in der Welt wieder zurückzuschlagen. Ich brauchte Tage mit dem Üben, wie ich meiner Mutter möglichst schonend beibringe, dass ich Krebs habe. Als die Worte schließlich über meine Lippen kamen, lachte sie und sagte: *Ach Püppchen, du wirst jetzt eine richtige Frau!* Oh, dachte ich verdutzt. Dann tauchte der andere Nippel auf, und ich konnte es nicht mehr aufhalten. Ich empfand mich wie zwei Nippel, die durch eine Tür gehen. Ich hasste es, daran zu denken, denn wenn ich es tat, wurde alles nur noch schlimmer. Sie stachen bei jedem von mir getragenen Shirt hervor. Es ähnelte einer Zange, die kniff und zog.

Ich war beileibe nicht das, was man als „mädchenhaften" Teenager bezeichnet. Eine Freundin fragte mich ständig, ob sie mir Make-up auftragen und die Haare machen könne. Damals lautete das angestrebte Ziel „älter" auszusehen, und schon bald fand ich den Grund dafür heraus. Sie hatte einen „Freund", einen älteren Typen, und wir gingen zu ihm nach Hause. Er war vielleicht 20 Jahre alt. Damit waren wir sicherlich zu jung, um dort zu sein – vielleicht zwölf oder dreizehn? Aber wir versuchten um alles in der Welt Erwachsene zu sein. Mom dachte, wir würden ins Kino gehen, da sie uns dort absetzte. Kurz darauf bog eine schwarze Corvette auf den Parkplatz ab, und meine Freundin überredete mich, mit ihr einzusteigen, was ich auch tat. Ich hätte es nicht machen sollen, aber so lief es ab. Ich sah doch damals kaum älter als zehn Jahre aus. Sogar mit Make-up, hätte man mich kaum für eine Dreizehnjährige gehalten. Ich war gerade erst – wenn überhaupt – ein Teenager.

In dem Haus dieses Typen ging meine Freundin mit ihm nach oben, während sein Mitbewohner meinte, er wolle mir Backgammon beibringen. Naiv sagte ich Ja. Dann wollte er meinen Rücken massieren. Und dann warf er sich auf mich. Es war nicht schwer, mir das an dem Tag getragene Tube Top über den Kopf zu zerren. Egal, wie sehr ich gegen ihn kämpfte, versuchte ihn um alles in der Welt abzuwehren – ihm gelang es meine Shorts runterzureißen. In dem Kampf verlor ich meine Halskette mit dem winzigen „P"-Anhänger, ein geliebtes Geburtstagsgeschenk meiner Eltern. Panisch versuchte ich sie zu greifen, während er in meinen Körper eindrang. Ich schrie schmerzerfüllt und rief nach meiner Freundin, wollte nur noch weg. Ich konnte nichts mehr sehen, bekam keine Luft mehr.

Da war nur noch der Schmerz. Danach rannte ich ins Badezimmer und schloss mich ein, sah nach, was mit mir geschehen war – dort unten klebte Blut und etwas anderes, etwas Schleimiges. Während ich mich mühevoll wusch und versuchte wieder zur Besinnung zu kommen, überkam mich Übelkeit.

Meiner Mutter blieb die verlorene Kette nicht verborgen, als sie uns wieder beim Kino abholte, und sie schaute mich fragend an. Doch sie hätte niemals ahnen können, dass der Schmuck nicht das einzige war, das ich verloren hatte. Ich war keine Jungfrau mehr. Gezwungen, gegen meinen Willen.

Ich erzählte es niemanden.
Ich erzählte es niemanden.
Ich stand unter Schock,
fiel in mich zusammen, Moleküle, Staub, Flüssigkeit …
Mein Leben, das sich in Luft auflöst.

Danach glaubte ich, dass es jeder erkennen konnte – als prangerte ein Tattoo auf meiner Stirn. Ich war sicher, dass ich anders aussähe. Ich dachte, ich sei schlecht und schämte mich zutiefst. Dieses Geheimnis zu bewahren, schmerzte mich sehr. Es war alles so verwirrend, und ich wusste nicht, an wen ich mich wenden konnte. Mir war klar, dass ich dort nicht hätte sein sollen, und ich wollte niemanden Ärger bereiten. Langsam begann ich, den Menschen um mich herum noch weniger zu vertrauen. Und schließlich verdrängte ich es.

In der Schule versuchte ich am Ball zu bleiben. Eine gute Schülerin zu sein – das nahm ich sehr ernst, und so paukte ich organisiert und konnte die mir gestellten Aufgaben immer pünktlich vorlegen. Ich schrieb meine Notizbücher ein zweites Mal und vervollständigte meine Ordner, damit sie sauber und ordentlich aussahen. Ich war eine Streberin. Obwohl noch jung, spielte ich bei den Älteren im Volleyball-Team und wurde zur Sportlerin des Jahres gekürt. Verglichen mit den Gleichaltrigen – insbesondere den Mädchen meines Teams – wirkte ich immer wie ein kleiner

Junge. Dennoch gewann ich wider Erwarten den „golden buns"-Preis im Volleyball-Camp.

Dad überzeugte mich dann Saxophon in einer Band zu spielen und auch beim Satzgesang mitzumachen. Für mich war das ein kreatives Ventil. Ich fand Gefallen am Gesang und man bat mich Sopran zu singen, Jazz und sogar eine gelegentliche Scat-Einlage. *Scooby dootin', dootin' dootin', doo, dot doot dow ... ba dootin' doo wah, ba dootin' doo wahhhh.*

In der Highschool hatte ich meinen ersten festen Freund. Sein Spitzname lautete Boogieman Jack. Wir ließen es heiß hergehen, küssten uns oder stritten. Er war gutaussehend, ein wirklich schlimmer Junge und ein Hot-Rod-Fanatiker mit einem überschäumenden Temperament. Seine Familie? Die liebte ich sogar noch mehr als ihn. Seine Mutter war eine fantastische Köchin, die mir ein Kochbuch ihrer Lieblingsrezepte aus der Ukraine zusammenstellte. Die Essenszubereitung interessierte mich schon immer. Mom konnte einen Tisch toll decken und tagelang backen, doch die Familienmahlzeiten wurden billig und schnell zusammen geklatscht. Sobald ich dazu in der Lage war, begann ich selbst mit dem Kochen. Die von mir zubereiteten Lebensmittel machten auf dem Teller einen sauberen und schönen Eindruck wie zum Beispiel geröstete Möhren mit kleinen Zweigen Rosmarin aus dem Garten, aus Wildblumen gekochte Marmelade und Limonade mit Eiswürfeln und Lavendel.

Jack machte seine Lehre in der Autowerkstatt und war somit einer der ersten Jungs in meinem Freundeskreis mit einem Wagen. Er fuhr einen heißen Buick 225 – umgangssprachlich ein „Deuce and a Quarter" – mit Dingle-Kugeln im Fahrerraum und am Spiegel befestigten Filzwürfeln. Er hatte eine tiefergelegte Hydraulik, wodurch die Karre sich zu der fett aus den Subwoofern kommenden Musik rhythmisch bewegte. Wir fuhren ziellos durch die Gegend und hörten dabei Cheap Tricks „I Want You To Want Me". An einem Abend rastete er aus und trat auf mich ein, bis er mich tatsächlich während der Fahrt zur Tür hinaus kickte. Er drückte mich so fest mit dem Bein, dass mir nichts anderes übriglieb, als die Beifahrertür während der Fahrt aufzureißen und mich in einen Graben rollen zu lassen.

Allerdings legte ich ein perfektes Abrollen im Gymnastikstil hin – und das bei hoher Geschwindigkeit. Ich rannte so schnell es nur ging nach Hause. Glücklicherweise lag es nur wenige Blocks entfernt. Ein Nachbar hatte das alles bemerkt und folgte mir bis zur Tür, um sich zu versichern, dass es mir gut ging.

Damals wartete Dad immer auf mich, wenn ich ausging. Ich musste schleunigst an ihm vorbeirennen und direkt in mein Zimmer gehen, damit er bloß nichts bemerkte. Nachdem er sich aber mit dem Nachbarn unterhalten hatte, hastete er zu meinem Zimmer, hämmerte an der Tür und war kurz davor sie einzutreten, als ich sie öffnete. Ich sah nicht sonderlich gut aus – ein Häufchen Elend, dass seine Tränen verbergen wollte. Er warf einen kurzen Blick auf mich, zog mich ohne ein Wort aus dem Raum, setzte mich in den Truck und fuhr zu Jacks Haus. Es war schon spät, aber Dad ging ohne ein Anklopfen direkt rein, riss Jack aus seinem Zimmer und schleifte ihn nach draußen. Er riss ihn hoch und hielt den miesen Kerl gegen eine Wand gepresst. Von dort, wo ich saß, konnte ich seine strampelnden Füße sehen. Worte wurden mit einem Zischen gewechselt. Als Dad wieder in den Truck stieg, verlor er keine einzige Silbe. Mir war das Ganze unglaublich peinlich.

Während ich aufwuchs, fiel mir auf, dass meine Freunde „böse Jungs" waren – und das wurde zunehmend schlimmer. Ich stellte mir oft die Frage nach dem *Warum?* Verwandelte ich sie in Arschlöcher? Machte ich etwas falsch? War ich es, die sie zu so durchgeknallten Typen mutieren ließ? Sie wurden so schnell brutal, gemein und grausam. Und ich hatte das Gefühl, als täte ich alles, damit sie mich lieben, war entgegenkommend, großzügig oder eine lustige Comedian – denn für mich war das Lachen ein leichter Weg, um die Spannung zu lösen.

Schnell sehe ich Diamanten
in einem Haufen Kohle—
Gold
in Nickel—

Ich bin eine
Alchemistin.
Ziehe diese
bizarren Charaktere an,
die mich wieder und wieder
zugrunde richten.

Während der Highschool und noch kurz danach führten Jack und ich eine On/Off-Beziehung. Jedes Mal, wenn er mich zurückhaben wollte, gab ich klein bei. Ich glaubte immer, dass er sich dieses Mal in einen Märchenprinzen verwandeln würde. Aber er war eifersüchtig und wurde unglaublich gemein. Hörte er mich singen, meckerte er, ich sei unmusikalisch. Wenn ich tanzte, kommentierte er, ich habe keinen Rhythmus. Diese kleinen Sticheleien sollten mein Selbstbewusstsein untergraben – und zu einem bestimmten Ausmaß taten sie es. Ich glaubte ihm, hörte auf, hinterfragte meine Fähigkeiten, das, was ich liebte und das, was mich glücklich machte. Ich machte oft Schluss mit Jack, doch er ging nicht.

Eines Tages tauchte ein mir unbekannter Junge auf. Er lehnte sich an meinen Spind, war selbstsicher, einfach anders. Damals kamen nur wenige neue Kids an unsere Schule. Billy war vielleicht nicht so groß wie Jack, aber ... so süß. Er war gerade erst von einer großen Stadt nach Comox gezogen. Billy war in einer Gang und konnte mit Nunchakus hantieren. Ich zeigte mich beeindruckt und dachte, er sei eine gute Security, da ich mich noch vor meinem letzten Freud ängstigte. Doch Billy war auch ein schlimmer Finger, allerdings auf seine eigene Art. Einmal versteckte er mich auf der Rückbank seines aufgemotzten und frisierten Muscle-Cars unter einer Decke mit einer Coke Slurpee von der örtlichen Tankstelle, während er und seine Freunde sich aufmachten, um von irgendeinem Typen Geld abzukassieren. Vermutlich hatten sie Erfolg, da die Bande aufgeheizt zurückkam. Sie drückten mich runter und zogen mein Hemd hoch und machten überall Knutschflecken. Und es wurde noch schlimmer, denn es waren mindestens vier Jungs, wenn nicht sogar sechs – ich verlor das Bewusstsein.

Langsam verlor ich den Glauben
an jeden.
Das, was mir noch übriggeblieben war.

In der Highschool war ich nur 1,57 Meter groß. (Danach wuchs ich noch 13 Zentimeter.) Und ich wog weniger als 50 Kilogramm bis ich in meinen Zwanzigern war, in denen sich meine Kurven natürlich formten. Erst mit 18 hatte ich meine erste Periode. Nach der Highschool hatte ich schon gedacht, sie niemals zu bekommen. Die „Zwischenfälle" zogen also nie Sorgen über eine mögliche Schwangerschaft nach sich, denn ich war auf jeden Fall unterentwickelt. Einige schieben die Schuld meinen sportlichen Aktivitäten zu, andere meinen, es sei wegen der Traumata so gewesen.

Für mich fühlte es sich unerträglich an.

Ich versuchte damals weiterzumachen, als sei nichts geschehen. Ich erinnere mich an eine Party in den MPQs (Private Military Quarters) auf dem US-Luftwaffenstützpunkt. Die Typen benahmen sich mies, wie so „milchbubige" Verbindungsstudenten, was mich überhaupt nicht beeindruckte. Plötzlich hörte ich eine Katze in der Küche, die panisch jaulte. Ich rannte schleunigst dorthin und entdeckte diese Arschlöcher, die versuchten, das Tier in einer gusseisernen Bratpfanne anzusengen. Blitzschnell schnappte ich die Katze, die fauchte und völlig verängstigt war, wickelte sie in meinem Sweater ein und floh in einen anderen Raum, von wo aus ich Dad anrief, damit er mich abholt. Dad und ich hatten einen Deal abgeschlossen: Ich würde niemals Ärger bekommen, wenn ich ihm die Wahrheit erzählte, und ich durfte niemals in ein Auto einsteigen, dessen Fahrer einen gehoben hatte. Er kam immer – überall hin und zu jeder Zeit, um mich und meine Freunde nach Hause zu kutschieren. Und er hielt sich an diese Abmachung. Und so rief ich ihn an, erklärte ein „Kätzchen" gefunden zu haben und fragte ob ich es mit nach Hause nehmen könne. Dad klang mürrisch, doch willigte auch dieses Mal ein. Als er mich sah, lachte er lauthals: *Mal ganz nebenbei – das ist kein Kätzchen.* Sneakers war ausgewachsen, aber spindeldürr – und lebte weitere 20 Jahre bei uns, fett und glücklich. Und er war der beste Freund meines Vaters, obwohl Dad das nicht zugeben wollte.

MITTLERWEILE ENTWICKELTE SICH GERRY ZU EINEM DIESER KLEIN-stadtkinder, die ständig Ärger bereiten. Ruppig, rebellisch, immer mit Freunden am Feiern. Doch eines Abends setzte er sich eine Überdosis. Ich war hysterisch, als ich beim Krankenhaus angelangte, fuchsteufelswild, dass mir sein Freund nichts über die Drogen gesagt hatte. In mir loderte eine unglaubliche Wut auf diesen Punk, denn er redete nicht, sondern murmelte etwas Unzusammenhängendes. Ich schrie: *Sag's mir jetzt, du kleines Arschloch! Was hat er genommen? Was hast du ihm gegeben?* Ich rastete aus, trat mit all meiner Kraft auf diesen hundsmiserablen Typen ein, wieder und wieder, mit voller Wucht in den Arsch und den Flur der Notaufnahme hinunter. Ich musste einem anderen die Schuld in die Schuhe schieben. Dann hielten mich die Krankenschwestern zurück.

Ich brauchte einige Zeit, um wieder runterzukommen. Als ich mich beruhigt hatte, musste ich trotz all der Wut eins anerkennen: Ich war unendlich dankbar, dass der Typ Gerry ins Krankenhaus gebracht hatte. Tief in mir wusste ich natürlich, dass die Verantwortung bei Gerry allein lag, doch ich ertrug den Gedanken nicht, ihn zu verlieren.

Mom war auch da und sorgte sich natürlich. Gerry halluzinierte, schnappte nach ihrer Kette, woraufhin sie befürchtete, er wolle sie strangulieren. Ich beruhigte Mom und blieb in der Nähe meines Bruders, während sie versuchten, Gerry ruhig zu stellen, um ihn zu intubieren. Ich sagte Mom, dass sie gehen könne, einfach nur nach Hause. Dann küsste ich meinen Bruder auf die Stirn, während er langsam einzuschlafen begann und betete zu Gott, dass er wieder gesund wird. Als alle gegangen waren, sackte ich in mich zusammen … und weinte nur noch. In dieser Nacht schluchzte und schluchzte ich so lange, bis ich auf dem Boden neben Gerry wegdämmerte. Netterweise bedeckte mich eine Krankenschwester mit einer Decke.

Vor meinem geistigen Auge huschten unsere Leben wie ein sehr trauriger Traum vorbei. Vielleicht suchte er einen Weg, um allem zu entfliehen?

Wenn ich an leidende Kinder denke—
Bricht mir der Schweiß aus, und ich werde überempfindlich—
Ich glaube nicht, dass es so ungewöhnlich ist,
etwas anderes zu suchen.
Das hätte vielleicht sein können—
Dann schrillt die Wahrheit laut.
Dass ich träume wie die anderen—
Und wir uns an einem Ort des Heiligen befinden—
Dass Gott uns hierhin brachte
und alles in Ordnung ist—
Gedacht, um unsere Stärke zu prüfen—
Ein Geschenk—
Und eine Erinnerung daran,
einfach weiter zu träumen—

Von nun an tauchte ich tief in meine Vorstellungskraft ein, meinem Unterbewusstsein, einer Welt der Träume. Ich begann intensiver zu lesen, ging in die Bibliothek und begeisterte mich für alles, was ich zu den Themen Psychologie, Philosophie und Lyrik fand. Ich las Carl Jung und begann direkt mit *Erinnerungen, Träumen, Gedanken*. Es war ein verdammt schwerer Stoff – um wie Alice dem Kaninchen in seinen Bau zu folgen – doch Dr. Jung öffnete mir die Augen hinsichtlich der vielen Wege der Seele, woraufhin sich meine leidenschaftliche Suche von da an nur noch intensivierte. Ich las Robert Bly, Joseph Campbell, Robert A. Johnson und Marie-Louise von Franzs *Die Suche nach dem Selbst: Individuation in Märchen*. Ich spürte die Bedeutung von Märchen, da Opa Herman sie mir eingetrichtert hatte. Ich war elf, als er starb. Dad kämpfte damit, es mir schonend beizubringen. Er wusste, dass es besonders für mich sehr schwierig würde – Opa war mein Fels in der Brandung, und ich hatte immer das Gefühl, dass er mich als Einziger verstand. Seit unserem Umzug hatte ich ihn nicht mehr gesehen, und ich war völlig am Boden zerstört.

Ich fühlte mich so allein auf der Welt. Dad berichtete mir davon, dass sein Herz auf dem OP-Tisch versagt habe. Auch erzählte er mir, dass ihn Großvater vor seinem Krankenhausaufenthalt gedrängt habe, mich nicht zu seiner Beerdigung zu lassen, oder einer anderen – das war ihm sehr wichtig. Er wusste, dass er sterben würde und nahm meinem Vater dieses Versprechen ab. Grandpa traute den Ärzten nicht. Er meinte, dass sie nur 50 Prozent bei einem Abschluss erreichen müssten und dass das Überleben somit an uns selbst läge. Für ihn hing das mit der Natur und dem vorbestimmten Schicksal zusammen.

Ich empfand seine Nähe sogar noch nach seinem Tod und fragte mich, ob er noch irgendwie da sei, ein Schutzengel. Viele Jahre lang konnte ich mir Opa noch vorstellen und hörte seine Stimme. Er kommt und geht ... und hat mich nicht verlassen.

Es gleicht leuchtendem Glas
in einer Lampenfassung,
wenn dein wahres Selbst
gesehen wird.
Und die Lichter erlöschen.
Wenn du nicht mehr bist ...

Lese ich etwas über die Interpretation der Mythologie, von Gedichten oder allgemein der Kunst, wirkt das auf mich wie ein direkter Hinweis auf etwas Anderes. Ich war wissbegierig, von Menschen aus allen Winkeln der Welt und aus allen Zeiten zu erfahren wie sie Liebe empfanden und überlebten. Auch meine Eltern lassen sich als leidenschaftliche Leser beschreiben, und eines Tages fand ich einen Shakespeare-Band in Dads Bibliothek. Ich war sprachlos – das war so wunderschön, wirkte wie eine fremde Sprache. Wenn ich auf dem alten Fitnessbike im vorderen Zimmer trainierte, lernte ich die Sonette auswendig, während

Dad vor dem Fernseher saß. Zuerst paukte ich die erste Zeile, dann die zweite, danach die dritte, wonach ich jedes „Päckchen" zusammenfügte, bis ich alles von Anfang an behalten konnte. Die körperliche Übung mit dem Fahrrad half dabei, das konditionierte Bewusstsein zu öffnen – es war eine physische Ablenkung zur Stärkung des Erinnerungsvermögens. Während der Werbepausen bei *All in the Family* rezitierte ich für Dad Strophe nach Strophe. Er zeigte sich beeindruckt. *Sein oder Nichtsein, das ist hier die Frage.* Ich kann es immer noch – Wort für Wort. Das Gedicht gehört exakt zu den Texten, die man nie mehr vergisst, hat man sie einmal gelernt.

Sein oder Nichtsein; das ist hier die Frage:
Ist's edler im Gemüt zu erleiden,
die Schleudern und Pfeile des heimtückischen Schicksals
oder sich zu wappnen, gegen eine Flut des Missgeschicks,
und es zu beenden? Zu sterben, zu schlafen –
Nicht weiter so! Wissend durch den Schlaf zu enden,
des Herzens Schmerz, die tausend Schläge,
geerbt durch unser Fleisch, das ist das Ziel,
sehnlichst sich zu wünschen. Zu sterben, zu schlafen,
schlafen, vielleicht zu träumen – ja, da ist es:
Denn in des Schlafes tiefem Tod, die Träume mögen kommen,
gelöst von des Lebens Vergänglichkeit
zwingt uns zur Ruhe – Das ist die Weitsicht,
die Qualen erst im hohen Alter kommen lässt …

Ich zog das College nie in Betracht. Ich kannte niemanden, der es besucht hatte, und fand den Highschool-Abschluss ausreichend. Nach dem Schulende wollte Dad, dass ich zuhause Miete zahle, und so entschied ich mich zum Auszug. Mit 17 zog ich in mein erstes Apartment und schaffte mir Möbel mit der Hudson-Bay-Kreditkarte an, die man damals einfach mit der Post erhielt. Ich konnte mein Glück kaum fassen und hatte den Kreditrahmen schnell ausgereizt. Pinke Plastik-Flamingos, eine Tiki Bar, eine Margarita-Maschine und runde Bambusstühle. Das war doch großartig! Mir war gar nicht klar, dass alles zurückgezahlt werden musste – zuzüglich Zinsen. Schon von Beginn an steckte ich bis über beide Ohren in finanziellen Schwierigkeiten. Was das Geld anbelangte, hatte ich keinen Bezugspunkt. Mein Entschluss, ein eigenes Leben zu beginnen, begründete sich auch in zahlreichen Versuchen Mom vor Dad zu retten. Aber Mom wollte nicht gerettet werden. An dem Tag, als er versuchte Moms Kopf brutal gegen ein Heizelement des Herds zu drücken, wusste ich, dass sich für mich alles erledigt hatte. Aus dem anderen Zimmer hörte ich ihr unterdrücktes Flüstern, da sie verzweifelt versuchte, dass wir davon nichts mitbekommen, doch ich hetzte rüber und sah die beiden. In dem Moment kam etwas über mich. Mein Blut begann zu kochen. Ich war jetzt erwachsen, eine Athletin, viel stärker und verlor die Kontrolle über mich. Ich rannte auf die beiden zu, drängte meinen Vater zur Seite und verpasste ihm mit aller Kraft einen Kinnhaken. Er fiel auf die Knie. Dann sagte ich – und musste dabei allen Mut zusammennehmen – *Raus aus MEINEM Haus – jetzt!* Er verließ das Gebäude, um einen klaren Gedanken zu fassen. Als er wieder zurückkam, verloren wir kein Wort mehr darüber. Ich war von den beiden unglaublich enttäuscht, aber auch von mir, weil ich unkontrolliert der Gewalt nachgegeben hatte, nach dem Erlebnis solch einer Brutalität. Gewalt erzeugt Gewalt.

Das markierte einen Wendepunkt in meinem Leben, diese Veränderung der familiären Dynamik. Von nun an gab es kein Zurück mehr. Ich hasste es, Gerry zu verlassen, aber ich wohnte nicht allzu weit entfernt – immer noch in derselben kleinen Stadt – und wusste instinktiv, dass er einen eigenen Weg finden musste, um mit allen klarzukommen, auch ohne mich. Für ihn war es sehr hart – als Jugendlicher zu versuchen, seine Mom zu beschützen. Auch in Gerry brodelte der Zorn, und er hasste seinen Vater eine lange, lange Zeit. Jedoch konnte er ihm nicht die Stirn bieten, so wie ich es getan hatte. Obwohl der Ausraster meinen Vater schockiert hatte, war ich immer noch ein Mädchen. Hätte sich mein Bruder auf diese Art gegen Dad gewehrt, hätte das üblere Konsequenzen nach sich gezogen.

Als ich mich zum Gehen entschied, lernte und akzeptierte ich, dass ich Menschen nicht verändern und nicht retten konnte – nur lieben. Ich konnte nur mich und meine Lebensverhältnisse ändern. Mom würde Dad niemals verlassen, und meine Einmischung machte alles nur noch schlimmer. Und damals lernte ich die Kunst des Verlassens. Ich wusste, dass ich niemanden helfen würde, wenn ich nicht selbst die Kurve kriegte. Sich selbst zu befreien ist die Voraussetzung, um anderen bei der Befreiung zu helfen. Eins war mir dabei immer klar: Stand ich erstmal auf eigenen Beinen, würde ich für Gerry zurückkommen …

NACH DEM AUSZUG FÜHRTEN MOM UND ICH NOCH EINE ENGE Beziehung. Wir kellnerten sogar gemeinsam im Smitty's Pancake House. Es war ein guter Job und half mir dabei, die Miete zu bezahlen. Allein das Trinkgeld war ein Lebensretter. Meine Mutter arbeitete wie eine Maschine in dem Familienrestaurant, und ich konnte nicht mit ihr mithalten. Zum Beispiel verschüttete ich Spaghetti auf einen Kunden, während ein anderer sich beschwerte, dass er sein Ei *nicht auf dem Toast* haben wolle. Ich entschuldigte mich immer noch, während Mom wie Flo, die Kellnerin aus dem *Alice*-Film, heransauste –, auf einem Arm mehrere Teller balancierend, sich den Toast schnappte, die Eier herunterrutschen ließ und mit einem Lächeln und einem Augenzwinkern sagte: *Da haben Sie es – runter vom Toast*! Und dann machte sie sich schon an die nächste Bestellung. Zwischenzeitlich lehnte sich die Frau des Beschwerdestellers zu ihrem Mann herüber und sagte: *Siehst du, Liebling, das hättest du selbst machen können.*

Ich hatte einen „Fan", einen Polizeibeamten mit einem breiten Lächeln, bei dem man seine Hasenzähne sah und der ständig in den Diner kam. Auf seiner Marke stand der Name „Sal". Er kannte meinen Wagen und winkte mich auf dunklen Straßen aus dem Verkehr, um mich auf einen Kaffee einzuladen. Nach der Arbeit saß er in Zivilklamotten in seinem Jeep vor meinem Apartment, nur um zu sehen „dass ich sicher war". Dieser Kerl verursachte bei mir eine Gänsehaut.

Während dieser Zeit war ich in einen schlimmen Autounfall verwickelt. Ich fuhr zu der Fähre nach Vancouver, um einige Freunde zu treffen, mit denen ich den Besuch eines Aerobic-Turniers plante (sooo Achtziger!). Es war mein erster eigener Wagen – ein MG Midget in blassgrüner „Rennfarbe". Mom hatte ihn mir zum Schulabschluss geschenkt und sich das Geld dafür mühselig vom Trinkgeld abgespart. Die Reifen waren schon abgefahren und es hatte zu regnen begonnen. Was noch hinzukam – ich konnte kaum etwas sehen, denn die Augen waren wegen meiner Allergie stark angeschwollen. Gerade erst hatte ich zwei flauschige Perserkatzen gerettet, die sich beim Schlafen an meinen Hals schmiegten – Chico-san Rice Cakes und Orange Julius Caesar. Ich liebte sie über alles. Ich hatte zuvor keine Hauskatzen besessen und wusste somit nicht wie allergisch ich auf sie reagierte. Das ergab doch keinen Sinn – wie konnte gerade *ich* von allen nur erdenklichen Menschen an einer Tierallergie leiden? Ich hatte doch immer geglaubt, dass ein Tier in mir schlummerte.

Ich rieb mir die geschwollenen, juckenden Augen, dabei versuchend, durch die nassen und sich schlängelnden Straßen zu navigieren, aber dann brach der Wagen aus. Ich schlitterte über zwei Fahrspuren, knallte gegen einen Wegweiser und rutschte mich überschlagend in einer scharfen Kurve von einer kleinen Kippe. Trotz des Komplettüberschlags kam der Wagen wieder auf seinen Rädern zu stehen, direkt auf einem Haufen Austernschalen. Bevor ich die Kontrolle verlor, hatte ich bei „Maniac" aus dem Soundtrack von *Flashdance* mitgesungen. Es ging alles so schnell, dass derselbe Song immer noch dudelte als ich mit dem geschrotteten und rauchenden Auto am Strand stand – auf den Austern. Die Fanny-Bay-Austern sind weltberühmt und jedes Mal, wenn ich sie auf einer Speisekarte entdecke, muss ich an den Unfall denken.

Noch benommen, fiel ich aus dem Auto und kroch über die scharfen Muschelreste die Anhöhe zur Straße hoch. Ich trug weiße Kleidung und war von einer Kopfwunde – die schlimmer aussah als sie es wirklich war – über und über mit Blut verschmiert. Dann musste ich an ein Phänomen denken, über das ich etwas gelesen hatte: Soldaten, die im Krieg einen Arm oder ein Bein verlieren, spüren oftmals noch das Körperteil, was man als Phantomschmerzen bezeichnet. Schnell überprüfte ich meine Beine, die Arme, meine Brüste und den Kopf – und fiel in Ohnmacht.

Ich kam mit einem Rettungswagen im Krankenhaus an. Dort trafen mich meine Eltern, zusammen mit Officer Sal, der völlig fertig war, fast den Tränen nahe und sich bei den beiden entschuldigte. Als sei es seine Schuld gewesen! Ich kannte diesen Typen noch nicht mal – er schien aber immer wieder irgendwo aufzutauchen. Dad hingegen war so wütend, dass er ihn gar nicht beachtete. Er brüllte mich die ganze Zeit an und verpasste mir dabei eine gehörige Portion Schimpfwörter – er hatte wirklich keine guten „Krankenbett"-Manieren. Später dachte ich darüber nach und fand es schon ziemlich ironisch, dass solche Sprüche von einem Mann kamen, der selbst einige Autos gecrasht hatte. Aber es war seine Art, mir zu zeigen, dass er sich wirklich große Sorgen machte. Er brachte mich später zum Autowrack und zeigte mir wie schlimm es aussah, damit ich mein Glück kapierte, das alles überlebt zu haben. Hatte sein Dad das auch so mit ihm gemacht? Irgendwie fühlte es sich wie ein tradiertes Familienritual an.

Trotz seiner ganzen Unzulänglichkeiten liebte ich Dad. Es war einfach so, ich kapier's jetzt. Nichts brachte mich dazu, ihn weniger zu lieben und nichts wird mich dazu bringen.

Er ist das, was man ihm beibrachte. Opa Herman war extrem intelligent und bedeutete die ganze Welt für mich. Er behandelte mich sanft und mit Weisheit, doch als mein Vater aufwuchs, war Opa ein widerlicher Alkoholiker. Als ältester Junge bekam Dad den Löwenanteil seines Fehlverhaltens ab. Das ist natürlich keine Entschuldigung, doch es hinterließ eine nicht zu übersehende Narbe auf Dads Seele. Viel später lernte ich die gesamte Geschichte einzuschätzen, und ordnete sie für mich ein.

Der beste Ratschlag, den mir meine Eltern gaben,
war kein Ratschlag.
Sie gestanden sich ein, nichts zu wissen,

von meiner Welt,
von meiner Reise,
meinen Träumen, Leidenschaften und Absichten.
Sie hatten keine Möglichkeit, mich zu retten.
Sie hörten zu.
Sie sorgten sich manchmal gemeinsam mit mir.
Als
ich das verstand,
war ich noch freier
mein eigenes Leben zu kreieren.
Es war ein Segen.

III

Du bist keine Ausprägung der kleinen Stadt, in der du aufwuchst, noch deiner Eltern oder von mir. Du bist ein strahlend neues Licht, diesem Planeten geschenkt.
– GROSSVATER HERMAN.

ICH MUSSTE RAUS AUS DER STADT UND MEINEN EIGENEN WEG GEHEN. Zuerst schaffte ich es nach Victoria, wo ich auf Moms Wunsch bei meiner Großtante Vie wohnte. Mom war ängstlich und nervös und erklärte, sie würde sich wegen des Umzugs aus der Stadt nur beruhigt fühlen, wenn ein Familienmitglied in der Nähe sei. Tante Vie hatte die Ausstrahlung einer Schauspielerin, die gerade aus einem Film gepurzelt war – Feder-Boas, Negligés, Perücken und falsche Augenwimpern. Sie war Witwe mit einem geradezu göttlichen Hunger auf die Würze des Lebens.

Tante Vie war in der Küche fantastisch, und ihre berühmten Piroggen mit Rhabarber-Soße gehörten zu meinen Lieblingsspeisen. Sie brachte mir das Kochen bei – wobei fast alles in Alufolie landete – und warum man beim Einmachen der Gurken ein Haarnetz tragen muss. *Mein Liebstes – du willst doch niemals ein Haar in den Gurken finden*! Man verließ ihr Haus nie ohne ein Glas Gurken oder selbstgemachten Senf in den Händen. Sie nannte sich selbst die „Gastgeberin mit Schuss" und tröpfelte dir kichernd einen Schuss Baileys oder Kahlúa-Likör in den Kaffee, egal wie alt du warst. Sie war eine ganz Liebe, verträumt, aber blitzgescheit. Der Grund für ihre beeindruckende Schlagfertigkeit und Klugheit lag am Nescafé, denn sie hatte irgendwo gelesen, dass er sich positiv auf das Erinnerungsvermögen auswirkte. Sie erinnerte sich an alles.

Tante Vie verfügte niemals über viel Geld, aber sie lebte in einer glamourösen Welt, die sie für sich selbst erschaffen hatte. Sie wusste, was wichtig war. Und sie wusste wie man lebte.

Ihre Ratschläge hinsichtlich der Männerwelt waren unschlagbar. Tante Vie meinte, niemals einem Mann mit „umherschweifenden Augen“ zu trauen – denn so ein Typ war *meist ein Sexsüchtiger* … Sie riet auch, dass eine Frau einige Männer in ihrem Leben haben solle – einen zum Reden, einen für die Geschenke und einen für den Sex. Es war unmöglich, einem Mann die „Zuständigkeit“ für alles zu übertragen. Sie erklärte, dass man nur eine einzige große Liebe im Leben findet. Nachdem man diese entdeckt hat, egal, ob man sie wieder verliert oder bei ihr bleibt, wird man sich nie wieder erholen … Das zu akzeptieren, gehöre zu den schwierigsten Herausforderungen. Das Leben wird nicht leicht werden, und man kann es nicht durch Selbsttäuschungen meistern. *Wir schwimmen alle zusammen in einer großen Suppe*, erzählte sie. Als mein Großonkel bei einem tragischen Unfall während des Verladens von Bäumen ums Leben gekommen war, hatte sie bereits die Liebe ihres Lebens verloren. Der Rest war eine eher unbedeutende Zugabe.

Tante Vie teilte meine Tierliebe. Sie fütterte die besitzerlosen „Wildchen“ und all die anderen Katzen in der Nachbarschaft, und sie ließen es sich alle schmecken. Vie kochte Hühnchen und Gemüse, vermengte alles miteinander und fror es in herzförmigen Jell-O-Formen ein. Und dann stellte sie sich laut die Frage – mit einem Lächeln und liebenswerten Augenzwinkern – warum denn bloß die ganzen Katzen zu ihrem Haus kämen. Eines Tages, Großtante Vie war schon in ihren Achtzigern – stolperte sie über eine Katze und stürzte rückwärts auf den Boden. Während sie am Kühlschrank stand, hatte sich die Siamkatze schnurrend hinter ihre Füße gelegt und auf ihre Gourmet-Speise gewartet. Nach dem Sturz starb Vie an im Hospital auftretenden Komplikationen. So einen „Abgang“ kann ich mir auch gut vorstellen.

Ich lebte höchstens einige Monate bei Tante Vie, als mir klar wurde, dass auch sie ihr eigenes „sexy Leben“ hatte, und ich möglicherweise den Rhythmus störte. Eines Tages kam ich von der Arbeit und sie fing mich an der Tür ab – in einem langen, wallenden weißen Negligé – und fragte mich in einem Flüsterton, ob ich nicht erst in einigen Stunden kommen könne. Und so zog ich meines Weges und setzte mich in einen McDonald's, trank Wasser und schlug die Zeit tot und versuchte mir einen neuen Plan einfallen zu lassen. Für mich war die Zeit zum Weiterziehen gekommen. Trotzdem pflegten Tante Vie und ich einen engen Kontakt. Ich habe mich sogar für die Rolle der Val bei *VIP* von Tante Vie inspirieren lassen – ihrer Lebensfreude und ihren Outfits, ihrer natürlich Neigung zu Glitzer und Spaß. Sie war ein riesiger Einfluss.

Meine Freundin Melanie wohnte mit einigen Mädchen in einem Haus in Victoria, und so fragte ich sie, ob ich bei ihr unterkommen könne. Dort gab es keine freien Zimmer mehr, aber Mel ließ mich zu einem „Sonderpreis“ auf einer Matratze im Wandschrank schlafen. Das konnte ich mir leisten, und mehr brauchte ich nicht. Ich fühlte mich unendlich dankbar. Um meine Miete zu erwirtschaften, erledigte ich die Hausarbeit, putzte die Klos, machte den Abwasch. Falls jemand etwas brauchte – das ging von der Wäsche bis hin zu leichten Botengängen – wurde eine Notiz am Kühlschrank hinterlassen. Wenn ich mich hinlegte, schlief ich auf einem Kopfkissen mit einem Halbkreis meiner Schuhe umrandet. Ich besaß ungefähr sechs Paar High Heels in Regenbogen-knalligen Farben. Sie wirkten wie eine Art von Heiligenschein auf einem schwul-religiösen Gemälde.

Damals hatte ich einen Job als Empfangsdame bei Keg ergattert, einem lokalen Restaurant/Bar. Jeden Abend trug ich dasselbe goldene Kleid, ein schulterfreier Prom-Dress mit geworfenen Falten auf der einen Seite und Rüschen auf der anderen und die dazu passenden goldenen Pumps. Paso doble. An den Wochenenden offerierte das Keg ein Salat-Büffet, und man erlaubte mir, am Ende des Abends auch davon zu kosten. Ich lebte beinahe von ihren gefüllten Bratkartoffeln und nahm immer welche zur WG mit, um die anderen zu versorgen, nicht zu vergessen einen ganzen Schwung von Rosen, die mir Kunden geschenkt hatten. Meine Mitbewohnerinnen verdrehten dann ungläubig die Augen.

Obwohl ich Comox verlassen hatte, tauchte Jack sporadisch in meinem Leben auf. Die Beziehung endete niemals formal, und ich musste wegziehen, um mich zu lösen. Während einer unserer „Auszeiten" sah er mich auf dem Gehweg und versuchte mich über den Haufen zu fahren. Ein anderes Mal befand ich mich auf dem Heimweg, und er hielt neben mir an und brüllte etwas Abfälliges über mein Kleid. Es waren die Achtziger und das Kleid wirkte mehr „enthüllend" als „bedeckend". Die Seiten waren weit ausgeschnitten und die rote, hochelastische Jersey-Mischfaser wurde auf der Vorderseite mit einem goldfarbenen Ring gerade so zusammengehalten. Es war knalleng und jeder Zentimeter Stoff schmiegte sich an meine Haut – und ich liebte das Kleid. Jack mochte es ganz und gar nicht, wenn ich mich sexy kleidete und er schrie, dass er mir den Fummel vom Körper reißen würde, wenn ich unbedingt splitterfasernackt herumrennen müsse. An dem Tag hatte ich mich unglücklicherweise ausgesperrt – und ich versuchte alles, um reinzukommen und prüfte in heller Panik alle Fenster. Schließlich hockte ich mich hinter einen Busch und rollte mich wie ein Ball zusammen, weinend, mit diesem kurzen Fummel und in roten High Heels. Als meine Mitbewohnerin nach Hause kam, war ich zutiefst gedemütigt und immer noch total verängstigt. Meine Freundinnen wussten damals genau, dass es besser war Abstand von mir zu halten, wenn sie ihn sahen.

Zeit um von der Insel wegzuziehen, dorthin, wo er mich nicht so leicht bedrängen konnte.

Ich zog nach Vancouver, wo ich einen Job bei Trendsetters annahm, einem Fitnesscenter. Ich arbeitete dort im Bräunungsstudio, was man nach kurzer Zeit unschwer erkennen konnte. Da ich die Sonnenbank kostenlos nutzen durfte, war meine Haut schon bald recht dunkel. Das bildete einen starken Kontrast zu meinen weißen, großen Zähnen und dem pinken Lip-Gloss. Ich ähnelte einem David-LaChapelle-Bild, das nur noch auf seine Schöpfung wartete.

Wegen der Arbeit im Gym durfte ich auch an den Aerobic-Kursen teilnehmen. Dort gab es einen Lehrer, der jede Woche choreografierte Aerobic unterrichtete und dazu meinen Lieblingssong von *Dirty Dancing* einsetzte – „(I've Had) The Time Of My Life". Ich konnte die erste Stunde kaum erwarten. Während ich die Schritte und den Aufbau lernte, verlor ich mich förmlich in dem Song, dem Crescendo. Als ich dann den kompletten Ablauf tanzte, bekam ich eine Gänsehaut. Für mich war das quasi eine Errungenschaft, denn durch das Tanzen fühlte ich mich vollkommen, eins mit mir selbst – und es befreite mich.

ICH WURDE SCHON SO FRÜH SEXUALISIERT, DASS ICH DIE ZEIT DES „Ausprobierens" übersprang. Für mich gab es nur Sex mit Liebe, und während ich mich entwickelte und langsam zum Frausein heranreifte, hatte ich ausgeprägte Fantasien von Geschichten über die wahre Liebe und Märchen.

Mein Körper voller Schmerz und Dramen.
Ein Bett – allein.
Ein von Tränen durchnässtes Kopfkissen.
Der Spiegel war ein Feind.

Während dieser Zeit lernte ich einen Jungen kennen, einen Produktionsassistenten und aufkommenden Fotografen namens Mike. Er war attraktiv, erfolgreich, witzig und machte seine Workouts im Gym. Mike benötigte eine Sekretärin, die für ihn halbtags im Studio arbeitete, ein Job, den ich mit Freuden annahm. Schon bald entwickelte sich eine Liebesbeziehung. Im Büro trug ich Business-Kleidung mit Strapsen und heißen Strümpfen, denn ich mochte es, ihn ein bisschen „auf die Folter zu spannen". Schließlich hielt er um meine Hand an, und ich sagte Ja. Meine Oma hatte mir erklärt, dass ich vor 25 heiraten solle, denn später würde mich niemand mehr lieben, denn dann sei ich eine alte Jungfer. *Kannst kein Vierteljahrhundert alt und nicht verheiratet sein!* meinte sie.

Ich wollte schon immer verlobt sein. Mich auf die häusliche Routine einstellen. Die Vorstellung von „Für immer" hatte etwas Aufregendes, obwohl es einem Ratespiel gleichkam. Mike und ich hatten ein reges Sexualleben, vermutete ich … da ich keine normale Beziehung geführt hatte, um es zu vergleichen. Ich fand damals einen Weg, der für mich gut „funktionierte". Ich stand auf Rollenspiele, denn so konnte ich mich von mir ablösen, jemand sein, der ich nicht war. Sex machte Spaß, war erfüllend und fantasievoll. Manchmal las ich ihm sogar Leserbriefe aus der Penthouse vor oder zog einen niedlichen Striptease zu „You Can Leave Your Hat On" von Joe Cocker ab. Damals wurde der Film *9 1/2 Wochen* zu meiner Obsession. Ich liebte Kim Basinger und Mickey Rourke und unsere Beziehung entwickelte sich bizarrerweise in eine ähnliche Richtung, Eiswürfel und so …

Ich lebte in einer anderen Fantasie.
Ein Omen—
So ging ich mit allem um—
Und so lernte ich mein Leben zu kontrollieren—
Eine Fantasie nach der anderen—
Eine verblasst,
eine andere erscheint.

Ich dachte, bei den anderen würde es genauso ablaufen. Ich konnte auf diese Art meine Schüchternheit besiegen und wurde nie enttäuscht. Dann trieb ich mich an, mutig zu sein, auch wenn alles in mir zerfiel. Die Verlobung brachte mir aber nicht das Sicherheitsgefühl, auf das ich gehofft hatte. Mike wurde zunehmend eifersüchtig, grübelte ständig darüber nach, wo ich mich aufhielt. Er meinte, ich sei zu heiß und sexuell anziehend, um mir zu vertrauen. Später fand ich heraus, dass er eine Affäre mit einem verheirateten Model hatte – die unbedingt in den *Playboy* wollte. Soweit ich weiß, schaffte sie es nie auf die Seiten des Magazins. Schon witzig, wie sich die Dinge so entwickeln.

Ein Leben in einer „Großstadt" wie Vancouver hatte aber auch seine Vorteile. Meine Nachbarn waren Vertreter von Labbat's Bier, besaßen einen Blue Zone Jeep, veranstalteten Jacuzzi-Partys und durften sich so viel Freibier genehmigen wie sie wollten. Eines Tages luden sie mich zu einem Canadian-Football-Spiel der BC Lions ein. Ich wollte wirklich nicht dorthin, doch meine Freundin drängte mich und so machten wir uns auf den Weg, rausgeputzt in Jeans und Crop Tops mit dem Slogan „Enter the Blue Zone" über dem Brustkorb. Während des Spiels entdeckte mich ein Kameramann und ließ mich in Nahaufnahme auf dem Jumbotron-Bildschirm erscheinen. Meine Freunde brachten mich dazu aufzustehen, aber als ich mich auf dem riesigen Bildschirm sehen konnte, dachte ich nur daran, dass ich gar nicht so aussehe. Ich spürte einen unglaublichen Druck in der Magengegend. Für mein Alter sah ich recht jung aus, doch auf der Großbildleinwand wirkte ich alt und hässlich – das war mein erster unangenehmer Eindruck, bevor ich endlich kapierte, dass ich es war, den die ganze Menge auf dem Bildschirm sah. Als es mir dann klar wurde, bemerkte ich, dass alle schrien … wegen mir?

Ein Mitarbeiter des Stadions erschien, um mich von der Zuschauertribüne abzuholen und zur 50-Yard-Linie zur Ziehung zu führen. Meine Freunde drängten mich zu gehen, schoben mich regelrecht an. Ich quetschte mich durch die Menge, wurde zum Tunnel geleitet und von dort aus aufs Spielfeld. Sie drückten mir ein Mikrophon in die Hand und meinten, ich solle eine Nummer aus der runden Glaskugel ziehen. Ich drehte mich ganz langsam um und schaute staunend auf die Riesenmenge, die auf den Rängen wie eine Million Bleistifte mit Radiergummis aussahen. Dann las ich die Nummer auf dem Papier vor, erschreckt von dem Echo meiner Stimme, das im Stadion widerhallte. Von da an nannten sie mich das „Blue Zone Girl" und das TV-Network startete damit, mein Image für die Football-Werbung am Montag zu nutzen.

Danach ging es von Null auf Einhundert. Labbat's Beer bot mir einen Werbeclip und ein Poster an. Ich willigte ein, doch bestand darauf, dass sie meinen Verlobten als Fotografen engagieren, obwohl er mich bis zu dem Zeitpunkt nicht ablichten wollte. Da alles so wahnsinnig schnell ging, verstand ich kaum, was überhaupt geschah.

Dann wurde mir klar, dass man auf so eine Art tatsächlich seinen Lebensunterhalt bestreiten konnte. Ich gab meinen Eltern die Hälfte meiner Einkünfte, denn ich dachte, das würden alle machen, und auch heute unterstütze ich sie noch und werde es den Rest ihrer Leben machen.

EINES TAGES KAM ICH NACH HAUSE UND ENTDECKTE MICHAEL, DER seinen Penis im Waschbecken säuberte, was mir natürlich verdächtig vorkam. Wir hatten uns gestritten, da ich gesagt hatte, wie attraktiv ich Mario Van Peebles im TV fände. Dann klingelte das Telefon. Ich nahm den Hörer seufzend und genervt ab … Es war Marilyn Grabowski vom *Playboy*. Sie hatte meine Nummer im Telefonbuch gefunden. Dann brachte ich das Wort über meine Lippen, sagte es aber laut genug, dass er es hören konnte – *Playboy*? Michael flog aus dem Badezimmer, seine Augen wild aufblitzend. Er raste in die Küche und versuchte mir ein versilbertes Tablett an den Kopf zu schleudern. Ich duckte mich schnell hinter der Theke. Beinahe halluzinierend hörte ich Marilyn zu, die mir erklärte, dass sie mich per Flieger zu Testaufnahmen für das Cover der Ausgabe Oktober 1989 nach LA holen wollen. Sie hatten auf der ganzen Welt nach dem richtigen Mädchen gesucht, und glaubten nun, dass ich es sei.

Wirklich, sind Sie sich da sicher?, fragte ich.

Das liegt ganz an Mr. Hefner. Wir machen das Shooting und sehen dann weiter, lautete die Antwort.

Rufen Sie mich an, wenn es was wird, antwortete ich und legte den Hörer auf.

Ich wollte ein „Vielleicht" mit keinem „Ja" beantworten.

Alles dem Schicksal überlassen.

Unmittelbar danach läutete das Telefon erneut. Gott sei Dank.

Mich immer noch vor Gabeln und Messern duckend, schnappte ich den Hörer – Marilyn meinte: *Wir versprechen, dass es realistisch ist.* Ich antwortete: *Ja, vielen Dank*, schnappte mein Portemonnaie, kroch auf allen Vieren über den Boden, bis es sicher war wieder aufzustehen, rannte durch die Tür und schlug sie hinter mir zu. So schnell ich konnte, sprintete ich über den Gehweg, wobei er immer noch brüllte. Ich konnte mir nicht helfen und musste bei dem Gedanken an die Freiheit kichern. Und an die Rache.

Ich versteckte mich ein oder zwei Tage im Haus einer Freundin. Als Michael nicht da war, schlichen wir beide ins Apartment, um einige meiner Habseligkeiten herauszuholen. Dann erklärte ich Marilyn, dass ich Vancouver verlassen müsse, bevor es mein Verlobter herausfände. Der *Playboy* war besorgt und wollte mich auf dem schnellsten Weg in LA haben, denn kurz zuvor wurde Dorothy Stratten von ihrem eifersüchtigen Ehemann ermordet. Außerdem hatte Hef bereits von mir gehört. Dass unsere Storys sich traurigerweise ähnelten, war für ihn ein ausreichender Grund, sich Sorgen zu machen. Damals brauchte man noch keinen Pass für die Einreise von Kanada in die USA, einfach eine Art der Identifikationsmöglichkeit, und so ging es direkt zum Flughafen. Ich war so aufgeregt, weil ich noch nie in einem Flugzeug gesessen hatte. Beim Check-in erklärte ich ihnen, dass ich für den *Playboy* posieren würde. Die Frau am Schalter entgegnete: *Oh, nein, das werden Sie nicht. Haben Sie ein Arbeitsvisum*? Was war das denn? Die wollte mich nicht durchlassen. In Tränen aufgelöst ging ich zu einem Münztelefon, um Marilyn anzurufen. Sie beruhigte mich: *Wir werden dir ein Ticket bei einer anderen Fluglinie organisieren*. Ich bin dann also auf Klo, wechselte meine Klamotten – ein anderes T-Shirt und nun mit einer Baseball-Kappe, unter der ich meine Haare versteckte – und schlenderte zum Check-In der anderen Luftfahrtgesellschaft. Und natürlich stand dort dieselbe Frau, die mich abgewiesen hatte – mit vor der Brust verschränkten Armen –, die sagte: *Netter Versuch!*

Geschlagen rief ich wieder Marilyn an. Sie entschuldigte sich und meinte, dass sie den Papierkram abwickeln würden und erkundigte sich, ob ich einen sicheren Ort zum Aufenthalt habe. Ich musste das verneinen. Nun gab es nur noch eine Option, nämlich einen Bus über die Grenze zum Bundesstaat Washington zu nehmen und am folgenden Morgen den Flieger nach LA. Und das machte ich dann. Die Grenzbeamten kontrollierten mich nicht im Bus – nur die Person vor mir und die hinter mir. Nicht jeder wurde von ihnen angesprochen, und ich hatte eine Riesenportion Glück. Es war so stressig, aber ich kam durch. Der *Playboy* buchte dann für mich ein Hotel in Flughafennähe. Ich bin mir sicher, dass ich es mir einbildete, aber ich könnte heute noch schwören, dass in der Tür Löcher von Pistolenkugeln waren, das laufende Wasser braun aussah und sich Blutspuren auf dem Teppich befanden. Als ich mich in dem Zimmer beruhigt hatte, warf ich meine Mütze auf die Kommode und holte ganz tief Luft. Ich fühlte mich, als sei ich auf der Flucht, eine Flüchtige der Liebe, verängstigt und zutiefst erschöpft. Ich ließ mich auf das Bett fallen und wachte am nächsten Morgen noch in den Klamotten vom Vortag auf. Ohne mich umzuziehen, rannte ich aus der Tür – bereit meinen Weg weiterzugehen. Bei meinem ersten Flug saß ich in der ersten Klasse, wobei meine Augen permanent das Fenster fixierten. Die gedämpften Stimmen der Stewardessen, die servierten Mahlzeiten – all das ging an mir vorbei. Ich verlor mich in der Aussicht, den Wolken, dann den kleinen Lichtern, die auftauchten, dem Verkehr, der Küste, den Straßenzügen, die wie eine Art Gehirn erschienen. Es war die Aussicht aus einer großen Höhe, die ich noch niemals genossen hatte. Dann fiel ich in den Schlaf, begann zufällig zu träumen …

Durch die Landung wurde ich jäh aus dem Nickerchen gerissen. Die Bremsen stoppten den Flieger ruckartig, und ich schlug mit dem Kopf gegen den vorderen Sitz – wir waren angekommen. *Hallelujah*, jubelte ich lauthals und bemerkte schnell die befremdeten, mir zugeworfenen Blicke. Ich klatschte in die Hände und sagte *Wir haben es geschafft … yayyy*! Vielleicht ein bisschen zu laut?

IV

Der Playboy war eine Ehre
und ein Privileg.
Unmoralisch oder anzüglich – das dachte ich nie.
Doch der unvorhersehbare Nachteil
war, dass er mich
vielleicht unbeabsichtigt in eine Falle lockte.
Es war meine Entscheidung,
und ich akzeptierte
mein Schicksal.
Es gab einigen
Menschen traurigerweise den Anstoß,
mich schlecht zu behandeln
und ohne Respekt.
Doch daran hatte ich mich schon längst gewöhnt.
Ich würde nicht untergehen—
Ich hatte bis zu dem Punkt bereits überlebt—
Nichts konnte mich mehr verletzen—
Nichts konnte schmerzhafter sein als das Überstandene—
Der Playboy verlieh mir Macht und Stärke—
Es half in vielerlei Hinsicht bei dem, was ich nie artikulieren könnte—
Ich riss meine Stärke wieder an mich—
Das musste ich—
Es war die Chance ein neues Leben zu verwirklichen,
ein neues Abenteuer …

BEI DER LANDUNG IN LA WAR ICH ZU ALLEM BEREIT. ZUERST STELLTE ich mir umherziehende Menschen mit Papageien auf den Schultern vor, Palmen in Neon, Filmkameras an Straßenkreuzungen. Die Stadt enttäuschte mich nicht. Ich kam am Gay Pride Day an und konnte während der Fahrt vom Flughafen meinen Augen nicht trauen – die prachtvoll geschmückten Festwagen, steil in die Höhe ragende Perücken, das lebendig strahlende Airbrush-Make-up, die feierliche, elektrisierende Musik und dann noch überall Glitter. Es war ein sinnlicher und intensiver Rausch, ein Traum. Einfach nur ein neuer Tag im neuen Leben – das dachte ich.

Der erste Tag in LA sollte mich für den Rest meines Lebens beeinflussen und meinem Dasein mehr Farbe verleihen. Der *Playboy* hatte für mich ein Zimmer im luxuriösen Bel Age Hotel in Beverly Hills gebucht. Ich wollte eigentlich direkt Mom anrufen, wusste aber nicht, ob es mir erlaubt war, das Telefon für Ferngespräche zu nutzen. Glücklicherweise bimmelte es, und ich nahm den Hörer behutsam ab, als sei ich auf einem anderen Planeten. Mit einem Anflug von Panik flüsterte ich *Hello?* Es war ein ähnlicher Stimmfall wie der von Mom, wenn sie einen Anruf mit schlechten Nachrichten erwartete. Aber es war nur Marilyn, die wissen wollte wie es mir ging und mich zur „Fight Night" in der Playboy Mansion einladen wollte. Ich antwortete: *Tut mir leid, aber ich möchte gegen niemanden kämpfen* und fragte dann, ob ich meine Mom anrufen könne. Marilyn versicherte mir, dass man von mir kein Schlamm-Wrestling erwarte. Es war nur eine kleine Privatparty, um einen Mike-Tyson-Kampf auf dem Großbildschirm zu sehen – und natürlich durfte ich meine Mom anrufen. Ich musste nur zuerst die 9 wählen, um ein Gespräch nach draußen zu führen.

Mommmmmm! Ich habe es geschafft! schrie ich überschwänglich ins Telefon. Und dann berichtete ich ihr: *Schwule Menschen existieren nicht nur, sie laufen hier auch in pinken Hot Pants herum – zusammen in Handschellen – und jeden Tag gibt es hier eine Parade!*

Oh, Sweetie, das klingt für mich … als wärst du angekommen! war alles, was sie sagen konnte.

WÄHREND DES GANZEN FLUGES LAG EIN BUCH FEST IN MEINEN Händen, eine zerfledderte Ausgabe von Shirley MacLaines *Zwischenleben*. Sie berichtete viel über den Bodhi-Tree-Buchladen, der Ort, an dem ihre metaphysische Reise begann. Er stand auf meiner LA-Sehenswürdigkeitenliste. Und so konnte ich es nicht fassen, als ich sie im russischen Tee-Saal im Hotel entdeckte. Ich starrte sie an, vermutlich viel zu lange, um mich zu versichern, dass sie es tatsächlich war. Dann wechselten wir misstrauische Blicke, wonach sie mich direkt anschaute und auf eine Art blinzelte, die ein unmissverständliches „Fuck Off" signalisierte. Peinlich berührt, schaute ich schnell weg.

Doch ich musste in mich hineinlächeln, da ich es als ein Zeichen empfand. Synchronizität. Ich holte tief Luft und gab eine Bestellung auf. Sie weiterhin aus den Augenwinkeln zu beobachten, war sicherlich kein Verbrechen, und ich stand kurz vor dem Verhungern. Der russische Teesaal war gleichzeitig das Hotelrestaurant. Marilyn hatte mir erklärt, dass ich dort kostenlos essen könne – von einem „Room Service" hatte ich in meinem ganzen Leben noch nie etwas gehört. Ich bestellte Borschtsch, der sich ein wenig von Moms unterschied, da sie keine Rote Bete als Zutat verwendeten. Aber Borschtsch ist trotzdem Rote-Bete-Suppe, wie mir der Kellner versicherte ... merkwürdig. Später schaute ich aus meinem Zimmerfenster und war mir sicher, dass ich Rick James aus einem Auto aussteigen sah, woraufhin ich „Super Freak" beim Ankleiden sang. Als ich meine wenigen Kleidungsstücke auf dem Bett sorgfältig übereinanderlegte, war mir noch nicht klar, dass ich mich für den Rest meines „freaky" Lebens vorbereitete.

An dem Abend wartete eine Stretch-Limo am Straßenrand, um mich zur Mansion zu bringen. Als ich über den Gehsteig schritt, kamen zwei schöne Männer vorbei, die sich aneinanderschmiegten und küssten. Ich begrüßte sie mit einem „Hello" und sie kicherten und zeigten auf mich. *Was?*, fragte ich, wonach mir klar wurde, dass sie auf mein Haar deuteten – ein verunglücktes Experiment mit Sun-In-Aufhellungsspray. Meine Haare hatten die Farbe eines Manilaumschlags angenommen. *Honey*, witzelte einer von ihnen, *das ist keine von*

Gottes Farben, wonach er wieder in Kichern ausbrach. Dann musste ich mit den beiden mitlachen. Ich hatte nie beabsichtigt eine Blondine zu werden, sondern wollte einige „sonnige" Highlights haben. Vielleicht hätte ich das ganze Fläschchen auf meine perfekten, gesunden und haselnussbraunen Locken an dem sonnigen Abend am Strand klatschen sollen? *Sorry*, lenkte ich ein, *ich weiß, dass es schlecht aussieht.*

Nach einer kurzen Fahrt durch die sich schlängelnden Straßen von Holmby Hills, fuhr die Limo zum „Rock", dem Security-Intercom-Felsen vor der Playboy Mansion in der Charing Cross Road. Der große Stein begann zu sprechen: *Kann ich Ihnen helfen?* Der Limo-Kutscher antwortete: *Ich bringe Miss Pamela Anderson.* Dann erkundigten sie sich nach der Farbe, der Ausführung und dem Modell des Schlittens und öffneten das Tor. Im Innenbereich angekommen, ordnete ein Wachmann an, den Kofferraum zu öffnen, wonach er ihn inspizierte. Ich fragte den Fahrer, ob sich dort manchmal Leute verstecken würden, um unbemerkt reinzukommen. *Ja*, antwortete er in einem nüchternen Ton. Ich hingegen wollte nur einen Witz machen.

Die Straße machte eine lange Kurve um den perfekt gepflegten Garten und erreichte schließlich einen kreisförmigen Weg, der eine in die Höhe schießende Fontäne umgab. Oben angekommen sah ich ein Schild mit der Aufschrift PLAYMATES AT PLAY. So etwas wie die Mansion hatte ich in meinem ganzen Leben noch nie gesehen, denn es war ein sich in alle Richtungen erstreckendes Steinhaus, eher ein Schloss. Wie Disneyland, aber ohne Feuerwerk.

Ich trug meine schönsten Acid-Wash-Jeans mit hohem Bund und ein Metallica-T-Shirt, kleine weiße Turnschuhe und kurze Söckchen mit einigen Troddeln in Knöchelhöhe. Als ich durch die Tür ging, begrüßte mich Marilyn im Foyer und begann mich vorzustellen. Ich war nicht gerade ein Popkultur-Fan und kannte kaum die Namen der Leute oder der Rollen, die sie spielten. War das Tony Curtis? James Caan? Dort ist ja Rambo, umzingelt von Mädchen. An dem Abend lernte ich so viele Leute kennen, deren Namen und Gesichter mir nicht viel sagten – Chachi, Spicoli, vielleicht, und konnte das da Cher sein? – es war ein regelrechter Wirbelsturm von Persönlichkeiten.

Während Marilyn mit mir einen Rundgang machte, ließ ich alles auf mich wirken – die Kunst, die Grotte mit ihren wabernden Dampfschwaden, das Spielzimmer. Dann führte sie mich zu einem Platz an der Bar und ließ mich erstmal dort sitzen. Sie meinte aber, dass sie nicht weit weg sei. Ich bestellte mir einen alkoholischen Cidre, aber der Barmann hatte nicht den blassesten Schimmer, worüber ich redete – vielleicht zu kanadisch? –, und ich errötete und bestellte mir stattdessen eine Coca-Cola. Der Barmann konnte auf jeden Fall einige gute Witze reißen und ich begann mich ein wenig zu entspannen, als ... Oh, mein Gott ... ich aufschaute und Mr. Hefner sah, der in seinem dunkelblauen Smoking-Jackett lächelnd die Treppe hinunterstolzierte. Während er die Leute begrüßte, schien sich die Zeit zu verlangsamen. Er stand direkt in meiner Sichtlinie, möglicherweise beabsichtigt. Dann sah er zu mir und wir lächelten uns an. Während er durch die Menge seiner Freunde schritt und hinreißende Mädchen höflich zur Seite bat, musste ich ganz tief Luft holen. Seine Energie und sein Charme drangen jedoch zu mir und fühlten sich wie eine körperliche Wahrnehmung an. Ich musste schnell wegsehen, denn meine ganz Haut begann zu brennen, als wäre sie direkt der Sonne ausgesetzt. Da war sie wieder – die unvermeidliche Schüchternheit. *Hello, Pamela, ich habe gehört, dass du eine ereignisreiche Anreise hattest,* sagte er, wobei die Pfeife zwischen seinen Zähnen wippte. Ich liebte den Geruch des Rauchs, da er mich beruhigte und alles nur noch verstärkte – einfach nur enigmatisch. Er erinnerte mich an eine mythologische Figur. Ein Methusalem. Mit leicht nassen Augen betrachtete er die anderen Männer im Raum und meinte ganz sanft: *Marilyn wird sich gut um dich kümmern. Mach dir keine Sorgen, Darling, hier bist du sicher.* Dann schien er wieder eine Rolle zu spielen, lachte auf seine berühmte Art und Weise und ergänzte: *Meine Güte, wir werden dich fest im Auge behalten müssen.* Es fühlte sich wie die Vollendung des galanten Benehmens an, ein wahrer Gentleman – elegant, leidenschaftlich, so charmant, aber immer noch mit diesem Kichern eines kleinen Jungen. Dieses Lachen zu beschreiben ist schwierig, aber wenn du es einmal gehört hast, ist es unvergesslich.

In einem Augenblick
wurde er zu einer Karikatur—
Einer Falle.
Eine Vorstellung, auf die ich noch eingehen werde – später—
Eingesperrt zu sein, von dem, was die Menschen erwarteten
oder wollten—
Ihre Fantasie, wer ich sein muss.
Vor den Kopf gestoßen, enttäuscht,
wenn ich sie ihnen nicht erfüllte.
Es berührte all meine Beziehungen—
Nicht nur die Liebschaften.
Die einzigen, die mich erkannten,
durch all das hindurchblickten,
waren die ungezähmten Typen,
die Unerwarteten,
die Künstler.
Für sie danke ich dem Himmel
oder ich wäre vielleicht
nicht mehr hier.

Ich hatte das Gefühl, als sei ich in eine andere Dimension eingetreten – war das hier überhaupt real? Wie kam ich bloß hierhin? Es war doch gar nicht so weit von meinem Zuhause entfernt, aber es lag so weit außerhalb der Reichweite eines Mädchens wie mir.

Ich schlenderte ein wenig herum und war völlig aus dem Häuschen als ich ein Salvador-Dalí-Gemälde entdeckte. Ich fragte Marilyn ob es ein Original sei. *Natürlich*, entgegnete sie. Ich konnte es nicht fassen. Ich bemerkte ihr gegenüber, dass ich Dalí liebe, das Bizarre seiner Perspektive, seine weichen, schmelzenden Uhren und die Sichtweise auf das Leben – so befremdlich, aber so wunderschön. Ich verriet ihr sogar, dass ich seinen gezwirbelten Schnurrbart lieben würde und dass er scheinbar ständig die goldene Lamé-Weste trage, und so weiter und so fort … Sie lächelte ein wenig amüsiert wie auch Hef, der sich wegen meiner Neugier und meines Wissens hinsichtlich der Kunst und des Künstlers zutiefst überrascht zeigte. Er wusste sofort, dass ich anders war, und das machte ihn an.

Langsam wurde ich müde und hatte das Gefühl, als sei ich von einem Zug überfahren worden. Als ich im hinteren Teil der Bar saß und das aufgeregte Treiben beobachtete, trat ein Mann an mich heran und drehte meinen Barhocker so, dass ich ihn direkt ansehen musste. Dann zog er ein Resümee und ließ stakkatoartig Filmtitel fallen: *Rain Man, Batman, A Star Is Born*. Er schien überrascht zu sein, dass ich ihn nicht kannte. Dann sprach er weitere Filme an, aber bemerkte, dass er auf Unverständnis stieß. Er stellte sich als Jon Peters vor und streckte seine Hand zur Begrüßung aus. *Ich komme eigentlich niemals hierher, bin aber wirklich froh, dass ich heute da bin. Als ich auf dich aufmerksam wurde, sah ich nur schneeweiße Zähne und einen Heiligenschein.* Plötzlich tauchte Marilyn an meiner Seite auf, stellte sich zwischen uns und zog Mr. Peters behutsam, aber bestimmt in eine andere Richtung. *Nett, Ihre Bekanntschaft gemacht zu haben*, rief ich ihm nach.

Dann tauchte Marilyn wieder auf und erklärte, dass er ein bedeutender Produzent sei – dabei musste sie mir erstmal erklären, was ein Produzent überhaupt machte – und dass er mich gerne zum Mittagessen einladen würde. Warum? Da war ich mir nicht so sicher. Ich erinnere mich, an dem Abend in die Runde geschaut und all diese atemberaubenden Frauen gesehen zu haben. Monique St. Pierre, eine Schönheit mit einer blonden Kurzhaarfrisur, die alles überragte, was ich bisher gesehen hatte wie zum Beispiel Michelle Pfeiffer in *Scarface*. Sie trug ein langes, champagnerfarbenes Abendkleid aus reinster Seide und hielt eine dünne Zigarettenspitze in der Hand – immer noch glimmend, wobei ein wenig Rauch um sie herum waberte. Sie lehnte mit einer beeindruckenden Selbstsicherheit und Haltung gegen eine Wand. Es fiel mir schwer, mich dagegen nicht unbedeutend zu fühlen.

Marilyn hatte den Eindruck, dass es genug für den Abend sei, da am nächsten Morgen das Foto-Shooting anstand. Sie sagte liebevoll, dass ich jederzeit zur Garderobe des Playboy-Fotostudios kommen

könne, um mich für alle Aktivitäten in der Zukunft einzukleiden – Mittagessen, Abendessen und Partys. Ich war wirklich dankbar, aber hatte bei der Vorstellung Schwierigkeiten, was in der Graderobe des Playboys hängen würde – falls es da überhaupt etwas Angemessenes gab.
Dann kam der Fahrer, um mich abzuholen. Wir fuhren an einigen Bungalows auf dem Grundstück vorbei. Er erzählte mir, dass die Playmates manchmal dort übernachteten – *Da ist der Red Room, dort der Blue Room, alle mit Spiegeln an der Decke.* Ich stellte es mir vor, wie in einem Traum …

Die Seide,
Der Rauch …

Ich wäre beinahe schon in der Limo eingeschlafen, fühlte mich aber noch ein wenig aufgedreht. Ich bat den Fahrer den langen Rückweg zum Hotel zu nehmen, um mir den Sunset Strip anzusehen. All die Lichter, das Chateau Marmont, die Billboard-Reklame mit dem Marlboro-Mann, das Hollywood-Symbol in der Distanz dort oben. Ich hatte das Gefühl durch die Luft zu schweben. Dann in den Fahrstuhl … rauf auf mein Zimmer, wo jemand die Klamotten vom Bett genommen hatte. Sie lagen ordentlich auf der Anrichte. Einen Moment lang wertschätzte ich das, während ich mich bis auf die Unterwäsche auszog. Dann putzte ich mir die Zähne und machte einige Leg Lifts, berührte meine Zehen einige Male – eine Gewohnheit, auf die ich zufällig gekommen war und immer noch ein Ritual vor dem Zubettgehen. Und dann schlief ich ein.

ERST AM MITTAG NAHM ICH DEN TELEFONHÖRER AB. ICH WACHTE MIT einem Schrecken auf, hatte vergessen, wo ich eigentlich war. Es war spät! Und das Telefon schrillte …
Marilyn –
Es tut mir so leid, platzte es aus mir heraus, vor Angst wie erstarrt.
Es ist alles in Ordnung, Liebes. Wir sind schon hier und draußen steht ein

Wagen, wenn du fertig bist. Du kannst hier duschen oder was auch immer du willst – keine Hektik.

Ich sprang unter die Dusche und rannte mit nassen Haaren zur Limo. Dort traf ich auf denselben Fahrer vom Abend zuvor, der mir versicherte, dass wir nur noch drei Minuten entfernt seien. Wir parkten dann vor einem sehr hohen Gebäude, wo ganz weit oben das Playboy-Bunny-Logo erstrahlte. Dort hineingehend, wurde ich an der Rezeption von einem gutgekleideten Mann begrüßt, der meinen Namen und meine Unterschrift erbat. Hinter der Theke hing ein überformatiges Poster des aktuellen *Playboy*-Covers, auf dem eine aufregende Blondine mit einem Finger auf die Lippen gepresst zu sehen war. *Shhhh.*

An den Wänden des Studios erstreckten sich eng nebeneinander Fotos von halbnackten Mädchen – stylish, mit dem Fokus auf die wenige Kleidung, verspielt und wunderschön. Einige zeichneten sich durch den Glamour von Filmstars aus, doch meist waren es süße und schüchterne Naturschönheiten. Mädchen von nebenan. Ich dachte nur wie fantastisch sie doch alle aussahen. Und was zum Teufel hatte ich hier zu suchen?

Als ich in LA ankam, war ich gerade 22 Jahre alt und hatte einen süßen, kleinen Body. Ich hätte niemals daran gedacht, sexy zu sein.

Aus mir wurde doch erst eine Frau, und ich lag gegenüber anderen meines Alters weit zurück. Ich sah doch immer noch wie ein Baby aus.

Ich fühlte mich niemals schön,
keinen einzigen Tag meines Lebens.
Es war nicht meine Bestimmung
oder meine Rolle.
Ich hatte das Gefühl, dass schöne Mädchen
eine andere Spezies waren.
Doch das alles war egal—
Ich wusste, dass ich geheimnisvollere Talente hatte als die Attraktivität—

Das hier alles schien doch ein verrückter Plan zu sein. Ich war in ein Loch hinabgefallen – hatte ein Portal zu einem anderen Universum durchquert. Ich war Alice im Wunderland. Dann tapste ich mit einem verkrampften Magen ins Studio. Eiligst wurden wir einander vorgestellt. Dort befanden sich ein Fotograf, der seine Kamera vorbereitete, einige Lichtassistenten, eine Friseurin und eine Frau für das Make-up namens Tracey, die ihr kürzlich geborenes Baby in einer Schlinge am Körper trug. Sie fragten mich, wie ich geschlafen hätte und wie es mir gehen würde. Wie war der gestrige Abend? Sie erklärten, heute sei der Tag für das Styling, aber wenn ich wolle und mich danach fühlen würde, könnten wir später noch einige Fotos machen. Aber zuerst mussten wir meine Haarfarbe korrigieren. Sie benutzten dafür einen Haufen Alufolie und achteten auf einige Highlights – so viel zur Aufmerksamkeit. Für das Styling benötigten wir den kompletten Tag, bis mein Haar endlich eine akzeptable honigblonde Farbe angenommen hatte, die Oberflächen meiner Zehen wie ein Babypopo aussahen und die Zehennägel mit einem schönen natürlichen Pink lackiert worden waren. Während ich Traceys Baby in den Armen hielt, plauderten wir über das Leben. Ich verriet ihr von meiner Nervosität und berichtete wie ich meinen Verlobten verlassen und wie unsensibel er sich aufgeführt habe. Ich bin mir sicher, dass sie alles Marilyn und Hef weitererzählte.

Ich spürte, wie sie in meinem Leben nach Informationen gruben, und ich bot ihnen das an, was sie brauchten. Es mag wohl ein unbewusster Hilferuf gewesen sein. Und den hörten sie laut und deutlich. Von dem Zeitpunkt an war der Playboy meine Familie.

ALS NÄCHSTES: DAS SHOOTING

Meine Garderobe beinhaltete nicht viele Kleidungsstücke – einen Oxford-Blazer, eine Krawatte und einen Hut. Man redete mir aus, meine Unterwäsche zu tragen, an die ich mich wie eine Schiffbrüchige klammerte, doch sie versprachen, dass nichts zu sehen sei, denn ich hatte ja den Hut, um mich zu bedecken. Ich war super-nervös, was aus heutiger Sicht noch untertrieben erscheint.

Okay, lass uns eins machen, forderte mich der Fotograf auf.

Das war einer der wichtigsten Momente, ein Augenblick, der mich schon bald süchtig machte. Ich musste tapfer sein. In meiner Gedankenwelt überwand ich das, was mir die Gesellschaft eingetrichtert hatte, was angeblich okay war. Mir war nämlich das Verhalten eines „guten Mädchens" beigebracht worden. Ich dachte: *Wohin hat mich das eigentlich gebracht?* Nirgendwohin! Ich wollte ausbrechen, gegen die Regeln verstoßen. Man hatte mich zum Glauben programmiert, ich sei nicht so gut wie die anderen. Warum dachte ich nur, ist es so schlecht meiner Selbst bewusst zu sein oder sogar sexy? Warum diese „fucking" Schüchternheit? Das lähmte doch nur. Tief in meinem Innern tobte eine Schlacht. Ich fühlte mich zwischen Verletztheit und Verwirrung zerrissen, während ich versuchte mein eigenes Leben zu retten.

Ich schloss die Augen,
als stände ich auf einer Klippe.
Ich stand kurz davor, in den Abyss zu stürzen
und meine Vergangenheit loszulassen.
All den Scheiß,
alles, was mich verletzt hatte …
Freiheit …

Ich öffnete meine Augen
und
EIN BLITZ.
Das erste Foto.

Dann änderte ich meine Position unmerklich – Lächeln, kein Lächeln, Hut an der Seite, das Jackett geöffnet. Tracey eilte zu mir, um das Make-up aufzufrischen, meine Lippen, die Haare zu richten, dabei immer das Baby in der Schlinge. Sie öffnete mein Jackett, zog es unmerklich auseinander. Noch mehr Fotos, wobei der Fotograf Sprüche vom Stapel ließ wie: *Wunderschön … du bist perfekt.* Dann berührte Tracey eine Brust, um meine Oberweite stärker in den Blickwinkel zu rücken. Dann baten sie mich, meinen Bauchbereich zu entspannen, erklärend, meine Rippen würden zu sehr hervorstechen. Mir wurde übel, und ich fühlte mich benommen. Ich musste aufhören und rannte ins Badezimmer, wo ich mich übergab. Natürlich war das Make-up ruiniert. Ich konnte nicht glauben, dass eine Frau mich dort berührt hatte, konnte es nicht fassen.

Glücklicherweise hatten sie das beste Foto schon auf der ersten Filmrolle eingefangen. Ich entschuldigte mich wieder und wieder, was eine dumme kanadische Angewohnheit ist. Sorry, sorry, sorry. Dann versicherte ich ihnen, dass es mir gut ginge, und wir schauten uns die Kontaktabzüge an. Sie legten die teil-transparente Playboy-Maske über die Fotos, um mir zu zeigen, wie das endgültige Cover aussehen würde. Total verrückt! Kaum zu glauben, dass ich das war – dennoch fühlte ich mich auf eine bestimmte Art enttäuscht, denn meine Selbstwahrnehmung war gestört. Als ich später mit mir ins Reine kam, hatte ich meine Probleme das zu akzeptieren. Ich erkannte eine stete Entwicklung und besonders, dass meine Vergangenheit einen schwerwiegenden Einfluss auf mein Selbstwertgefühl hatte.

Dann wurde das Dinner von Spago angeliefert – Pasta, Salat, Champagner. An dem Abend musste ich mir einen Drink genehmigen – Cristal! Schon bald meine Lieblingsmarke. Wir feierten und währenddessen rief Marilyn im Studio an. Sie hörte, dass die Aufnahmen perfekt waren und wollte mich daraufhin am nächsten Tag zum Lunch ins Le Dome einladen. Ich durfte zuerst zum Studio kommen, mir die Haare und das Make-up machen und mich aus der berühmt-berüchtigten Playboy-Garderobe bedienen.

Das Le Dome war sehr vornehm, der Ort, an dem man „gesehen“ werden musste. Als ich mit Marilyn eintrat, trug ich ein trägerloses schwarzes Plastik-Kleid mit schwarzem Punktmuster und Strümpfe, bei denen die Strumpfbänder noch so eben zu sehen waren. Meine Haare waren hochgesteckt und ich hatte falsche Wimpern, die Augen mit einem dünnen, sexy Eyeliner betont. Wir nahmen nahe des Fensters Platz, waren also eine Art „Auslage“. Sie meinte, man könne für die Artischocken sterben, und dass wir uns eine teilen müssten.

Dann brachte man die Artischocke und Marilyn riss ein Blatt ab und dippte es in geschmolzene Butter. Sie nahm es in den Mund und zog es wieder raus, dabei genüsslich ein „hmmm“ artikulierend. Ha. War das ein Witz? Ein Test? Das mache ich aber nicht, widerstrebte es mir. Ich hatte noch nie eine Artischocke in meinem Leben gesehen, und es schien als würde sie mich aufziehen. Ich lachte, erkannte dann aber, dass sie es ernst meinte. So aß man also tatsächlich eine Artischocke! Es war köstlich.

Dann erschien ein Mann bei uns – vielleicht war es sogar Jimmy Iovine? – und fragte, ob ich singen könne. Ich prustete los, aber erzählte ihm dann, dass ich in der Schule Saxofon gespielt habe und ein wenig Akkordeon mit meinem Dad beim Lagerfeuer. Er entgegnete: *Wir sollten mal zusammen Mittagessen. Margaritas! Mein Büro ist gleich dort drüben.* Marilyn versprach, ihn zur Terminabsprache anzurufen und als er ging, meinte sie: *Darling, du musst eins wissen – so etwas geschieht nie. Nicht auf diese Art. Du bist etwas Besonderes. Nun – was dein Flugticket nach Hause anbelangt: Wir wollen, dass du bleibst. Hier eröffnet sich ein Leben für dich.* Und dann erklärte sie, sich in solchen Dingen nie zu irren.

Dann machte sie weiter …

Was hältst du davon, ein Playmate zu werden? Hef hat das Cover gesehen und mir ausdrücklich aufgetragen, dass ich dich frage. Das passiert nie. Die Mädchen stehen an Donnerstagen in langen Schlangen um das Playboy-Gebäude, nur damit man Polaroids von ihnen schießt. Wir wählen sie aus, machen Fotos von ihnen, Hef schaut sich die Fotos an und viel später entscheidet er, wer für die Aufnahmen des Centerfold in Frage kommt. Und sogar dann ist es nicht sicher, und vielleicht veröffentlichen wir es nie. Aber Hef will dich für das Februar-Centerfold. Er hat sogar schon den Monat ausgewählt! Das bedeutet, dass wir mit den Shootings sofort starten können. Oh, ja, und wir bezahlen dir 15.000 Dollar.

Ich hätte beinahe ein Artischockenblatt verschluckt und wäre daran erstickt. Ich starrte Marilyn an, wartete auf das „Hab nur Spaß gemacht“. Aber sie sah mich intensiv und ernst an. Das Einzige, was ich über die Lippen bringen konnte, war: *Ich muss erstmal meine Mom fragen.*

Später am Telefon: … *Mom!*

Mach es, Sweetheart. Würde man mich fragen, täte ich es auch. Schau nicht zurück, bleibe dort, komm nicht nach Hause – beginne ein neues Leben –

Ich hörte die Tränen, die sie zu unterdrücken versuchte.

Vielleicht kann ich eines Tages zu Besuch kommen?

Sie ließ mich in die Welt hinausgehen. Und ich wusste, dass sie sich für mich ein anderes Leben wünschte, als sie es selbst bisher gehabt hatte.

Das ist deine Chance, mein kleines Baby.

V

WENIGE TAGE NACH DEM LUNCH MIT MARILYN TRAF ICH MICH MIT dem mich gnadenlos verfolgenden Jon Peters, der mir regelrecht an den Fersen klebte – dem Produzenten, der sich auf Hefs Party vorgestellt hatte. Während des Mittagessens in der Cafeteria des Columbia-Pictures-Gebäudes verriet ich ihm, dass der *Playboy* mich als Centerfold haben wolle, woraufhin er protestierte.

Ich bezahle dir das Doppelte, wenn du es nicht machst.

Ich führe dich zum Shopping aus.

Du kannst in einem meiner Häuser in Bel Air wohnen.

Lass mich dich vor einem ganzen Leben voller Schmerzen bewahren.

Ich erklärte, dass niemand diese Entscheidung für mich treffen würde. Doch er bestand darauf. Ich lehnte seine Offerten ab, anfänglich. Doch er überredete mich nach Bel Air zu ziehen. Dann begannen die Geschenke unaufhörlich einzutrudeln. Ich konnte mir nicht helfen und musste sie akzeptieren, denn es hätte sich sonst unhöflich angefühlt. Es klingelte an der Tür, draußen stand ein Chauffeur, der mir eine kleine rote Schachtel von Cartier überreichte, Ralph Lauren oder Azzedine Alaïa. Meine Maße wurden genommen, und ich erhielt eine handgeschneiderte Edel-Garderobe – nämlich einen rückenfreien Tuxedo, wie in *Flashdance* (Jon hatte den Film produziert), Hüte und lange Handschuhe. Es ähnelte einem Traum, à la *Pretty Woman* und war so schick. Ich wurde mit Reithosen eingekleidet, Stiefeln und raffiniert geschneiderten, schneeweißen Blusen – obwohl ich noch nie geritten hatte. Ich trug eine Tiffany Filofax und mein Handgelenk schmückte eine Cartier-Tank-Uhr. Er bat mich zu sich, deutete mit der Hand auf seinen Schoß, damit ich mich dort hinsetzte und präsentierte mir ein mit Diamanten besetztes Tennisarmband. Das steigerte sich ins Unermessliche. Dann bot er mir an, seinen cremefarbenen Bentley zu benutzen – natürlich mit einem Chauffeur, der zu meiner Verfügung stand, und natürlich hatte ich mein eigenes Mercedes 420SL-Kabriolett, wenn ich selbst fahren wollte. Was eigentlich nie der Fall war.

Direkt neben mir wohnte Ronald Reagan. Ich hatte Dienstmädchen (die in der Garage ihre Opern probten), einen Koch und einen hippen Rabbi, der mir die Kabbala lehrte. Ich empfand die Kabbala als wunderschön und trug sogar das rote Bändchen an meinem Handgelenk. Obwohl ich niemals einem „Stamm" beitrat, liebe ich die Religion und das Ritual.

Jon wohnte in einem anderen, aber ebenso exquisiten Anwesen, nicht weit vom Beverly Park entfernt. Er hatte schon zahlreiche Jahre in Los Angeles gelebt und seine Laufbahn als ganz normaler Friseur begonnen. Nun war er ein bedeutender Filmmogul und Studio-Vorstand, mit dem man rechnen musste. Jon tauchte meist unangemeldet auf und wir machten Ausflüge in seinem Range Rover oder auf seiner Harley ins Kino oder nach Montecito, wo er ein Angebot für die San Ysidro Ranch abgegeben hatte. Sie war damals mit sage und schreibe zehn Millionen Dollar ausgeschrieben. Ich verstand nicht, dass man sich über so eine Summe so beiläufig unterhielt. Er tat so, als spräche er über zehn Dollar, und ich dachte dann … einfach ein paar Nullen anhängen.

Eines Nachmittags erreichte ich Jons Haus, um Tennis zu spielen. Da ich nur kurz abgeschnittene Jeans trug, kutschierte er mich zu einem Fachgeschäft im Valley, um angemessenere Kleidung zu kaufen – den kurzen weißen Rock, und so weiter. Auf dem Rückweg verklemmte sich die Hupe. Das glich einer Parade der besonderen Art, mit einem kräftigen, schrillen Geräusch durch Beverly Hills zu kurven. Jon rastete aus. Er tätigte einen überaus dramatischen Anruf von seinem Autotelefon aus und alarmierte einen seiner Mitarbeiter, der uns auf dem Weg treffen sollte. Nicht, dass sie uns überhaupt verstehen konnten! Wir erreichten sein Haus und er war nervlich so runter, dass er aus dem Wagen sprang, ohne ihn in seinem Fuhrpark abzustellen. Die Karosse wäre beinahe durch das Garagentor gekracht, doch glücklicherweise sprintete einer der Jungs zu meiner Rettung rüber und hüpfte auf den Fahrersitz. Ich fand das so lustig, aber Jon kochte innerlich. Er kam trotzdem schnell darüber hinweg, und schon kurz danach unterhielt er unsere Lunch-Gäste mit seinen spannenden Storys.

An dem Tag kamen wir nicht mehr zum Tennisspielen, aber ich trug das Outfit, während wir mit seinen Freunden aßen. Jon war ein vereinnahmender Showman und angepasst an das Publikum änderten sich seine Geschichten. Ich hörte mit eigenen Ohren unterschiedlichste Variationen für verschiedenste Leute. Er ist wirklich im richtigen Business, dachte ich. Schließlich wurde mir klar, dass Jon diese abgedrehten Storys wirklich glaubte, die er seinen Zuhörern auftischte. Er lebte in seiner Vorstellungskraft – und das beeindruckte mich. Dennoch war seine Tendenz, alles „etwas" auszuschmücken ein bekanntes Phänomen. Jon übte einen langanhaltenden Einfluss auf mich aus – das lag an seiner ausgeprägten und überschwänglichen Kreativität, seinem Mut, seinem Stil und seiner Zuversicht.

Eines Tages rief mich Mario Van Peebles vom Set von *21 Jump Street – Tatort Klassenzimmer* aus Vancouver an. Ich war schon immer total verknallt in ihn gewesen – seit dem Tag, an dem ich als Statistin bei der Show mitmachte. Da die Serie in Kanada aufgezeichnet wurde, nahmen einige Freunde daran teil, und sie schleppten mich am Filmtag mit. Es machte Spaß, aber ich empfand kein allzu großes Verlangen Schauspielerin zu werden und auf gar keinen Fall ein Model. Es fühlte sich leer, flach und merkwürdig an. Das war nicht ich.

Mario hatte von einem gemeinsamen Freund gehört, dass ich nun in LA leben würde und wollte nur „Hi" sagen. Wir unterhielten uns ein wenig, aber mir war das Ganze so unangenehm, dass meine Wangen brannten – ich wusste nicht, was ich sagen sollte. Er meinte, er würde mich gerne zum Dinner einladen, wenn er in der folgenden Woche nach LA käme. Mit piepsiger Stimme willigte ich ein: *Sicher.* Meine Schüchternheit amüsierte ihn und er fragte, wo ich wohne. Ich gab ihm die Adresse aus Bel Air, was ihn zum Lachen brachte: *Oh-kayyyy* … vielleicht fand er es seltsam, da Bel Air eigentlich nur den extrem Reichen vorbehalten ist.

Einige Tage später klingelte es an der Vordertür. Als ich öffnete, trug ich meine Reiterkleidung, schwarze Stiefel, Khaki-Hosen und einen breitkrempigen Hut. Ich hatte damals Sommersprossen und mühte mir ein schüchternes Lächeln ab. Ich sah aus, als sei ich aus einer Ralph-Lauren-Anzeige gesprungen und wirkte fit und gesund. Und Mario sah so toll aus. Er erkundigte sich, was ich hier machen würde, was ich mit einem *Ich lebe hier* beantwortete. Ungläubig fragte er weiter: *Was? Mit wem?* Und vermutlich stellte er sich die Frage: *Und wo ist das Pferd?* Ich erklärte ihm, dass mir jemand das Haus zur Verfügung gestellt habe. Er hatte noch mehr Fragen, doch schließlich schnitt ich ihn ab und sagte: *Das ist hier bei allen so.* Er antwortete: *Nein, das geschieht nicht bei jedem.*

Zuerst gingen wir nett essen, und dann machten wir uns zum Tanzen auf. Er tanzte mit mir in Restaurants und in Nachtclubs – wir rannten von einer zur nächsten Location – und es war egal, wo wir uns aufhielten oder ob andere tanzten. Schließlich stand Tango auf den dunklen Straßen auf dem Programm – die ganze Nacht. Es war ein perfektes Treffen.

Nachdem er mich zu meinem Haus zurückgebracht hatte, küssten wir uns und er sagte geduldig, aber mit ernstem Mitgefühl: *Ich denke, du solltest deine Klamotten zusammenpacken und hier ausziehen. Nimm nur das, was du mitgebracht hast. Hinter dieser Geschichte steckt viel mehr, und ich mache mir Sorgen, dass du nicht mehr rauskommst, wenn du zu lange wartest.* Das schockierte mich – denn es klang unfassbar und lächerlich. Aber Mario bestand auf seiner Meinung, dass es schon bald keinen Ausweg mehr geben würde. Er konnte nicht glauben, dass Jon sich mir niemals angenähert hatte, aber es stimmte. Er flirtete gerne, war freundlich und lustig, aber er setzte mich nie unter Druck. Er hatte mich gebeten, ihm die Kopfhaut zu massieren oder seinen Nacken zu kraulen, aber das war schon alles.

Je intensiver ich darüber nachdachte, desto deutlicher erkannte ich, dass ich vielleicht aus Bequemlichkeitsgründen blind gewesen war. Das konnte ich nicht leugnen.

Es beschämte mich, und als ich am nächsten Tag mit Jon beim Lunch war, erklärte ich ihm, dass mir die Beziehung Unbehagen bereiten würde. Dass ich ihm nicht den falschen Eindruck vermitteln wolle. Er tat das ab – schon immer der exzellente Realitätsleugner – und meinte, dass ich mir keine Sorgen zu machen bräuchte. Dann fragte er mich, ob ich eine Dinner-Party für ihn planen wolle. Das war natürlich eine clevere Ablenkung und ich erwachte wieder aus der Schwermut, ganz aufgeregt von der Vorstellung. Ich lebte einen Traum.

Jon nannte mich „Bump Bump“, weil ich immer so entschlossen und begeisterungsfähig agierte. Auch diese Aufgabe stellte keine Ausnahme dar, und ich plante eine meiner Meinung nach elegante Veranstaltung. Man sorgte für ein ganzes Füllhorn pinker Gartenrosen, auf den Tischen ausgebreitete Blütenblätter und selbst angefertigte Platzkarten, geschrieben in verschnörkelter Kalligraphie. Dann gab es noch einen schön prickelnden Champagner bei der Ankunft, und was das Menü anbelangte, beauftragte ich den Chefkoch so viel wie möglich in einer Herzform zuzubereiten.

Ich trug ein langes weißes Seidenkleid von Ralph Lauren, aber kaum Make-up, abgesehen von Mascara und Lippenbalsam. Jon hatte meine Haare geschnitten, sodass sie mein Gesicht kunstvoll betonten. Der Pony sah perfekt aus und er stand hinter mir, während ich mich im Spiegel musterte und die Haare mit einem French Pin, einer Haarnadel, hinten hochsteckte. *Wie Brigitte Bardot*, kommentierte er. Er überraschte mich, indem er zwei kleine Diamant-Stecker von Cartier vorsichtig an meinen Ohren befestigte. Ich fühlte mich wie eine Prinzessin.

Die Gäste waren alles Hollywood-Schwergewichte – Produzenten, Regisseure, Studio-Vorstände und ihre glamourösen Frauen. Jeder machte ein Kompliment – *Wie liebenswert und süß!* – aber ich fühlte mich ein wenig herablassend behandelt. Schon bald merkte ich, dass alles einen Hauch zu dick von mir aufgetragen worden war … ich hatte mich wohl von all den Herzen mitreißen lassen.

Jon hob mich an dem Abend auf einen imaginären Sockel – ich wurde im Grunde genommen zur Schau gestellt. Während des Dinners war ich der Star der Show. Er prahlte endlos mit mir, gab mir das Gefühl etwas Besonderes und talentiert zu sein. Das war eine Facette seines Charmes. Er erlaubte mir zu strahlen wie nie zuvor. Ich glaube, dass die Meute all meine Bemühungen als erfrischend empfand, da sie ehrlich und unprätentiös waren und sich vom Herkömmlichen unterschieden.

Jon ließ nicht locker. Kurze Zeit nach dem Dinner bot er an, meine Mutter für einen Besuch einfliegen zu lassen. Es war für Mom das erste Mal in einem großen Flugzeug. Sie hatte bislang nur in einem winzigen Flugboot gesessen, und das war schon beim Abheben in die Brüche gegangen. Die Passagiere mussten alle gerettet werden. Damals war sie gerade mit mir schwanger. Ich dachte immer, dass es mir nicht bestimmt gewesen sei, geboren zu werden. Aber ich habe gekämpft, um hier zu sein.

Anzukommen und solch eine Pracht zu erleben, muss wohl überwältigend gewesen sein – die Chauffeure, die ihr zukommende Aufmerksamkeit, die kalifornische Landschaft mit den Palmen, den sanften Sandstränden und den donnernden Wellen. Sogar der gefährliche Seegang hatte eine magnetische Anziehungskraft. Wegen all unser vorhergehenden Telefonate hatte sie das Gefühl schon mal hier gewesen zu sein, und ich hatte sie so gut wie möglich auf die Aufmerksamkeit vorbereitet, die ihr zuteilwurde. Wir richteten noch mehr Dinner-Partys in Jons Anwesen aus, mit einer überwältigenden Fülle von Hortensien und wohlduftenden Gartenrosen. Jeder Raum war exquisit eingerichtet, mit schillernden Tiffany-Lampen, kontrastierenden Design-Materialien wie wollene Navajo-Stoffe und verzierte türkische Teppiche, Remington-Bronzen und Baccarat-Kristallskulpturen. Jon achtete darauf, immer das Beste zu haben.

Die Gäste verhielten sich bei den Empfängen verdächtig freundlich, und Mom wäre beinahe umgefallen, wenn ein Fremder ihr einen Wangenkuss gab, denn sie dachte, das würde nur in Filmen passieren.

Ich nahm Mom auch zur Mansion mit, um Hef kennenzulernen. Sie dachte, er sei gar nicht von dieser Welt – obwohl die erste Begegnung ein wenig verkrampft ablief. Hef riss einen schlechten Witz darüber, dass ich mir bei der Ankunft nicht mal Kleidung leisten konnte, wonach sie beide nervös und unangenehm berührt lachten. Ich spürte einen Anflug von Unbehagen, doch unterdrückte das Gefühl, weil ich dachte, dass die beiden sich nicht kannten. Mom ließ alles auf sich wirken, wobei ihr die ganze Aufmerksamkeit der anderen zuteilwurde, als sich Hef zu mir rüber beugte und fragte, ob ich es mir vorstellen könne, mit ihm als Gastgeberin bei einer Folge von *Playboy After Dark* aufzutreten. Er hatte mir Video-Kassetten der alten Version zukommen lassen, die ich mir aber noch nicht angesehen hatte. Außerdem wusste ich, dass Jon es nicht gefiel, wenn ich weiteren Aktionen mit dem *Playboy* nachginge.

Dann unterhielt sich Hef mit mir über die Rolle des „Playmate des Jahres". Er erläuterte, dass die Verantwortlichen aus der Führungsetage wegen des Golfkriegs die Ansicht vertraten, ein amerikanisches Mädchen auszuwählen. Damit konnte ich natürlich nicht dienen. Ich schätze es, dass er mir diese Neuigkeiten direkt mitteilte, doch eigentlich hatte ich gar nicht gewusst, dass es eine solche Ehre war oder dass es sich sogar in politische Dimensionen erstreckte. Wir Playmates waren damals auf eine bestimmte Art alle in die kriegerischen Auseinandersetzungen verwickelt. Wir unternahmen alles, um die Moral der Truppe zu stärken. Ich erinnere mich gerne an „Operation Playmate". Wir schrieben Soldaten, deren Briefe uns regelrecht überhäuften. Einigen Schreiben lagen Fotos mit meinem Bild bei, dass seitlich an einem Panzer hing oder auf dem Flügel eines Kampfjets geklebt worden war. Ich fand das viel cooler, als nur Playmate des Jahres zu sein.

Auf dem Nachhauseweg starrte Mom wie gebannt aus dem Seitenfenster und kommentierte den Abend und ihren Eindruck, dass

Hef solch ein Gentleman gewesen sei. *Eine vergessene Kunst!* meinte sie. Sie stellte sich laut die Frage, ob Elvis jemals in der Playboy Mansion gewesen sei. Mom sinnierte ständig über Elvis.

Sie fand auch Jon fantastisch. Es ist nicht schwer von so einem Überfluss verführt zu werden, wenn man aus ärmlichen Verhältnissen kommt. Jon erzählte ihr ständig wie sehr wir uns lieben, aber ich habe ihn niemals in so einem Kontext gesehen. Mittlerweile wurde alles schwierig und unangenehm, und ich wusste, dass ich das nicht länger durchhalten konnte. Kurz vor ihrer Abreise schaute mich Mom vielsagend an und riet mir: *Folge deinem Herzen.*

Und das machte ich auch. Nachdem meine Mutter die Stadt verlassen hatte, fand ich ein Apartment, kaufte mir einen alten BMW für 500 Dollar, bei dem Bungee-Seile nötig waren, um die Türen zuzuhalten. In der Karre stank es nach toten Menschen, trotz des Pinien-Autoerfrischers, der vom Rückspiegel baumelte. Ich ließ den Schlüssel für den Mercedes auf dem Tisch liegen, schnappte mir meinen Rucksack und haute ab. Auf der Flucht – wieder einmal. Das Apartment lag in Newhall – nördlich von LA, ungefähr eine Stunde Autofahrt entfernt. Die Empfehlung eines Freundes. Als jemand, der nicht aus LA kam und noch nicht mal aus dem Land, war das Mieten einer Wohnung viel schwieriger, als ich es mir ausgemalt hätte. Aber es reichte mir. Ich schaute mich im Zimmer um und sah eine Gabel, ein Messer, einen Teller und ein Glas (eine Grundausstattung, bei der Tankstelle zugelegt). Keine Möbel, noch nicht mal ein Bett – nur einige Decken und einige Bücher. Ich saß also mitten in einem leeren Raum und dachte über mein Leben nach. Wie war ich hierhergekommen? Bis auf meinen Selbstrespekt besaß ich rein gar nichts – aber das genügte.

Ich erinnere mich, wie ich in dem Apartment mit den frisch getünchten Wänden hockte und *Nachtgewächs* von Djuna Barnes und Doris Lessings *Das goldene Notizbuch* las. Nun war die Zeit gekommen, um den Dingen auf den Grund zu gehen und mich mit meinen eigenen Wünschen und Bedürfnissen auseinanderzusetzen.

Ich war Dr. Margie Paul bei einer von Jons Festivitäten begegnet.

Sie hatte ein Buch über die Arbeit mit dem „inneren Kind" verfasst und mir ein Exemplar geschenkt. Nachdem sie mich auf einer unserer Dinner-Partys besser kennengelernt hatte, meinte sie, es könne mich interessieren. Und sie hatte Recht. Mich darin zu vertiefen, ermöglichte eine grundlegende Innenschau. Es fand einen Widerhall in mir, während ich wie durch eine Lupe eine Bestandsaufnahme meines Lebens machte. Als ich diese Tür geöffnet hatte, begegnete ich Menschen, die mein Leben für alle Zeiten veränderten. Eine Heilerin namens Charisse half mir, eine Beziehung zu meinen Talenten aufzubauen. Und da war noch Dr. Silvers, ein Analyst der Jung'schen Schule, dessen Ausbilder in der Schweiz zu Carl Jungs innerem Zirkel gehört hatte. Dr. Silvers und ich unterhielten uns über alle erdenklichen und erhellenden Konzepte. Der Schatten, Alchemie und das Unterbewusste. Die Jung-Dokumentation *Matter of Heart* weckte mein Interesse an Träumen, dem Konzept von Anima und Animus, und wir sprachen häufig in stundenlangen Sitzungen darüber.

Sie waren kostspielig, aber wirkten sich lebensrettend aus – ein lohnenswertes Investment. Ich hatte das Gefühl, er würde mich erkennen, mich verstehen. Wie es bei meinem Großvater der Fall gewesen war. Dr. Silvers „verschrieb" mir anspruchsvolle Lyrik, die von Dylan Thomas bis hin zu Goethe reichte und auch andere, mir helfende Bücher wie Alice Millers *Das Drama des begabten Kindes und die Suche nach dem wahren Selbst* oder Joseph Campbells *Der Heros in tausend Gestalten.* Er ermutigte mich zum Mandala-Malen, was mir einen direkten Zugang zu meiner Psyche ermöglichte. Unsere Treffen stimulierten mich sehr, und ich begann zu erkennen, dass meine Träume, meine Imagination und das reale Leben gleichbedeutend wichtig waren.

Wie viel ich auch auf mich einströmen ließ,
hatte ich doch das Gefühl, als würde ich alles abgeben.
Ich habe mein ganzes Leben an mir gearbeitet,
aber es gab auch Zeiten, in denen ich mich selbst verließ:
Eine immerwährende Dichotomie.

Während der Zeit hatte ich einige fantastische Dates mit Mario. Ich liebte sein Haus, so plastisch, bildhauerisch, raffiniert und gleichzeitig wild und ungestüm. In seinem Schlafzimmer stand sogar ein Trampolin. Genialerweise bewässerte das Duschwasser den Garten. Damals lebte noch Marios Mutter bei ihm. Sie gehörte zu den ersten Umweltschützerinnen, denen ich begegnete. Sie benutzten keine Parfüms oder Chemikalien und achteten auf Bio, was damals progressiv und inspirierend war. Sein Vater Melvin arbeitete als Regisseur, und den Gerüchten nach zählte er zu den Black Panthers. Seine Storys wirkten intensiv und fesselnd auf mich.

Man konnte mich damals als Suchende beschreiben, die so viel Informationen wie möglich regelrecht aufsog und sich an lebhaften Diskussionen beteiligte. Ich las Angela Davis und James Baldwin und verehrte ihre Arbeiten. Ich wollte mehr über die Weathermen und ihre Antikriegs-Einstellung wissen und auch über Harvey Milks Forderung nach LGBT-Rechten. Ich suchte nach einem ganz bestimmten Gefühl, das ich nicht finden konnte, denn das Leben stellte sich für mich als Mysterium dar, bestimmt vom Glauben, dem Schicksal und dem Universum. Das Wissen und die Auseinandersetzung mit neuen und radikalen Sichtweisen und Anschauungen halfen mir, einen Weg zu finden. So steinig und beschwerlich der Pfad auch sein mochte, lernte und wuchs ich, trotz der Dornen und Hindernisse.

Mario war stolz auf mich, weil ich Jons Welt verlassen hatte. Für ein Mädchen wie mich und hinsichtlich der Zusammenhänge, in denen ich mich bewegte, war das kein Zuckerschlecken. Ich lebte von dem wenigen Geld des *Playboy*-Auftritts, aber bewies genügend Selbstwertgefühl, jemanden zu verlassen, der gewillt war, sich um mich zu kümmern, während die Zukunft noch ein ganz großes Fragezeichen darstellte. Ich hatte damals keinen sicheren Rückhalt und es gab kein Zurück mehr. Ich war gewillt, das Risiko einzugehen und auf mich selbst zu setzen. Natürlich wusste jeder, dass die reichen und mächtigen Männer die Mädchen nur so verschlangen, ihnen die Welt versprachen und sie dann wieder ausspuckten, wenn die Stunde geschlagen hatte, ein neues Starlet aufzureißen. Ich bin glücklich, dass es bei mir nie dazu kam.

Mario und ich machten uns per Anhalter zum Hollywood-Zeichen auf. Wir liebten uns das erste Mal in einem Feld langen, weichen Grases, während Pferde gefährlich nah an uns vorbei galoppierten und uns fast zertrampelt hätten. Dann zog mich Mario hoch und legte seine Arme behutsam um mich. Er schloss seine Augen, flüsterte, ich solle meine schließen. *Pamela*, hauchte er. *Ich würde gerne von dir wissen, ob* … Jäh riss ich meine Augen auf und verpasste seinem Arm einen kräftigen Boxschlag. Dann lachte ich unkontrolliert, und mühte mich ab, ihm zu sagen, so etwas nie wieder zu machen. *Ich hatte beinahe gedacht, dass du mir einen Heiratsantrag stellst!* Seine Augen waren noch geschlossen und er vollendete den Satz … *du morgen zum Mittagessen mit mir und meiner Mutter kommst.* Es war ein merkwürdiger und spannungsgeladener Moment, und erst später kam ich darauf, dass er mir vielleicht tatsächlich einen Heiratsantrag machen wollte. So, wie ein Heiratsantrag sein sollte. Frei aus sich heraus und unerwartet.

DIE SCHWIERIGSTE AUFGABE BEIM *PLAYBOY* WAR DAS SHOOTING DES Centerfolds. Es stimmte, was andere Playmates sagten: *Wenn es nicht weh tut, dann wird es auch nichts*. Die Aufnahmen wurden mit einer Hasselblad gemacht, eine Großformat-Kamera mit einem 8x10-Film. Jede Einstellung musste gut bedacht werden. Man musste sich wie in Zeitlupe bewegen, in einer Position innehalten und dabei noch entspannt und sinnlich wirken – ohne zu atmen! Dabei lernte ich meinen Körper auf eine ganz andere Art kennen. „Die Rückkehr des Busens" bedeutete, die Partie unterhalb der Achsel zu bewegen, um die Brust stärker zu betonen. Auch war es wichtig, die Zehen hervorzuheben.

Die zusätzlich zum Centerfold geschossenen Fotos wurden mit einer 35-Millimeter gemacht – einer „kleinen Kamera" – durch die man mehr Bewegungsfreiheit hatte. Sie hatten für die Aufnahmen ein luxuriöses, sich dahinziehendes Anwesen in Pasadena ausgewählt, inmitten von Fontänen, verschlungenen Geheimgärten und Labyrinthen. Es ähnelte Versailles und alles sollte sanft, sinnlich und natürlich wirken.

Und in meinem favorisierten Element, dem Wasser. Das symbolisierte für mich ein Eingangstor. Zu einem Ort, an dem ich mich wohl fühlte und mit meinem wahren Ich in Verbindung treten konnte.

Und genau dort
wurde eine Kreatur geboren.
Ich begann zu spielen,
mit der Tiefe meines Ichs—
Mit etwas, das in mir lebte,
und ausbrechen wollte.
Von dem ich mich immer noch abgrenzte,
es in einem bestimmten Bereich
im Zaun hielt.
Etwas, das
ich herbeirufen
und jederzeit sein konnte.

Ich machte einfach das, was nach meinem Wissen alle Models taten, nur extremer. Ich war wild und hemmungslos, rollte hin und her, lachte, spielte mit der Kamera und zog die nasse kalte Seide über meinen Körper und biss mir auf die Lippen … eine Gänsehaut! Ich hatte eine wilde Frau tief in mir erweckt und befreit, doch auch die Schüchternheit trat hervor. Ich war das Mädchen von nebenan, das seine Grenzen ausweitete und auf natürliche Art zu seiner sexuellen Existenz fand. Und genau das wollte der *Playboy*.

Es war authentisch,
geschah alles vor der Kamera
in Echtzeit.
Hef nannte mich
die DNA des Playboy.

In der Mansion wurde die jährliche „Mittsommernachtstraum“-Party veranstaltet. Alle Frauen trugen neckische Unterwäsche und die

Männer Bademäntel. „Jeder, der jemand war" ließ sich dort blicken. Und ich lernte noch andere der Mädchen kennen. Meist stellten sie sich mit ihrem Vornamen und dem Monat des *Playboy*-Centerfolds vor: *Hi, ich bin Martha, Miss Juli 1973*. Alle Altersgruppen trafen sich dort, vom Beginn des Magazins an. Ich freute mich sehr, den fantastischen Damen aus den Sechzigern, Siebzigern und Achtzigern zu begegnen – so viele Schönheiten. Sogar Bettie Page hielt sich dort auf. Die Frauen sahen so erfrischend anders aus – verschiedene Frisuren, Körperformen und Lippenstiftfarben. Aber auch ihre Interessen und Träume differierten. Jede einzelne Frau einzigartig. Viele von uns ließen sich später in der Grotte sehen, wo wir nackt herumplanschten. Es war eine unbeschwerte Träumerei – frei, zwanglos und wunderbar. *Keine Kleidung*, meinte Hef, *denn Stofffasern können die Filteranlagen verstopfen*. Um auf diese Partys zu gelangen, wurde man genau unter die Lupe genommen und dann eingeladen. Auf einen Mann kamen zwei oder drei Mädchen. Es war immer eine schöne Zeit und für Ausschweifungen viel zu unschuldig und gesittet. Sexy, mit viel Klasse, verspielt, meist ungemein unterhaltsam und einfach der gute, alte Spaß an der Freud. Wie oft kann man zusammen dieselben Sprüche klopfen und sich dabei gut fühlen? Das war der *Playboy*, und irgendwie ging das alles auf – ein wunderschönes und sinnliches Chaos. Nur Hef veranstaltete so etwas wie ein Gentleman und kam mit heiler Haut davon.

Trotzdem gab es in dieser Zeit unvermeidbare Enttäuschungen. Einige wenige Haare in der Suppe. Ich erinnere mich an einen Auftritt mit Playmates in einer anderen Stadt. Einer der männlichen Gäste bat mich, mit ihm in einen Jacuzzi zu steigen und bot mir 10.000 Dollar an, woraufhin ich antwortete: *Das klingt aber nach mehr, als nur ein Jacuzzi, nein danke*. Diese Art von Ausflügen wurde wegen solcher Offerten immer ein wenig befremdlich. Die Mädchen waren stinksauer auf mich, nachdem ich Hef davon erzählt hatte – und man kannte mich schnell als „Plaudertasche", obwohl ich es nur gut meinte. Ich sorgte mich um ihre Sicherheit. Unglücklicherweise empfanden einige von ihnen das Bedürfnis, sich noch etwas „nebenher“ zu verdienen. Das war sicherlich die Ausnahme von der Regel, aber Hef wäre durch die Decke gegangen, wenn er von dem Ausmaß gewusst hätte. Es bestanden nämlich deutlich formulierte Regeln. Der *Playboy* unternahm alles, um uns zu beschützen, aber trotzdem fielen einige durch das Raster. Eins der Mädchen fragte mich, ob ich sie und einige andere zu einer Kurzreise auf irgendeine Insel begleiten wolle. 1.000 Dollar am Tag, nur um am Pool „abzuhängen“. Erneut lehnte ich ab: *Nein, sorry*! Das hörte sich überhaupt nicht nach „abhängen“ an. Ich bin mir ziemlich sicher, dass ich in der Presse später einen Bericht über eine Gruppe von Mädchen las, einige davon ex-Playmates, die gegen ihren Willen in einem fremden Land festgehalten worden waren und gerade noch rechtzeitig mit heiler Haut entkamen. Ich fühlte mich wie die Comic-Figur Mr. Magoo, der bei jedem falschen Weg, den er einschlägt von Engeln beschützt wird.

Bei den intimeren Partys in der Mansion vermischten sich die Gäste schnell, standen in jeder Nische zusammen, halbnackt, lagen ausgebreitet auf Seidenkissen oder rollten im Gras herum. Scott Baio, ein Schauspieler, den ich erkannte, kam und setzte sich auf eins der Kissen neben mich. Er zog vorsichtig meine High Heels von den Füßen und musterte meine Zehen mit einem prüfenden Blick, wonach er das Haar zur Seite legte, um meine Ohren zu inspizieren. Auf der Suche nach Missbildungen? Ich musste kichern, und er verfolgte mich die ganze Nacht. Schließlich trafen wir uns auf ein paar Dates, doch seine Familie beschützte ihn nach allen Regeln der Kunst (vor allem sein Geld), und ich bin mir nicht so sicher, dass es ihnen gefiel, wenn er ein Playmate datete. Und sie wurden fuchsteufelswild, wenn er mich sein Mercedes-Kabriolett fahren ließ.

Man wusste bei diesen Partys nie, auf wen man zufällig traf. Ein Labyrinth von clever designten Schminkräumen ermögliche diskrete „Unanständigkeiten“, jeder von ihnen mit einem langen Spiegel und einer Chaiselongue ausgestattet, einem Sitzbereich und einem privaten Bad. Ich möchte hier aber nicht den falschen Eindruck vermitteln – der *Playboy* veranstaltete keine Orgien. Es kam nur selten vor, andere beim Akt zu erwischen, doch einige Leute brachten ihre

Freundinnen mit, um ein bisschen Spaß der besonderen Art zu erleben. Und dort begegnete ich auch dem Schauspieler aus *Einer flog über das Kuckucksnest*. Mr. Nicholson führte zwei wunderschöne Frauen aus. Sie standen gegen die Wand gepresst, küssten sich und rieben sich ständig aneinander. Ich ging direkt zum Spiegel und lehnte mich über das Waschbecken, um mein Lip-Gloss aufzufrischen. Zuerst versuchte ich nicht hinüber zu starren. Doch dann schaute ich in den Spiegel und sah direkt in seine Augen. Ich schätze mal, das brachte ihn über die Zielgerade, denn er gab ein komisches Geräusch von sich, lächelte und sagte *Danke dir, Liebes*. Er hat die Geschichte schon häufig erzählt, und so fühle ich mich auch nicht schlecht, sie zu wiederholen. Ich traf ihn Jahre später bei einer Dinner-Party und er fragte mich mit einem schelmischen Lächeln, ob ich mich daran erinnern könne, wie wir uns begegneten. Wirklich? Wie hätte ich das vergessen können?

VI

Ich befand mich in einer anderen Welt.
Einer, von der ich immer weniger verstand.
Keine Blaupause.
Ich drängte mich selbst, die Sorgen zu vergessen.
Ich musste darauf abzielen und losgehen:
Wissend, ich würde in Fallen geraten
und Fehler machen.
Man kann sich aus dem Jetzt herausdenken.
Dann lernte ich
die Seiten des Manuskripts zu überschlagen—
Wenn du deine Gedanken veränderst,
verwandelst du dein Leben.

NACHDEM DAS ERSTE COVER VON MIR ERSCHIENEN WAR, RIEFEN DIE Casting-Verantwortlichen für Fernsehen und Film im Büro des *Playboy* an, um mich ausfindig zu machen. Die Publikation war wohl auf unerwartetes Interesse gestoßen. Irgendeine Produktion namens *Baywatch* hing ständig an der Strippe, doch ihre Büros lagen in Marina del Rey, und das klang sehr weit entfernt. Ich bin keine natürlich begabte Autofahrerin – ich werde sehr leicht abgelenkt – und schlug deswegen das Angebot aus. Damals machte ich immer noch Shootings für die *Playboy*-Cover, reiste und schrieb Autogramme. Allerdings stimmte ich einer kleinen Nebenrolle bei *Eine schrecklich nette Familie* zu. Dabei handelte es sich um eine „Schlacht zwischen den Kissen“-Szene, die leicht genug erschien.

Ich hatte gerade die Proben zu der Szene mit Al Bundy beendet und befand mich auf dem Weg zum Wagen, als sich mir eine Frau in den Weg stellte und meckerte: *Du bist sehr spät für Hammer!* Ich war verwirrt. Meinte sie ein MC-Hammer-Video? *Sie schauen sich immer noch Mädchen an. Du musst jetzt aber kommen!* Interessiert folgte ich ihr. Wir betraten einen großen Raum, in dem zahlreiche Mädels hockten. Sie hielten alle Manuskripte in den Händen und saßen auf Stühlen an der Wand aneinandergereiht. Die Frau zerrte mich an allen vorbei und schob mich in einen anderen Raum. Ich drehte mich um und sah dort ungefähr ein Dutzend Personen, die mich anstarrten. Die Kamerabeleuchtung ging an und sie sagten: *Zähle rückwärts von Zehn und sag deinen Namen.* Ich weiß nicht, was so besonders an dem war, was ich machte – vielleicht war es der verwirrte Ausdruck, ähnlich einem Reh, das ins grelle Scheinwerferlicht starrt – aber ich bekam den Job. Es war die Rolle der Lisa, dem Tool-Girl.

Hör mal, wer da hämmert wurde ein großer Hit. *Here you go, Tim* lautete meine einzige Zeile pro Episode, und wenn sie sich entschieden, meinen Teil auszuschmücken, sagte ich *Here you go, Tim. Have a nice day.* Es war die erfolgreichste Serie zu der Zeit in den USA. Am ersten Drehtag kam ich aus der Garderobe und Tim stand in seinem Bademantel im Flur. Er öffnete ihn ganz kurz, machte einen „Blitzer" – er war splitterfasernackt darunter – und schloss ihn wieder. Er meinte, es sei nur fair, da er mich auch schon nackt gesehen habe. *Nun sind wir quitt.* Ein wenig verlegen, mühte ich mir ein Lächeln ab. Es war die erste von zahlreichen Begegnungen, bei denen die Leute glaubten, mich gut genug zu kennen, um totale Narren aus sich zu machen.

Das erste Mal, dass man mich in der Öffentlichkeit erkannte, war an einem ATM-Geldautomaten. Ich wunderte mich, warum ein Wagen voller Jungs zu mir „Lisa" rief, bis mir klar wurde, dass ich noch in meinem Overall und den Arbeitsschuhen steckte, nicht zu vergessen, der um meine Hüfte baumelnde Werkzeuggürtel. Danach wurde daraus ein Ritual – und mir blieb keine Zeit, um meine Gefühle zu verarbeiten – ohne jegliche Referenzpunkte. Mein

Leben veränderte sich rasant, und das war ein Phänomen, das ich mit der Zeit akzeptierte, und ich lernte auch damit umzugehen.

Ich stellte mir ein
Kabuki-ähnliches Drama vor.
Mein Leben,
eine Imitation.
Ich saß in einem Kino mit Popcorn in den Händen und
sah einfach zu.

Die Leute von *Baywatch – Die Rettungsschwimmer von Malibu* riefen immer noch an. Mein damaliger Freund David Charvet wollte dort vorsprechen und ich stimmte zu, ihn zu begleiten. David war atemberaubend attraktiv, und sie hatten Glück ihn sich zu angeln. Außerdem wünschte er sich um alles in der Welt Schauspieler zu werden. Der Casting-Verantwortliche fraß ihm sprichwörtlich aus der Hand, schaute dann über Davids Schulter und fragte, ob ich tatsächlich *die* Pamela Anderson sei. Die, die niemals auftauchte. Schüchtern bejahte ich die Frage. Die Produzenten kamen und boten mir den Job auf der Stelle an. Auch David bekam seine Rolle, obwohl ich glaube, dass er nicht besonders glücklich war, dass sie auch mich engagierten. Er wusste wohl, dass es das Ende unserer Beziehung bedeutete. Ich versuchte ihm zu erklären, dass sich nichts dadurch ändern würde, aber er hatte Recht. Wir blieben nicht mehr lange zusammen.

Die Produzenten wollten mehr über mich erfahren, um eine zu mir passende Rolle zu kreieren. Wir unterhielten uns über meinen Großvater und darüber, wie sehr ich das Meer liebte, Tiere, Kristalle und wie ich die Energie spüren konnte. Und so entstand C.J. oder Casey Jean. Der bohemienhafte Freigeist, der Räucherstäbchen und Kerzen liebte, eine Heilerin und Tierflüsterin war.

Das Jonglieren zwischen *Hör mal, wer da hämmert* und *Baywatch* bereitete mir Probleme, woraufhin ich eine Wahl treffen musste. *Baywatch* schien mir mehr Freude zu bereiten, denn ich liebte es draußen zu sein, zu schwimmen, die Zeit am Strand zu verbringen und mehr über den Ozean zu erfahren. Außerdem mochte ich die körperlichen Herausforderungen meine eigenen Stunts zu spielen, zu tauchen, Jet-Ski und Scarab zu fahren. Das war so viel besser, als auf einem Soundstage herumzuhampeln. Ich brachte meinen Hund Star zur täglichen Arbeit mit, und die Besetzung und ich freundeten uns schnell an. Letztendlich fällte ich meinen Karriereweg basierend auf der Lebensqualität, denn *Baywatch* zahlte weniger, aber darum ging es nicht. Die Drehbücher waren leichte Kost, und mein merkwürdiges fotografisches Gedächtnis wurde zu einem Vorteil. Wie ich später erfuhr, brauchte es aber deutlich mehr um eine Schauspielerin zu sein, aber in der Zwischenzeit … war ich wie aus dem Häuschen und dankbar dort aufzutreten. Ich liebte jede einzelne Minute. Dennoch blieb ich auf der Hut, denn ich spürte auch eine bestimmte Unzufriedenheit – und irgendetwas bereitete mir Unbehagen.

Ich empfand die *Baywatch*-Jahre als verschwommen und irreal. Bei der vierten Staffel angelangt, war ich die am besten bezahlte Darstellerin der Serie. Viele der internationalen Sender kauften nur die Folgen ein, in denen ich zu sehen war, wodurch die sogenannten „Pamela-Klauseln" zustande kamen. *Baywatch* wurde in 150 Ländern ausgestrahlt. Damals wusste ich noch nicht mal, dass es überhaupt 150 Länder auf diesem Planeten gab. Milliarden Zuschauer sahen die Show, und schon bald war es die Serie Nummer 1 weltweit. Die C.J.-*Baywatch*-Barbie entwickelte sich zum am besten verkauften Spielzeug von Mattel. Dennoch zog ich daraus keinerlei finanziellen Nutzen! Ich hatte zu Beginn der Serie keinen großen Stellenwert, und niemand hätte diesen unglaublichen Erfolg und die damit verbunden Möglichkeiten vorhersehen können. Es passierte alles unglaublich schnell.

Mein erster „richtiger" Film wurde zu einem Klassiker. Steven Bauer, der schon bei *Scarface* und meinem Lieblingsentwicklungsfilm *Nachts werden Träume wahr* mitgespielt hatte, war bei *Snapdragon – Blutige Begierde* mein Co-Star. Zurückblickend finde ich, einen ziemlich guten Job bei dem Streifen abgeliefert zu haben. Vor den Aufnahmen las ich *The First Six Lessons* von Boleslavsky und versuchte die daraus gewonnenen Erkenntnisse in die Arbeit einfließen zu lassen. Das beinhaltete Erinnerungen wieder zu erwecken und die Rolle mit Wesensmerkmalen tatsächlicher Menschen aus meinem Umfeld zu beleben. Das stellte eine nachdenklich stimmende und therapeutische Aufgabe dar, denn ich hatte zuerst wirklich keine Vorstellung, was ich da so anstellte Doch die Fantasie war eine Gabe, die ich mein ganzes Leben lang verfeinerte. Ich lernte, ich experimentierte. Der methodische Ansatz sagte mir zu, denn ich setzte mich intensiv mit Beobachtung und Empathie auseinander.

Sogar als unerwartete Zwillings-Konkubine. Wir alle müssen mal anfangen.

Der *Playboy* wollte mit mir Aufnahmen in Kuba machen. Sie erwähnten noch als zusätzliches Argument, dass sich Fidel Castro mit mir treffen wolle. Ich war sehr neugierig der Insel eine Stippvisite abzustatten, doch Steven riet mir davon ab. Er berichtete mir von den Problemen mit denen sich seine Familie dort herumschlagen musste, denn sie lebten in einer Diktatur. Ich war mir nicht ganz sicher, was er exakt meinte, doch es ängstigte mich.

Damals faszinierte mich revolutionäre Politik, was partiell auch an einer bestimmten Naivität lag. An meiner Wand hing sogar ein Poster von Che Guevara. Ich las *The Prison Letters* von Fidel Castro und liebte Guevaras *Das Tagebuch der Lateinamerika-Reise 1951 – 52* so sehr, dass ich meinem Freund zum Geburtstag ein Norton Motorrad, Baujahr 1970, schenkte. Ich schleppte alle Möbel aus meinem Wohnzimmer und platzierte die schwere Maschine beim Kamin. Wir liebten uns beim wärmenden und knisternden Feuer.

Er stand total auf die Beat Generation – Bukowski, Ginsberg und Henry Miller. Letzteren mochte ich auch, aber empfand ihn als ein wenig ordinär. Mich zogen eher Künstler wie Anaïs Nin und Frida Kahlo an. Ihre Sensibilität. Fridas traurige und schmerzvolle Entdeckungsreise ihres Selbst beeinflusste mich zutiefst – ich habe ihre Memoiren und Gedichte gelesen und im Laufe der Jahre all die verfügbaren Texte gesammelt und dabei so viel wie möglich über sie gelernt. Ihre Kunstwerke bewegten mich sehr, die Reflektion einer schwierigen Liebesbeziehung. Man spürte es in ihrer Kunst wie sehr sie Diego Rivera liebte und beschützte. Wie sie ihm erlaubte, er selbst zu sein, obwohl das ihr eigenes Glück unendlich belastete.

Ich spürte auch eine starke Beziehung zu Anaïs Nin. Eine Seelenverwandtschaft. Wir nutzen dieselbe Sprache – eine der Erotik und Spannung und Verzweiflung. Und wie auch bei Frida, sehnte ich mich nach einem Menschen in meinem Leben, der vielleicht eine Künstlerin in mir entdeckte, jemand der wirklich verstand, dass mein Selbst meilenweit von den Vorstellungen/Bildern der Menschen von mir entfernt lag.

Ich brauchte jemanden, der mich erkennen konnte,
durch den Nebel hindurch.
Doch wie sollte das gelingen?
Ich war schuldig – hatte mein Image selbst gemalt.
Doch niemand wusste, wie weit ich gekommen war—
Vielfach verdeckt durch das Enthüllte,
Projektionen – unendlich vergrößert.

Wie konnte ich erwarten, dass mich jemand so sehr liebte, dass er durch alles hindurchschaute, es durchdrang? Sie alle hatten bis auf das Image, das in die Welt hinausgeschleudert wurde, keine Referenzpunkte. Egal wie sehr ich mich bemühte – dieses Bild war viel größer als ich selbst und siegte. Mein Leben nahm seinen Lauf, aber ohne mich. Ich empfand es als künstlich und rein materialistisch, witzelte, dass meine Brüste eine eigene Karriere haben und ich nur hinterhertrottete. Ich erinnere mich noch an den Fitnessraum der Mansion, wo ich einer Brustvergrößerung zustimmte – wie es alle machten – um danach Jahre unangenehmer, lüsterner Aufmerksamkeit auszuhalten. Dann entstanden Komplikationen, unerwartete Verletzungen, die zu weiteren chirurgischen Eingriffen führten, was in einem Teufelskreis endete. Ich war früher zufrieden mit mir, mit meiner Figur. Jemand erklärte, dass plastische Eingriffe zu einem Paradoxon führen. *Du magst zwar etwas gewinnen, doch auch immer etwas verlieren, wenn du es mit Mutter Natur aufnimmst.* Ich verstand, dass es sich manchmal lohnte oder sogar notwendig sein konnte. Doch in meinem Fall traf keins von beiden zu. Es war eine impulsive und dumme Entscheidung. Durch-und-durch-nicht-durchdacht. Ein Teil meiner Anziehungskraft.

Ich sehnte mich schmerzlichst
nach einem sinnvollen Ziel.
Ich hatte so viel zu geben …
Ich fühlte mich,
als hätte ich nichts erreicht.
Doch ich war fest entschlossen, mein Bestes zu geben,
niemand zu sein, der sich beschwert und klagt.
Ich wollte mir den besten Weg skizzieren,
um mit allem umzugehen.
Meinen Einfluss zu nutzen:
für das Gute.
Ehrliche Absichten.
Egal, was die Welt darüber dachte …

Und an dieser Stelle in meinem Leben entschied ich mich, meinen Aktivismus mit voller Energie und Kraft auf etwas auszurichten. Ich wollte die mir zuteilwerdende internationale Aufmerksamkeit auf etwas Sinnvolles umlenken. Der Tierschutz stellte in meinem Leben eine der wichtigsten Prioritäten dar, und so schrieb ich PETA an und fragte, ob ich helfen könne. Sie freuten sich von mir zu hören. Meine erste Kampagne lief unter dem Slogan „Zeigt Pelzen die kalte Schulter“. Auf einem Billboard am Times Square! Wir hatten mit unserer Briefaktion begonnen und ließen Politikern und anderen einflussreichen Personen Schreiben zukommen. Ich lernte viel über die Weltpolitik, Diplomatie und einer überzeugenden Korrespondenz. PETA und ich stehen seit damals in engem Kontakt, was einen fantastischen, weltweiten Erfolg nach sich zog.

MAN KANN DEM RUHM NICHT MIT EINER ERFOLGSAUSSICHT NACHjagen und ihn sicherlich nicht mehr abschütteln, auch wenn man es will. Es geschieht einfach – und beinhaltet verrückteste Situationen. Absurde, eigentlich unmögliche Dinge geschehen, und man kann es sich kaum vorstellen. Ich weiß, dass ich es mir um nichts in der Welt hätte ausmalen können.

Zum Beispiel fand ich heraus, dass mich John F. Kennedy Jr. treffen wollte, um auf dem Cover des ersten *George*-Magazins zu posieren. Ich war damals nicht verfügbar, aber er ließ nicht locker. Schließlich realisierte sich sein Wunsch – und ich stand splitterfasernackt hinter einer amerikanischen Flagge. Er rief mich während des Shootings an und entschuldigte sich, nicht persönlich anwesend zu sein. Und ich dachte nur – *Gut, dass er nicht da ist, denn sonst wäre ich viel zu nervös.* Bei dem Anruf führte ich mich unmöglich albern auf und gab Laute von mir, die ich noch nie gehört hatte – so eine Art von Quietschen. Ich konnte mich nicht schnell genug vom Telefon loseisen, denn er gab sich so charmant. Ich errötete und bin mir sicher, dass er das am anderen Ende der Leitung bemerkte. Bei der Aktion fühlte ich mich total aufgekratzt und möglicherweise war es der peinlichste Moment in meinem Leben. Er versuchte mich nach dem Shooting erneut zu erreichen, aber ich war viel zu schüchtern, ihn zurückzurufen. Kennedy spielte in einer anderen Liga, weit über mir.

Die Filmaufnahmen wurden damals zunehmend komplizierter, weil Fans aus der ganzen Welt zum Will-Rogers-Strand strömten, wo wir *Baywatch* aufzeichneten. Sie kamen, um sich die Aufnahmen anzusehen, aber besonders viele Fans drängelten sich um den Rettungsschwimmerturm 14, dem von C. J.. Wir fanden jedoch Möglichkeiten, trotz der großen Menschenaufläufe alles durchzuziehen – The show must go on.

Die Darsteller waren vertraglich zur Werbung für die Serie verpflichtet, und ich wurde immer häufiger für die internationalen Auftritte ausgewählt. Während einer PR-Tour durch Südamerika legten wir einen Zwischenstopp in Buenos Aires ein.

Angeregt von der Atmosphäre und meiner Liebe zum Tanz, entschloss ich mich, mir eine Tango-Vorführung bei der Rojo-Tango-

Show im Faena Hotel anzusehen, auf der ganzen Welt der beste Veranstaltungsort. Es wirkte elektrifizierend. Ich hörte, wie das aus meiner Kindheit noch in Erinnerung gebliebene Akkordeon auf eine aufregende, energiereiche und provokante Art gespielt wurde, wozu sich die Tanzenden sinnlich, langsam und bedeutungsvoll bewegten. Nach der Show gingen wir in den Backstage-Bereich, um sie zu treffen. Dort fragte ich einen Mann, ob er mir Tango lehren könne. Er war vielleicht 80 Jahre alt und fast blind. Wir verabredeten uns für den nächsten Tag im Tanzsaal des Hotels.

Der Tango ist ein Tanz, bei dem die Beziehung die wichtigste Rolle spielt. Es gibt nur vier grundlegende Schritte, was einem versinnbildlichten Katz-und-Maus-Spiel gleicht. Als wir zu tanzen begannen, legte er eine Hand auf den unteren Rückenbereich, während seine andere meine ganz sanft führte. Er berührte mich kaum, aber ich wusste, wie ich auf jede kleinste Geste reagieren musste, auf ihn zuging oder einen Schritt nach hinten machte. Während ich mich lockerte, fielen wir mühelos in einen Rhythmus. Sogar das geräuschvolle Auftreten mit den Heels geschah wie von selbst. Wenn ich mich in die falsche Richtung bewegte, unterbrach er mich mit sanfter Stimme und meinte *Bitte erlauben Sie mir zu führen.* Tränen standen in meinen Augen, da ich auf so eine bezaubernde Art vertrauen konnte. Für mich war es eine der sinnlichsten Erfahrungen, die ich jemals erlebt hatte. Auf eine merkwürdige Art raubte es mir den Atem … ein wahrer Mann, der eine Frau führt. Ein Gefühl, das ich noch nie gespürt hatte. Ich empfand eine intensive Beziehung zu diesem Mann, den ich kaum kannte. Ich spürte es tiefgreifend und intensiv … Es hat mich verändert, und ich habe es niemals vergessen.

Im kühlen Wasser waten.
Gardenien,
duftend
und andere Blumen,
die mich umgeben
wie Schätze …

Ich drehe mich schnell,
nackt zwischen ihnen.
Sie haften an meinem geölten Körper,
weiß auf gebräunter Haut.
Eine Gänsehaut.
Lang vergangen,
die Gefühle
der Unschuld
und die Zeit der Wunder.
Doch die Musik bleibt.
Sie wird dich finden.
Am Ende eines Lieds.

Wir reisten sogar nach Chile, wo ich darauf bestand, das Haus von Pablo Neruda in Isla Negra aufzusuchen. Er war mein Lieblingsdichter, und obwohl ich kein Spanisch sprach, rezitierte ich die Verse in seiner Muttersprache. Ich fand es wichtig, den ursprünglichen Rhythmus zu fühlen, die Kadenz. Bevor ich also die Übersetzung las, wusste ich intuitiv, über was er schrieb. In Isla Negra begegnete ich einer seiner Freundinnen, die sich in späteren Jahren um ihn kümmerte. Sie strickte mir einen Schal und erzählte Geschichten einer schmerzvollen Vergangenheit. Pinochet. Unschuldige Menschen, die auf den Grund des Meeres hinabsanken. Ich ging zum Gefängnis, der sogenannten Villa Grimaldi, und es war herzzerreißend … die Artefakte, Beweise des Verrats. Immer noch gibt es Spekulationen, dass Neruda nicht an Krebs verstarb, sondern von den Handlagern des Pinochet-Regimes ermordet wurde.

Damals machte ich es mir zur Gewohnheit Museen zu besuchen, historisch relevante Orte sowie Galerien und mich mit den Menschen vor Ort zu unterhalten, egal, wohin ich auch reiste. Mein Hunger nach Wissen. Ich ähnelte einem leeren Gefäß und füllte es, erfüllte mich. Unstillbar, unersättlich.

Ich benötigte zu der Zeit schon mein eigenes Security-Team. Ihre Anwesenheit war essentiell – eine Tatsache, die mir während eines

Besuchs von Punta del Este, einem wohlhabenden Urlaubsort in Uruguay, nur allzu klar wurde, denn dort wäre ich beinahe zu Tode getrampelt worden. Kurz vor einem geplanten Auftritt schritt ich durch eine Menge von Zuschauern, um auf die Bühne zu gelangen. Plötzlich geriet alles in Bewegung. Ich spürte, wie mich Hände berührten, nach mir grabschten – mehr – und immer mehr. Sechs Polizeibeamte flankierten mich zu meiner Sicherheit, aber ich wurde von allen Seiten bedrängt. Dann begannen einzelne, Steine und Stöcke zu werfen – und alles verwandelte sich in ein unglaubliches Chaos. Ein Stein traf mich am Kopf, während die Menge brüllte *We love you, Pamela!* Ich wurde immer panischer. Mein persönlicher Bodyguard Brian warf mich über seine Schulter und drängte sich stoßend und schubsend durch die Menschen, um mich zum Van zu bringen. Die Scheiben des Fahrzeugs waren zersplittert, und die Menschenmasse schüttelte das Fahrzeug und brachte es fast zum Umfallen. Soweit man sehen konnte, sorgten Teenager für den Tumult. Tausende! Sie rissen die Bühne auseinander, auf der ich eigentlich hätte stehen sollen. Auch meine Kleidung war zerfetzt. Wir hatten unglaubliches Glück, dort rauszukommen. Fernsehkameras zeichneten den Zwischenfall auf, der es in die internationalen Nachrichten schaffte. Mom schaute CNN und dachte: *Das arme Mädchen*. Und dann wurde ihr klar, dass ich es war …

Um die innere Mitte zu beruhigen,
kam ich immer wieder an einen Punkt.
Eine Meditation.
Ich bin sicher,
ich werde beschützt.
„Die Welt ist ein sicherer Ort"
Das war mein Mantra.

Die Bekanntheit fühlte sich
wie ein fremdartiger Ausschlag an,
den man nicht abwaschen konnte.

VII

Ich hätte es nicht ahnen können.
Kurz davor, den Boden unter den Füßen zu verlieren.
Der Anfang des Endes—
Und all das Großartige dazwischen.
Die wahre Liebe nur einen Herzschlag entfernt—

ALS EINE FRAU, BEI DER DIE SELBSTENTDECKUNG EINE WICHTIGE Rolle spielt, war ich neugierig auf das, was das Leben für mich bereithält. Ich nahm mir vor, das neue Jahr auf die einzige mir mögliche Art einzuläuten – mit einer weißen Weste. Ein neues Business, etwas Unerwartetes. Ich war auf alles vorbereitet. Was man ins Universum hinausschickt, hat die Angewohnheit, seinen Weg zurückzufinden. Und für mich wirkte es wie ein Bumerang.

Es war an Silvester – in einer Bar mit dem Namen Sanctuary, die mir und einigen Freunden gehörte – als ich Tommy begegnete. Ich spendierte jedem im VIP-Raum einen Schuss Goldschläger und glaube, dass Tommy dachte, er sei nur für ihn bestimmt gewesen. Er drängte sich zu meinem Tisch, mit einer baumelnden Brieftaschenkette und oberkörperfrei. Nur Tattoos und Nippel-Ringe. Er setzte sich neben mich und leckte die Seite meines Gesichts. Daraufhin leckte ich das Gesicht meiner besten Freundin Melanie und sie leckte das Gesicht der neben ihr sitzenden Person – und so weiter. Mel ist immer noch meine beste Freundin (überraschenderweise!). Sie hatte sich bei ihrer Arbeit in Kanada eine Auszeit genommen, um hier runter zu kommen und mir bei dem Film *Barb Wire* zu assistieren. Die Gute hatte keine Vorstellung, auf was sie sich da eingelassen hatte.

Tommy und ich starrten uns seit einigen Minuten tief in die Augen – viel zu lang – woraufhin mich Mel kniff und hauchte *Nooooo* … Sie zog mich vom Stuhl hoch und sagte *Let's gooooo* …

Tommy folgte uns bis zum Auto, weil er meine Nummer wollte. Mel hauchte wieder: *Nooooo*. Als wir mühsam aus der Parklücke fuhren, lehnte ich mich mit dem Oberkörper aus dem Fenster und rief ihm zu: *Ich wohne im Chateau!* Wir sahen uns mit unverhohlenem Interesse an, bis der Wagen außer Sichtweite war. Ich hatte niemals so einen natürlichen Energieschwall oder so eine Anziehungskraft empfunden. Melanie wollte davon aber nichts wissen. Sie riet mir: *Ich kann dir sagen – der ist nichts für dich. Ich mache mir wirklich Sorgen* … Sie ist wirklich eine Liebe, aber wir sind recht unterschiedliche Menschen wie es alle guten Freunde sein sollten. Yin und Yang.

Am nächsten Morgen schrillte das Telefon ununterbrochen. Schließlich nahm ich den Hörer ab, und es war Tommy. Ich begrüßte ihn mit einem Hi … und blickte dann verschmitzt zu Mel, die mit einem „Das machst du besser nicht"-Starren reagierte. Aus dem Nichts heraus channelte ich eine Stimme, nicht meine eigene, sondern eine tiefe und sexuell aufgeladene … und schnurrte *Ich will 24 Stunden mit dir verbringen und dich dann nie wieder sehen*, wonach ich auflegte. Dann sah ich zu Mel hinüber, lächelte und sagte *Siehst du, ich bin mir sicher, dass er mich nicht wieder anrufen wird*! Mel riss wie unter Schock die Hände hoch, legte sie an ihren Kopf und lachte lauthals los.

Als das Telefon wieder läutete, stellte ich es auf Lautsprecher und hörte Tommy singen *Mein Würstchen hat einen Vornamen und der heißt R-I-E-S-E-N-G-R-O-S-S* … Ich lachte und legte auf. Er rief danach wieder an, Mel nahm diesmal ab und erklärte: *Pamela ist nicht da. Sie ist zur Maniküre im Spa*. Tommy versuchte sich mit dem „Spa" verbinden zu lassen – und fand heraus, dass es im Hotel gar keins gab. Mel und ich verließen das Hotel am Nachmittag, während Tommy in der Hoffnung auf die 24 Stunden mit mir im Pleasure Chest shoppte, einem fantastischen Sexshop am Santa Monica Boulevard. Ich hörte meiner Freundin zögerlich zu, machte mir dann keine Gedanken mehr und überließ alles dem Schicksal. Trotzdem hatte ich so ein merkwürdiges Gefühl, dass er mich finden würde – irgendwo, irgendwie und auf irgendeine Art.

Nach der Abreise aus dem Hotel war es für ihn natürlich nicht leicht, mich aufzuspüren. Einige Monate darauf fand er mich jedoch. Er zeigte sich fest entschlossen, was ich beeindruckend fand. Meine Eigentumswohnung am Point Dume in Malibu wurde renoviert und so wohnte ich übergangsweise in einem Apartment in Marina del Rey. Ich hatte damals einen Voicemail-Service, der die Anrufe überwachte. Außerdem schloss ich eine Vereinbarung. Wenn mich jemand zwei Mal kurz hintereinander anrief, wusste ich, dass es mein Agent war und nahm ab. Am nächsten Tag stand ein Foto-Shooting in Mexiko auf dem Programm, und ich befand mich gerade auf dem Weg zur Tür, um zum Flughafen zu gelangen, als das Telefon einmal läutete – und dann noch einmal. Sicherlich war es mein Agent – weit gefehlt, denn es handelte sich um Tommy.

Hi, Schöne. Er klang ein wenig traurig.

Hi, es tut mir leid, aber ich muss jetzt gehen. Ich bin auf dem Weg nach Cancún … in Mexiko, antwortete ich. (Als wüsste er nicht, wo Cancún liegt, aber ich hatte gerade erst davon erfahren.)

Ohne mich???, witzelte er mit einem neckenden Unterton.

Nein, nein, nein, bitte komm nicht nach Mexiko. Du würdest doch nur …

Ich komme und werde dich finden. Wo wohnst du?

Bitte Tommy, nein … ich muss doch arbeiten! Ich legte auf, rannte aus der Tür zu meinem Fahrer, glaubend, dass er sich niemals trauen würde.

Ich weiß immer noch nicht wie er an meine Nummer gelangte, doch ich checkte meine Voicemail von Mexiko aus, und sie war voller Nachrichten von Tommy. *Ich bin auf dem Weg!* und *Ich sitze gerade im Flieger, mampfe Erdnüsse und kippe mir Whiskey rein!* Ich ließ meine Freundin und Visagistin Alexis mithören. Sie war ziemlich beeindruckt – Alexis stand auf Spaß und liebte Männer, um es mal untertrieben auszudrücken – doch ich schaute sie an und sagte *Nein*!

Tommy hatte seine Telefonnummer vom Hotel und die Zimmernummer auf der Voicemail hinterlassen, aber er wusste nicht, wo ich mich aufhielt. Egal, ich wies die Security vom Hotel an: *Falls sie jemanden mit Tattoos sehen, lassen Sie ihn bitte nicht rein.* Ich hätte niemals geglaubt, dass er mich fände, aber Cancún ist klein. Beim Dinner am letzten Tag des Shootings fühlte ich mich ein wenig gelangweilt und meinte zu Alexis: *Es ist unsere letzte Nacht hier. Lass uns ihn anrufen. Wir können heute Nacht ein bisschen Spaß haben. Wir werden ja morgen schon wieder abreisen … Was könnte schon schieflaufen?*

Was dabei herauskam? Ich verlängerte meinen Aufenthalt …

Damals war ich in Kelly Slater verliebt. Wir hatten einige Dates, aber er führte noch eine On/Off-Beziehung mit seiner ex-Freundin, und in mir entwickelte sich damals der Wunsch zu heiraten und Kinder zu haben. Kelly war ein Champion-Surfer, einfach der beste auf der Welt. Er reiste viel, aber wir kamen uns näher. Er lässt sich als wahrer Freigeist beschreiben, ein Bohemien, sanft, weise und mit so wunderschönen Augen, dass sie einer Katze gleichen. Ich beabsichtigte nicht, ihn zu verletzen, aber das erste Telefonat nach der Hochzeit führte ich mit ihm.

Als Tommy und ich Cancún verließen, waren wir bereits offiziell verheiratet. Den ersten Abend beendeten wir in einem Club mit dem Namen La Boom, wo mir Tommy etwas „Spezielles" in den Champagner geträufelt haben musste, denn im Saal wurde es warm, ich war leicht benommen und meine Haut fühlte sich wie Butter an, sogar weicher als sonst. Er meinte *Lass uns heiraten*, und ich stimmte in traumähnlicher Stimmung mit einem *Okay* zu. Er zog den Totenkopfring vom Finger seines Freundes Bobby und steckte ihn an meinen Ringfinger.

Am nächsten Morgen rief Tommy beinahe jeden an, um einen verfügbaren Priester zu finden – *es war ein eindeutiges Jetzt*! Der Geistliche traf uns am Strand, und unsere Hochzeitsgesellschaft bestand aus wenigen flüchtig Bekannten, die wir am vorherigen Abend getroffen hatten. Ich trug einen Bikini, und Tommy hatte Boardshorts an. Wir hockten uns auf Gartenstühle und schlürften Chi-Chis mit dem Pastor. Nach der Zeremonie sprangen wir alle in den Ozean, denn wir wollten den Segen des Meeres empfangen.

Auf dem Heimflug fragte ich ihn nach unserem Nachnamen, woraufhin er *Lee* antwortete. Ich musste kurz nachfragen: *Hey, ich dachte du würdest Tommy Lee heißen ... und dann noch etwas, vielleicht Jones?* Dann wollte ich wissen, wo er wohnte, was er mit *Malibu Road* beantwortete. Perfekt ... es wurde besser und besser. Wir schwebten tatsächlich im Himmel und ließen nie voneinander ab. Den größten Teil des Fluges verbrachten wir aufgeheizt und lüstern als „Mitglieder" des „Mile High Clubs" in dem „Clubbadezimmer weit über den Wolken", und als wir endlich erschöpft rauskamen, applaudierte man uns sogar.

Und dann landeten wir in einem wahren Meer aus Paparazzi. Ein Schock! Wir waren so dumm gewesen, den Film unserer Wegwerfkamera, mit der wir Fotos im La Boom geschossen hatten, bei den Hochzeitsfeierlichkeiten und wer weiß, wo sonst noch, bei einem Schnellentwicklungs-Service in der Nähe des Hotels abzugeben. Wir waren vermutlich nicht ganz zurechnungsfähig gewesen, um es mal milde auszudrücken. Ich schätze mal, der Shop hatte Abzüge gemacht, denn bei unserer Rückkehr nach Los Angeles waren alle nur erdenklichen Magazine der Regenbogenpresse damit zugekleistert.

Den zweiten Anruf – nach Kelly – machte ich bei Mom. Nachrichtenteams hatten ihr Haus mittlerweile schon umzingelt. Sie war extrem sauer. *Wer ist denn Tommy?* Sie konnte nicht glauben, dass ich geheiratet hatte, weinte, da sie immer davon träumte, dass sie an der Hochzeit ihrer einzigen Tochter teilnimmt. Bei jedem darauffolgenden Anruf wurde sie wütender und wütender. Mein Bruder Gerry – er lebte damals in LA – stand unter einem regelrechten Schock. Nach dem Schulabschluss hatte er auf einem Fischerboot in Alaska geschuftet, doch ich überzeugte ihn davon, nach LA zu kommen. Es sollte so sein wie immer – wir gegen die ganze Welt. Hier arbeitete er als Statist bei *Baywatch* und spielte Gigs mit einer von ihm zusammengestellten Grunge-Band. Er begann gerade, sein Leben in LA auf die Reihe zu bekommen und zeigte sich deshalb über einen Schwager nicht sonderlich erfreut. Wir hatten immer eine enge Beziehung gehabt, und er war davon ausgegangen, bei der Hochzeit dabei zu sein. Meine Entscheidung, ohne meine Familie zu heiraten, passte gar nicht zu mir. Aber ich fühlte mich so unglaublich glücklich, ohne Einschränkungen. Irgendwo treibend in einem Meer der Liebe.

Als ich in Tommys Wohnung an der Malibu Road einzog, wusste keiner vom anderen, was er zum Frühstück mochte. Tranken wir nun Kaffee oder Tee? Abgesehen von unserem durch Ecstasy aufgeputschten Liebeswochenende in Mexiko hatten wir überhaupt keine Ahnung, was in dem anderen vorging. Aber es fühlte sich echt und ehrlich an, und es bestanden keine Zweifel, dass wir füreinander geschaffen waren.

Ein Abenteuer:
Die Liebe auf den ersten Blick begann zu verschwimmen,
sich im alltäglichen Leben aufzulösen—
Zusammen waren wir stärker.
Es fühlte sich natürlich an.
So zu lieben, eigentlich unmöglich—

In diesen ersten Wochen verließen wir kaum das Schlafzimmer. Die Anrufe von Freunden nahmen wir im Bett entgegen, als sei es unser Büro. Es ähnelte sehr John Lennon und Yoko Ono („give peace a chance"). Er schaute mich mit so viel Liebe an und sang über alles, sogar meine Zehen. Er liebte meine Füße.

Tommy war der Mann meiner Träume – so gutaussehend, groß, witzig, überall bedeckt mit Tattoos, die eine nachdenkliche Geschichte erzählten. Sein Patchouli-Duft beruhigte mich. Ich fühlte mich wie hypnotisiert, verzaubert von seiner tiefen Stimme, so sexy. Wir verdampften Nag-Champa-Öl, hörten uns Musik an und liebten uns den ganzen Tag. Durch seine Anwesenheit fühlte ich mich ganz, wurde ergänzt.

Tommy schaute sich dann nach unserem „Für immer"-Haus um, wo wir eine Familie gründen konnten. Wir erwarben ein großes, wunderschönes Gebäude in den Hügeln von Malibu – im spanischen Mittelmeer-Stil, gespickt mit einem Hauch japanischer Bonsai-Kunst.

Tommy ist ein beeindruckender Gärtner und hat ein geschicktes Händchen für Pflanzen und Koi-Teiche. Gemeinsam versuchten wir uns eine Oase zu erschaffen. Unsere Veränderungen und Neumodellierungen hörten nie auf, und damit begannen die typischen Ehestreitigkeiten. Tommy war einer dieser Menschen, der tagelang über die Kosten debattierte, Farben, Anstriche und Stil der Türgriffe, während ich mir alles „erträumen" wollte, Stoffe beschaffte, sie an der Wand befestigte und mir dann die Konzepte anschaute. Für mich stellte es ein Kunstprojekt dar, das sich ständig weiterentwickelte. Eines Morgens wachte ich vor Tommy auf und kleidete die gesamte Damentoilette mit gelbem Kunstfell aus, nicht zu vergessen der neue Klodeckel in einem Zebramuster. Danach hängte ich den eisernen Spiegel um und einige uralte *Kama Sutra*-Zeichnungen. Es war umwerfend und für meinen Mann nach dem Aufwachen eine Riesenüberraschung. Wir hatten Spaß und unsere Regel lautete, dass es keine Regeln gab, trotz unserer Eigenarten.

Aber es fiel schwer, einem normalen Leben nachzugehen, denn die Paparazzi lauerten überall, hockten sogar auf Bäumen und richteten die Kameras auf unser Haus. Ich erinnere mich daran, einmal im Bett gelegen und gelesen zu haben, als Tommy mit rasselnder Brieftaschenkette in Richtung Sonnendach vorbeieilte, in der Hand eine abgesägte Schrotflinte. Er zielte damit auf die Kamera-Crews und brüllte *Get the fuck out of here!* Das *American Journal* machte uns ein Hochzeitsgeschenk der besonderen Art, indem sie von einer Anzeige absahen.

Unser Sex war zärtlich, genussreich und erfüllend – niemals dunkel, abgefahren oder zu bemüht. Zwischen uns bestand eine starke Verbindung und darum bedeutete Sex Spaß zu haben. Unsere Körper bewegten sich wie synchronisiert, wir begehrten uns leidenschaftlich und waren niemals weit voneinander entfernt, fast immer im Blickkontakt. Ich ging mit Tommy ins Studio oder er begleitete mich zum Set. Doch damals standen wir vor einer extremen Herausforderung, denn wir konnten uns nicht frei bewegen, wurden ständig fotografiert, gejagt, provoziert. Wir versuchten uns daran zu gewöhnen, doch es zermürbte uns schnell.

Unsere Seelen waren es, die uns zusammenhielten—
Und ich war bereit, alles zu tun,
damit es funktionierte.
Ich wollte immer der Engel eines anderen sein—
Und steckte voller Überraschungen,
besonders für den Mann, den ich liebte.

Mich mysteriös und verschwiegen zu verhalten oder Geheimnisse zu bewahren, war für mich untypisch, und so wurde Tommy zunehmend nervös, als ich seine Fragen plötzlich nicht mehr beantwortete, wo ich mich aufhielt oder mit wem ich gerade telefonierte. Möglicherweise dachte er, ich hätte eine Affäre – hatte niemals eine, würde nie eine haben – doch in Wahrheit plante ich „Tommyland", die Geburtstagsparty, die keiner je vergessen sollte.

Ich „erträumte" mir die Festlichkeiten in einem Schaumbad und kritzelte die Ideen auf ein gelbes Notizbuch. Ich hatte sie immer zur Hand – dort entstanden die meisten meiner Ideen – und in dieser besonderen Badewanne wirkte eine spezielle Art der Magie. Ich entschied mich, eine Ranch in der Nähe unseres Hauses in Beschlag zu nehmen und das Gelände in einen Rummelplatz der fiebrigen Träume zu verwandeln.

Eine absolute Überraschung.

Ich lud ungefähr 25 Freunde ein, die meisten von ihnen Musiker und bat jeden, sich in einem durchgeknallten Kostüm zu verkleiden, was von weiblichen Fummeln bis zu allem nur Erdenklichen reichte. Ich agierte als Zirkusdirektor, trug einen Mad-Hatter-Zylinder, Stiefel, die bis zu den Knien reichten und Fishnet-Strumpfhosen. Tommy kleidete sich in einer eigens für ihn handgefertigten königlichen Robe und trug eine schillernde Krone, in die ich Edelsteine und sehr alte Juwelen einsetzen ließ.

Am Abend der Party hatte Tommy nicht den blassesten Schimmer, was vor sich ging. Ich überzeugte ihn dann, dass ihm mein Visagist Alan ein weißes Clown-Make-up auflegt. Zuerst protestierte und meckerte er und hinterfragte alles mit einem Glas Whiskey in der

Hand, bis ich ihm die Robe über die Schultern legte und die Krone aufsetzte. Dann dämmerte ihm, auf was er sich da einließ. Sein Ton änderte sich, als der Tourbus ankam, die Gäste hineinströmten und inmitten lauter Musik und fließenden Champagners Platz nahmen. Als wir bei der Ranch ankamen, rollten kleinwüchsige Menschen einen roten Teppich aus, direkt durch das Tor von Tommyland. Der ganze Eingang glich einem inszenierten Bild: Am Wegrand standen Gartenfackeln, man bewarf uns mit Glitter und pinken Rosenblüten. Einige Leute wankten auf Stelzen durch die Menge und die Performer des Cirque du Soleil waren über und über mit kreidefarbigem Make-up bedeckt. Ihre muskulösen Körper schienen durch den Mond gleißend erhellt hervorzustechen, doch für den Effekt sorgte ein strategisch gut platziertes Blaulicht. Die Artisten bewegten sich wie in Zeitlupe und führten sich gegenseitig stützend Balance-Akte auf. Es war eine Show beinahe unvorstellbarer Kraft.

Das Event war ein Freudenfest für die Augen. An jeder Wegbiegung wartete eine weitere Attraktion: Ein singendes Elvis-Duo mit hin und her schwingenden Plastik-Pimmeln, polynesische Feuertänzer und auf den Toiletten standen verzerrende Zirkusspiegel. Es gab mehr Performer als Gäste. Ich hatte für ein Kettenkarussell gesorgt, ein Riesenrad (im kleineren Format), bei dem Lipstick-Kameras strategisch angebracht waren und eine *Stomp*-Mauer mit Perkussionsinstrumenten – alles nur Erdenkliche, mit dem man Krach machen konnte, denn Tommys Freunde waren überwiegend Schlagzeuger, und sie rasteten völlig aus. Ein beängstigender Clown fuhr mit seinem Fahrrad durch die Gegend, klingelte und bot Eis an, während sich niedliche Mädels, die wir gut kannten, zwischen die Partygäste mischten und Appetizer anboten. Diese baumelten auf Tabletts, befestigt an ihren superknappen Buxom-Bikinis – gefüllte Weinblätter und dreieckige Spanakopita, die an Tommys griechisches Erbe erinnerten. Unser Freund Blue durchkreiste den Partysaal mit Scooby-Snacks in seinem Turban. Ein anderer Typ – verkleidet als Mighty Mouse (Tommys erstes Tattoo) – war wortwörtlich der Geburtstagskuchen, denn man konnte sich mit Gebäckstücken versorgen, die er auf seinen tellergroßen Schulterpolstern trug. Ich werde niemals den Ausdruck auf Tommys Gesicht vergessen, als er den „Kuchen“ sah – er spitzte die Lippen und sah mich von der Seite an, als sei es der schönste Abend in seinem Leben. Während er so lächelte, hielt er ein Riesenmesser in seiner Hand. Vielleicht ein wenig zu gefährlich für Mighty Mouse? Als er die Stücke der Torte zuschnitt, war er nämlich schon ziemlich voll.

Abgesehen von der Party schenkte ich Tommy einen großen Flügel, lackiert mit schwungvollen Mustern aus goldenen Blättern, inspiriert von seinen Tattoos und polynesischen Zeichnungen, die uns an Bora-Bora erinnerten – einem Ort, den wir beide liebten und zu dem wir schließlich auch reisten. Neben dem Piano platziert war ein übergroßer, verschnörkelter Kandelaber im Dr. Seuss-Stil, dessen Wachs durch das geschmiedete Eisen auf die Bühne tropfte.

Es war magisch, „cinematisch“ wie ein Kurzfilm, gedreht ohne die Absicht, ihn jemals zu zeigen, wie eine gelebte Erinnerung, eingefangen, ohne jemals zu enden. Einige von uns stachen sich mit einem kleinen „Piekser“ in den Finger und signierten das Gästebuch mit eigenem Blut. Ein geheiligter Bund, ein Ritual.

Als die Sonne am Horizont durchschimmerte und den Himmel in ein großartiges, feuriges Orange tauchte, erschien ein Starbucks-Truck und von mir eigens angeheuerte Krankenwagen, die jeden persönlich nach Hause brachten. Unsere Gäste verließen die Ranch als Patienten liegend auf Tragbahren und wurden mit „Mund-zu-Mund“-Beatmung versorgt (von wem auch immer). Die Sirenen sangen in einem leisen Ton, während das pulsierende Warnlicht mit dem Sonnenaufgang verschmolz. Hinunter ging es eine lange, sich schlängelnde Straße. Episch!

Unser Leben glich einem aufregenden und atmenden Fellini-Film. Die meisten meiner Freunde, die die mich wirklich kannten, rieten mir Regie zu führen, Fotografin zu werden oder Songwriterin – Hauptsache etwas Kreatives. Ich war mir allerdings nicht sicher, wie ich so etwas verwirklichen sollte, da ich jeden Tag arbeitete. Aber ich wusste, wie man die besten Partys im ganzen Universum schmiss.

Ich hatte mein ganzes Geld für die Party ausgegeben. Und es hatte sich gelohnt. Was das Geld betraf, mochte ich es sowieso nicht, irgendwelche Summen anzuhäufen. Wenn ich es hatte, nutzte ich es dazu, anderen Menschen Freude und Glück zu schenken.

Liebe ist die Intensität der Aufmerksamkeit, die wir den Menschen oder Dingen schenken.

VIII

NACH EINEM ERFOLGREICHEN UND WILDEN TRIP ZUM FILMFESTIVAL in Cannes gab es grünes Licht für den Streifen *Barb Wire*. Niemand hätte ahnen können, wie gut das Konzept ankommen würde. Wir begannen direkt mit den Aufnahmen, und der Zeitplan war unglaublich anstrengend. Es war meine Feuertaufe zu solch langen, langen Arbeitsstunden, die aufregende und gefährliche Stunts beinhalteten, die ich überwiegend selbst machte. Ich lernte das Motorradfahren. Kick-Boxen in einem winzigen und einengenden Korsett. Auf dem Boden herumrollen und dabei Gewehre wie die Desert Eagles abzufeuern. Eine MP5K-Vollautomatik in Hyper-Geschwindigkeit zusammenzubauen.

Mein Mann verbrachte jede Minute am Set mit mir. Er wartete nackt auf mich im Trailer, und wenn ich zurückkam, um mich in den Drehpausen auszuruhen, brachte er absichtlich meine Frisur durcheinander, das Make-up und schnürte das Korsett auf. Es war eine Taktik, um mehr Zeit miteinander zu verbringen. Denn ich gehörte ihm, wie er sagte und er bestand auf seine „Ehegattinnen-Zeit". Allerdings brachten uns seine Kapriolen in Schwierigkeiten. Eines Tages versetzte er dem Produzenten einen Boxhieb direkt ins Gesicht, nachdem ihm dieser erklärt hatte, doch bitte nach Hause zu verduften. Daraufhin erhielt er Set-Verbot. Doch das interessierte und juckte ihn nicht. Er parkte seinen Schlitten nebenan – einen leicht zu erkennenden, schwarzen Ferrari Testarossa – sprang über den Zaun, um mit mir die Zeit im Trailer zu verbringen. Ich hatte mich an sein Verhalten gewöhnt und empfand es zuerst als lustig, interpretierte es als seine Art, mir zu zeigen wie sehr er mich liebte und dass er meine Aufmerksamkeit brauchte.

Es war eine herausfordernde und belastende Zeit. Ich schlief kaum, arbeitete regelmäßig am Film und bei *Baywatch* und war frisch verheiratet. Mich bedrängte das Gefühl, jederzeit verfügbar sein zu müssen, aber ich konnte mich trotzdem kaum wach halten. Dann brachte mich eine Freundin auf etwas, um ein wenig länger durchzuhalten. Mich hatten harte Drogen niemals interessiert, und hierbei handelte es sich um aufputschende Diätpillen mit Ephedrin, die sie von ihrem Freund bekommen hatte. Mir gefiel es, wie die Pillen mich wachhielten, wodurch ich deutlich mehr erledigen konnte. Doch die Nebenwirkungen verursachten einen rapiden Gewichtsverlust. Schon bald sah ich wie ein O-beiniges Skelett in einem Badeanzug aus, wog circa 48 Kilo bei einer Größe von 1,70 Metern. In einigen, während der Zeit abgekurbelten *Baywatch*-Episoden, warf mich schon die kleinste Welle um. Alle begannen sich zu sorgen und das zu Recht. Dann zog ich mich zurück, isolierte mich und blieb dem Set fern. Ich hatte Bedenken und wollte Tommy nicht zur Weißglut treiben. Wenn ich Szenen mit anderen Männern spielte, besonders einen anderen küsste, wurde er unglaublich wütend und eifersüchtig. Das alles stand eigentlich außer Frage. Und dann fingen sie damit an die Dialoge und Szenen zu ändern, wenn Tommy im Anmarsch war. Ich trug sogar einen Pager hinten am Badeanzug und „007" bedeutete „direkt Tommy anrufen" und ablenken. *Baywatch* war für mich wie eine Familie, und sie sahen schnell wie mir der Stress, der Druck und das Verlangen, jeden glücklich zu machen, zusetzten.

Eines Tages ließ ich mich nicht am Set blicken. Das glich mir gar nicht, denn ich kam niemals zu spät zur Arbeit, tauchte eigentlich immer zu früh auf. Fal, der Fahrer, eilte schleunigst zu meiner Eigentumswohnung, wo er mich bewusstlos auf dem Boden liegend entdeckte. Er nahm mich, legte mich in seinen Truck und raste auf dem schnellsten Weg ins Krankenhaus.

Ich hing am unteren Ende meines Rettungsseils. Am vorherigen Abend war ich verwirrt gewesen, traurig, so unendlich müde und überhaupt nicht mehr ich selbst. Dann stieg ich in die Badewanne, kippte ein ganzes Fläschchen Advil mit Wodka runter und glitt langsam unter die Wasseroberfläche. Glücklicherweise konnte ich den Geschmack von hartem Alkohol nicht ab, und die Übelkeit zwang mich aus der Badewanne zu kriechen. Ich übergab mich, kotzte den ganzen steinernen Fußboden voll und kollabierte in einer Lache aus von den Tabletten rot gefärbtem Erbrochenem.

Am Tag zuvor hatte Tommy seinen Wagen in den Make-up-Trailer gerammt, die Schränke kurz und klein geschlagen, mich in den Wagen geworfen und war mit durchdrehenden Reifen vom Set weggerast. Er setzte mich dann bei der Eigentumswohnung ab und fuhr wohin-auch-immer. Ich weinte die ganze Nacht, konnte es nicht mehr ertragen und wusste nicht, was ich machen sollte. Mich überkam eine Verzweiflung, die ich so tiefgreifend noch nie empfunden hatte – und ich hatte schon Einiges hinter mir. Ich liebte Tommy und hasste es um alles in der Welt, ihn aus der Fassung zu bringen, ihn zu verärgern.

Da Gerry als Statist bei *Baywatch* arbeitete, erschien er am Morgen am Set und hörte von dem Geschehenen, sah, wie sehr es alle erschütterte. Ihm gelang es Tommy ausfindig zu machen, und die beiden trafen mich im Hospital. Tommy entschuldigte sich, war in Tränen aufgelöst und verängstigt, da er mich beinahe verloren hätte. Trotzdem begannen er und mein Bruder eine Schlägerei, wälzten sich auf dem Boden herum, nahmen sich in den Schwitzkasten und ließen auch die Fäuste fliegen. Das Personal versuchte sie davon abzuhalten, wonach die Security die beiden aus dem Klinikum hinauseskortieren wollte. Als dann der Arzt ins Zimmer kam, war Gerry immer noch stinksauer und brüllte Tommy an. Er schrie, dass Tommy mich umbringen würde und auf jeden Fall jede sich mir bietende Karriechance abwürge. Der Arzt versuchte etwas zu sagen, aber konnte die Streitigkeit nicht unterbrechen. Als sich alle ein wenig beruhigt hatten, präsentierte er uns eine unerwartete Tatsache. Tommy wurde plötzlich ganz ernst. Der Doktor erklärte, dass ich schwanger sei. Was für eine glückliche Überraschung! Das überrumpelte uns. Nun war alles vergeben, und wir fielen uns mit Freudentränen in die Arme.

Ich musste das Bett hüten, aber verlor das Baby traurigerweise nach nur wenigen Wochen. Ich hatte eine Fehlgeburt. Wir fühlten uns wie am Boden zerschlagen. Für mich lag es an den Pillen, dem Schlafmangel, dem hohen Arbeitspensum … einfach an allem. Danach entwickelten wir uns zu super-gesunden Menschen. Wir gingen alles so langsam wie nur möglich an, und Tommy überschüttete mich mit Aufmerksamkeit und süßen Überraschungen. Es schien sich alles zu verbessern.

Da ich noch *Barb Wire* drehte, machte ich mich wieder an die Arbeit, als es mir ein wenig besser ging. Als ich einen Roundhouse-Kick nach hinten in meinen Stilettos und dem Korsett absolvierte, platzte eine Eierstockzyste. Ich schrie und fiel aus dem Kamerawinkel direkt auf den Boden. Alle rannten zu mir, aber Tommy drängte sie zur Seite und hob mich hoch. Er rannte mit mir in seinen schützenden Armen zum Wagen und raste zum Krankenhaus, wobei der Versicherungswagen des Films uns dicht auf den Fersen war. Ich war okay, aber Tommy wollte nicht von meiner Seite weichen.

Ich musste die Nacht über im Krankenhaus bleiben. Tommy und ich liebten uns in dem schmalen, eher einer Bahre ähnelnden Krankenhausbett, während ich noch an der Infusion hing. Dann schliefen wir ein, die Arme um den anderen gelegt. Es bestand nicht die geringste Chance, ihn zum Gehen zu bewegen, und sie versuchten es erst gar nicht.

WENIGE MONATE SPÄTER ENTDECKTEN WIR, DASS ICH WIEDER schwanger war. Die Freude ging mit uns durch, und wir fühlten uns gesegnet mit Baby Brandon in meinem Bauch. Jeder einzelne Augenblick der Schwangerschaft wurde mit Gold aufgewogen, da wir nichts für gegeben hielten. Wir nahmen das Ultraschallbild überall mit hin, ich stellte eine Hebamme ein und Tommy stemmte jeden Tag unter Anleitung seines Trainers im Fitnessraum Gewichte. Wir waren uns so nah wie noch nie und konnten die erste Begegnung mit unserem Baby kaum erwarten. Ich liebte die Schwangerschaft, und wir beide genossen es, Zeugen meiner körperlichen Veränderungen zu werden. Ich trug einen Bikini am Pool – sogar im neunten Monat der Schwangerschaft, denn ich hätte viel zu viel unter dem roten Badeanzug verstecken müssen.

Brandon wurde zuhause in unserem Schlafzimmer geboren. Die Hebamme hatte bereits alles Nötige für die Geburt mitgebracht, denn ich wünschte mir eine natürliche Methode und nahm noch nicht mal eine Tylenol – um nichts in der Welt wollte ich ein Medikament in meinem Körper haben, das meinem Sohn schaden könnte. Ich wollte ihm die bestmögliche Chance bieten. Wir legten einen beruhigenden Soundtrack auf – Enigma – und als er zur Welt kam, lief gerade „Return To Innocence". Ich hatte 21 Stunden Wehen hinter mir, die ich größtenteils in der Badewanne verbrachte. Genau genommen kam Brandon daneben zur Welt. Als es fast so weit war, wurde es zu schwierig, wieder dort hineinzusteigen. Tommy muss auf dem Sonnendach unseres Schlafzimmers ungefähr zehn Packungen Zigaretten geraucht haben, während ich die Wehen hatte. Doch meist schritt er nervös im Badezimmer hin und her, und sagte mir, wie sexy ich beim Schreien sei. Und das ist wirklich nichts, was man zu so einer Zeit hören will, doch wir lachten durch die Tränen. Mom war auch da und hielt die ganze Zeit über meine Hand. Star, unser Golden Retriever, hatte direkt vor der Tür Position bezogen und wich nicht zur Seite.

Wir brachten einen zauberhaften,
blauäugigen Jungen auf diese Welt—
Brandon Thomas Lee.

Eingewickelt und perfekt.
Sein kleines Gesicht schrumpelig,
aber schon neugierig,
schaute uns an, als seien wir verrückt.
Wir nannten ihn
unser Baby-Burrito—

Tommy und ich fühlten uns von unserem Sohn wie gebannt. Tommy weinte, wenn er ihn hielt, sang ihm etwas vor, und ich liebte es, Brandon jeden Tag zu filmen. Jedes neue Ereignis zelebrierten wir mit Freudenrufen und unter Tränen, verbrachten jede Minute gemeinsam, vereint in allumfassender Liebe.

NACHDEM BRANDON GEBOREN WAR, BLIEBEN WIR EINE LANGE ZEIT zuhause. Es fühlte sich zu riskant an, weil unser Anwesen von Paparazzi umzingelt war. Schleunigst ließen wir von einem Fotografen, den wir gut kannten und vertrauten, einige Familienfotos anfertigen, um die Presse damit zu füttern, hoffend, damit endlich die Paparazzi loszuwerden und der Neugier der Leute zu entkommen. Diese unaufhörliche Überwachung! Doch es stellte sich nur als kurzfristiger Erfolg heraus, denn die Knipser und einige Fans ließen nicht locker und verhielten sich gnadenlos. Auch die Paparazzi waren immer noch hinter uns her und drängten uns manchmal von der Straße, nur um ein Foto zu schießen. Die meisten Termine mussten wir bei uns erledigen, und sogar der Kinderarzt Dr. Fleiss, der Vater von Heidi Fleiss, machte Hausbesuche.

An unserer ersten Date-Night außerhalb des Hauses, ließen wir Brandon in der Obhut meiner Eltern zurück. Meine Mom ermutigte uns, endlich zu gehen. Ich glaube, sie erkannte, dass wir eine bestimmte Zeit nur für uns bräuchten. Sie hatte das Gefühl, dass Tommy ein Leben voller Spaß spüren musste, trotz der zusätzlichen Verantwortung. Doch als wir den Club verließen, sprang mir ein Fotograf direkt vors Gesicht und blendete mich mit einem großen, grellen Licht. *Wo ist dein Kind?*, brüllte er. *Du Drogenabhängige!* Wir waren geschockt. Ich antwortete: *Er ist bei meiner Mom, und ich bin keine Drogenabhängige!* Tommy ging wie ein Wahnsinniger dazwischen, bereit den Typen umzunieten. Er schubste ihn mit aller Kraft, während ein anderer Fotograf alles filmte. Das Ganze war eine Falle gewesen! Sie wussten, dass wir einige Drinks intus hatten, und dass es leicht sein würde, Tommy auf die Palme zu bringen. Und damit hatten sie Recht. Tommy „schickte" ihn den Hügel hinunter, wobei sich der Kerl die Hüfte brach. Dann verpasste ein anderer Fotograf Tommy eine Ladung Pfefferspray, von dem ich auch etwas im Gesicht abbekam. Nicht viel, doch ich konnte kaum atmen. Ich brüllte *Fuck you, fuck you, fuck you* und zeigte dabei auf alle Kameras. Alles wurde aufgezeichnet. Wir entkamen dem Tumult, aber schon bald musste unser Fahrer am Straßenrand halten, weil Tommy solch höllische Schmerzen hatte. Verzweifelt schauten wir uns nach einem Schlauch in irgendeinem Garten um, um damit seine Augen auszuwaschen. Während der ganzen Zeit verfolgte und filmte man uns. Die Paparazzi waren widerliche Parasiten, die wir nicht abschütteln konnten. Und dann wurde es in jeder Nachrichtensendung ausgestrahlt.

Die Paparazzi machten uns das Leben verdammt schwer – sie verhielten sich uns gegenüber feindselig und nahmen besonders Tommy ins Visier. Jeder Mann wollte doch nur seine Frau und seine Familie beschützen. Die Klagen häuften sich zunehmend. Zum Beispiel verließen wir ein Hotel und Tommy fielen seine Zigaretten auf den Boden. Ich bückte mich, um sie aufzuheben, und dann pfiff ein anzüglicher Journalist. Tommy stürmte wutentbrannt auf ihn zu, wechselte einige Worte, verpasste ihm einen Rückhandschlag und brach seinen Kiefer. Um das ins Reine zu bringen, mussten 25.000 Dollar gezahlt werden. Das Gericht verhängte ein Aggressions-Bewältigungstraining und eine Therapie als Teil des Strafmaßes – mit einem Therapeuten namens „Dr. Weiner“. Er versuchte uns beizubringen – jedoch ohne Erfolg – uns die Paparazzi als unsichtbar vorzustellen. Er erklärte, dass ihr Ziel nur darin lag, uns zu Reaktionen zu provozieren. Wenn wir an ihnen vorbeisehen und sie ignorieren würden, hätten die Fotos keinen Wert mehr. Es war ein Test der Willensstärke, wie er sich ausdrückte.

Leichter gesagt, als getan.

Tommy und ich dachten damals, dass uns nur ein Umzug auf den Mond helfen würde.

Wir hatten das Gefühl, keinen einzigen Ort mehr unbelästigt aufsuchen zu können und das forderte seinen Tribut. Es gab wilde Auto-Verfolgungsjagden, Leute, die von der Straße in einen Graben springen mussten und durch Fenster geschleuderte Steine. Tommy und Dad schlossen sich schließlich zusammen und wurden knallharte Verteidiger mit eigenem Stil der Selbstjustiz. Mulholland-Kampfkunst! Mein Vater war damals in einem rockigen Seventies-Stil unterwegs, nur echt mit einem merkwürdigen Ziegenbart. Er trug Hawaii-Hemden mit einer verspiegelten Sonnenbrille, ähnlich Hunter S. Thompson. Das war schon ein ganz spezieller Look.

Er und Tommy verfolgten gemeinsam die Paparazzi. Tommy ging von der einen Seite auf sie los und Dad von der anderen, um ganz sicher zu gehen, dass sie sich nicht verdrückten. Dad sprang auf der Jagd nach einem Fotografen sogar mal in voller Geschwindigkeit über einen hohen Zaun, schnappte sich schließlich die Kamera und hielt sie gnadenlos unter eine Fontäne. Und schon wieder 25.000 Dollar. Dad verstand nicht, warum wir uns nicht selbst verteidigen durften, ohne dafür eine Anzeige zu kassieren. Er witzelte, dass man zuhause diese Idioten schon für schlappe 50 Dollar ein für alle Mal vertreiben könne. *Es ist LA*, entgegnete ich. *Unterschiedliche Spielregeln.*

Bevor wir uns versahen, waren „Tommy und ich" wieder schwanger. Trotz des uns umgebenden Chaos war es die glückseligste Zeit meines Lebens. Eine Schwangerschaft passte zu mir. Ich hatte mehr Energie als jemals zuvor und war glücklich, dass Tommy meinen Körper liebte, so wie er sich entwickelte.

Diesmal war ich fest entschlossen, eine Unterwassergeburt durchzuhalten – egal, was auch geschähe, ich würde in der Badewanne bleiben. Die Wehen dauerten nur halb so lange an wie bei Brandon – lediglich neun Stunden – und ich hatte die Energie das gut zu überstehen. Wir legten Enigma auf und erneut lief gerade „Return To Innocence" als unser Baby zur Welt kam. Ich werde niemals vergessen, wie ich den unter Wasser schwebenden Dylan sah, der mir direkt in die Augen schaute, immer noch mit mir verbunden. Es stellte eine der fantastischsten Erfahrungen meines Lebens dar.

Er war so friedlich,
ein Engel—
Mein kleines Buddha-Baby—

Es schien so, als habe er herabgeschaut
und uns erwählt—
Er wusste, dass wir ihn brauchten,
diese bestimmte Gelassenheit …
Schmetterlinge sollten auf Dylan hinabschweben.
Seine Energie ähnelt heute noch Zen.
Mein wunderschöner Schmetterlingsjunge.

SCHLIEẞLICH SAGTE ICH *BAYWATCH* „GOODBYE", UM MICH VOLL-kommen auf die Familie zu konzentrieren. Ich war zufrieden, und nichts anderes hätte meine Aufmerksamkeit in Beschlag nehmen können. Mir fiel die Vorstellung schwer, von meiner Familie getrennt zu sein. Damals hatte ich meinen Eltern den Umzug nach Malibu ermöglicht. Sie lebten in der Eigentumswohnung, die ich noch in Point Dume unterhielt. Ich vertraute nur meiner Familie unsere Kinder an, und so hatten wir auch keine Nannys. Tommy und ich wollten unsere Kinder allein großziehen. Gott stehe ihnen bei!

IX

Wir produzierten niemals ein „Sex Tape".
Wir filmten uns, immer,
und führten ein leidenschaftliches, sexy Leben:
süße Neuverheiratete.
Einfach nur
zwei verrückte, nackte Menschen,
in Liebe vereint.

UND DANN RAUBTE MAN EINEN SAFE IN DER GRÖSSE EINES GEFRIERschranks aus unserem Haus. Dort drin befanden sich unsere wichtigsten Papiere, Schmuck und Andenken. Und Tommys Waffensammlung. Damals probte Tommy mit Mötley Crüe in unserer Garage, und im Haus wurde umgebaut.

Eines Tages wollte er etwas aus dem Safe holen, der gut versteckt hinter einem Teppich in der Wand eingelassen war. Als er den Teppich beiseite zog, war er verschwunden. Der komplette Safe! Tommy rannte die Treppe runter und fragte atemlos: *Wo ist der Safe?* Wir dachten zuerst, es sei ein Witz, doch es dauerte nicht lange, bis uns dämmerte, dass er gestohlen worden war. Dafür kam eine drei- bis sechsmonatige Zeitspanne infrage, denn wir hatten den Safe eine ganze Zeit nicht mehr gecheckt, nicht seitdem man ihn dort eingebaut hatte. Es musste ein Insider-Job gewesen sein, denn das Ding war so gigantisch groß. Wir standen völlig unter Schock! Dann versuchten wir uns zu erinnern, was wir dort eingelagert hatten. Ich wusste, dass der Bikini von meiner Hochzeit dort gewesen war, eine Sammlung von Champagnerkorken, auf denen die Daten von speziellen Anlässen mit einem Sharpie geschrieben standen und eine Rolle, auf der ein von Tommy verfasstes Gedicht stand, das er mir bei einer unserer Hochzeiten vorgetragen hatte. Die, zu der er auf einem Pferd angeritten kam, mein Ritter in glänzender Rüstung. Wir feierten viele Hochzeiten.

Plötzlich erhielten wir merkwürdigerweise eine Nachricht von Bob Guccione von *Penthouse*. Er warnte uns, dass er ein Video von uns beim Sex habe und bot uns 5 Millionen in cash dafür. Wir waren schockiert, fragten uns, ob es denn wahr sein könne, da wir uns nicht daran erinnerten, so etwas Verrücktes aufgenommen zu haben. Dann erklärten wir ihm, sich zu verpissen. Und dass wir alle Tapes zurückhaben wollten, die in seinem Besitz waren.

Nicht lange nach dem verrückten Guccione-Angebot entdeckte Tommy etwas in den Nachrichten.

Fuck – boa, war alles, was er sagte.

Was ist denn?, frage ich ihn.

Er drängte mich nach oben zu gehen, weil er nicht wollte, dass ich es mir ansah. Als Tommy wenige Minuten später dann rauf kam, berichtete er mir, dass ein Tape zum Verkauf stehen würde und dass die Exemplare sogar signiert wurden – von einer mich imitierenden Pornodarstellerin bei Tower Records.

Später
erhielten wir ein VHS-Tape,
eingewickelt in braunem Papier.
Zu spät.

Ich sah es nicht an.
Ich habe es bis zu diesem Tag nicht gesehen.

Aber Tommy schaute es sich an. Er erklärte, dass sie verschiedene Sequenzen zusammengeschnitten hätten, damit es den Eindruck vermittelt, als hätten wir die ganze Zeit über Sex und würden uns dabei filmen. Er meinte, es sei nichts wirklich Schlimmes – aber schlimm genug, um mich zu verletzen – und dass es ihm leid täte.

Ich fühlte mich so fremd,
zerlaufend,
schmelzend …
Verließ meinen Körper ein weiteres Mal.

Dann schaute ich auf
meinen immer größer werdenden Bauch—
Ich musste stark sein.
Erkannte
zum ersten Mal,
dass es nicht zu den Ereignissen gehörte,
wo ich verschwinden konnte.
Ich musste im Hier und Jetzt bleiben.
Ich musste in meinem Körper bleiben.
Ich musste das fühlen
und einen Weg hindurch finden.

Als wir endlich verstanden, was wirklich passierte, versuchten wir die schmierige Vertriebsfirma an einer weiteren Distribution zu hindern. Dabei half uns unser Rechtsanwalt Ed Masry, der uns nach Bekanntgabe der Nachrichten kontaktierte. Er war genauso angewidert wie wir und vertrat die Ansicht, es sei ein wichtiger Fall hinsichtlich des Rechts auf Privatsphäre.

Tommy und mir wurde keine gemeinsame Aussage bei der Beweisaufnahme zugestanden, woraufhin sie uns einzeln befragten. Sie entschlossen sich, mich zuerst zu vernehmen, um uns also damit am heftigsten zu verletzen, denn ich war damals mit Dylan im siebten Monat schwanger. Als ich den Raum betrat, fühlte ich mich noch stark, doch mir wurde schwer ums Herz, als ich die immens vergrößerten Nacktfotos von mir entdeckte, die strategisch hinter den mir gegenübersitzenden Rechtsanwälten platziert waren. Was für eine grausame Taktik, offensichtlich eingefädelt, um mir zu unterstellen, dass mir Nacktheit in der Öffentlichkeit nichts ausmachen würde. Einer der Rechtsanwälte sabberte regelrecht, wobei sich der Speichel in seinen Mundwinkeln verschmierte. Du konntest den übelkeitserregenden Gestank und sein unaufhörlich schnelles Atmen von meinem Platz aus wahrnehmen.

Sie erklärten, ich hätte kein Recht auf eine Privatsphäre, da ich im *Playboy* gewesen sei. Dann folgten anzügliche Fragen über Fragen – nach meinem Körper, Stellungen, sexuelle Präferenzen, Orten, an denen ich Sex hatte – und Andeutungen, dass ich möglicherweise die Aufmerksamkeit mochte. Ich dachte nur: Was hat irgendetwas davon mit dem Diebstahl und dem Verkauf unseres privaten Besitzes zu tun? Ed erklärte mir, keine der Fragen beantworten zu müssen, doch es schien alles so lächerlich zu sein, dass es schwierig war, meine Klappe zu halten. Ich hielt eine schützende Hand über meinen schwangeren Bauch, gewillt, ruhig zu bleiben.

Ich ertrug Tage der Schikane seitens der Rechtsanwälte und des Vertriebsverantwortlichen des Tapes, der am Ende des Tisches saß, ein Mistkerl, klein und erbärmlich. Zwischenzeitlich eilte Tommy den Flur rauf und runter und knabberte sich fast die Nägel ab. Schließlich mussten wir ihn in einen anderen Raum verfrachten, um sicherzugehen, dass er im Flur oder auf der Toilette keinen dieser Idioten erwischen würde. Gott bewahre!

Ich versuchte mein Bestes, um ruhig zu bleiben, aber die langen Stunden und die schrecklichen Dinge, die sie sagten, forderten ihren Tribut. Ich fühlte mich gestresst, verletzt, erniedrigt, gedemütigt und traurig – war schockiert, dass diese erwachsenen Männer so wenig von mir hielten. Sie kennen mich doch gar nicht, dachte ich. Warum hassen sie mich so sehr? Ich hatte Probleme mit dem Schlafen – ein Baby zuhause und ein weiteres war auf dem Weg. Wir wollten doch nur ein wenig Frieden finden und unsere neue Familie zusammen genießen.

Dann schloss mich Tommy fest in die Arme, küsste meine Stirn und sagte beruhigend: *Die können dir das nicht antun, Baby. Sie können uns das nicht antun. Ich lasse es nicht zu. Es ist vorbei. Wir müssen das loslassen.*

Wir haben uns, und wir müssen an unsere Kids denken – und das war's. Scheiß doch auf die.

Tommy und ich wussten instinktiv, dass die Gesundheit und das Wohlergehen des Babys das Wichtigste war, auf das wir momentan zu achten hatten. Ed verstand es, als wir ihn anwiesen, alles fallen zu lassen, erklärten, dass wir mit dem Stress nicht umgehen könnten, was speziell auf mich zutraf. Ich machte mir besonders Sorgen über die Auswirkungen auf Dylan, denn wir spürten, dass er alles fühlte, was auch ich fühlte, und das war ihm gegenüber nicht fair.

Der Schaden war angerichtet.
Unsere Antwort—
Fuck them!
Wir hielten unsere Köpfe hoch,
ließen es vorüberziehen
und gingen unseres Weges
mit Anstand und Würde—

Wir kürzten es mit „A und W" ab und jedes Mal, wenn wir einen Kontrollverlust erlitten, trösteten wir uns gegenseitig damit. Tommy war ein Rockstar. Obwohl es ihn im Innersten schmerzte, verlieh diese Episode seiner legendären Karriere ein bisschen mehr Farbe. Nicht, dass ich eine Karriere als ernsthafte Darstellerin ambitioniert angestrebt hatte, doch wir beide wussten, dass sich jegliche Chance dafür unvermeidlich erledigt hatte.

Trotz der Verletzung und all der Schmerzen verfolgten wir die selbst gesteckten Ziele und konzentrierten uns auf die Familie. Wir zogen uns zurück, igelten uns ein. Die erste Seite unseres Foto-/Erinnerungsalbums war mit dem Titel geschmückt *Alles Ärsche, bis auf uns*. Tommy küsste meinen großen Bauch, und Brandon lag zwischen uns, während wir uns versprachen, alles durchzustehen. Und das versuchten wir von ganzem Herzen, einfach das Leben weiterzuverfolgen. Dylan wurde im Dezember geboren, ein gesunder, schöner und wunderbarer Junge.

Schließlich verdienten sie mit dem zusammengeschnipselten Heim-Video Hunderte von Millionen Dollar. Und wir mussten Jahre der Peinlichkeit, der Belästigung und des Stress' ertragen – ganz davon abgesehen, was unsere Familien durchmachten, unsere Eltern, die Geschwister und wie es sich auf unsere Kids auswirkte, als sie älter wurden, da man sie in der Schule damit hänselte.

Der *Playboy* war im Vergleich unschuldig ... denn dies erwies sich für alle als verdammt hart. Es war eine der schwierigsten Phasen, die ich jemals ertragen musste. Und es ist für uns alle immer noch die Ursache großen Schmerzes.

Es ruinierte Leben und begann mit der Zerstörung unserer Beziehung – und es ist unverzeihlich, bis zum heutigen Tag, dass sie von so einer schrecklichen Erfahrung profitieren, mal abgesehen von der Straftat.

Hinab zu sinken in die Verzweiflung, manchmal
erinnert es mich wie sehr ich
Menschen verabscheue.

Dreckiges Geld,
unverzeihlich.
Karma.

EGAL, WIE STARK WIR UNSERER MEINUNG NACH AUCH WAREN – das alles hatte seinen Preis! Tommy und ich wurden von allem überwältigt. Die Paparazzi verfolgten uns, wobei obszöne Kommentare durch die Gegend flogen, sogar wenn wir unsere Jungs fest an uns drückten. Brandon lernte also schon sehr früh, wie man den Fotografen den Mittelfinger zeigte. Ich konnte das nicht gutheißen, aber Tommy fand es lustig.

Wir waren so müde, von allem wie erdrückt. Eines Abends hatten sich die beiden Babys ein bisschen beruhigt, und Tommy saß auf dem Boden. Er schaukelte sich den Kopf haltend vor und zurück und murmelte: *Und was ist mit mir? Ich will meine Frau zurück!* Ich fühlte mich aufgekratzt, litt unter Schlafentzug und hielt Dylan, während Brandon in seinem Laufstall stand, sich weinend nach mir streckte und hochgenommen werden wollte.

Ich sagte, dass ich meine Eltern anrufen und um Hilfe bitten würde, damit wir ein wenig reden und zusammen sein könnten. Ich ging zum Telefon, doch er schnappte mich von hinten und schrie: *NEIN! Ich will sie nicht hier haben!* Ich schnauzte zurück: *Dann hilf mir doch, verdammt noch mal! Du musst erwachsen werden, Tommy! Es dreht sich nicht mehr alles nur um dich.* Ich hatte ihn noch nie so angefahren, und er rastete aus. Es war ein Tommy, den ich noch nie erlebt hatte, nicht mehr wiedererkannte. Seine Augen verfinsterten sich, wurden tiefschwarz, und er riss mir meinen Arm verdrehend, das Telefon aus der Hand, während ich Dylan mit dem anderen festhielt. Dabei wurde ein Fingernagel abgerissen und das Blut tröpfelte meinen Arm hinunter. Die Kinder hatten solch eine Angst. Ich schnappte mir Brandon, doch er rutschte mein Bein hinab und klammerte ganz fest, dabei hyperventilierend. Tommy riss Brandon von mir los und schubste Dylan und mich gegen die Wand. Ich hatte eine wahnsinnige Angst, dass er verletzt sein könnte – er war doch erst sieben Wochen alt und brüllte so schrecklich. Tommy rannte mit Brandon aus der Tür, der sich nach mir ausstreckte – *Mamiiii*! Tommy machte sich mit ihm aus dem Staub, rannte die Straße hinunter. Ich bekam kaum Luft und versuchte unter Tränen wieder regelmäßig zu atmen. Panisch wählte ich die 911. Die Polizei erschien zur gleichen Zeit wie meine Eltern.

Ich blutete, hatte kleine Quetschungen am Körper und stand unter Schock. Die Polizei nahm eine Anzeige auf – sie mussten es – mit mir oder ohne mich –, da sie sahen, in was für einer Verfassung ich mich befand. Als sie mich fragten, ob ich eine Waffe im Haus habe, bejahte ich das naiverweise, denn in unserem Schlafzimmer befand sich eine Glock. Tommy war noch auf Bewährung und wurde unverzüglich festgenommen. Er musste ins Gefängnis. Unsere Hölle begann.

Die Scheidung von Tommy war der härteste, deprimierenste und schwierigste Abschnitt meines Lebens. Er schrieb mir jeden Tag aus dem Gefängnis, doch ich redete weder mit Tommy, noch besuchte ich ihn. Wir fühlten uns beide wie am Boden zerschlagen, aber ich musste meine Babys schützen – unbedingt.

Zusammen pulsierten wir auf einer Schwingung,
doch es wurde nicht erhört, blieb dem Schicksal überlassen—
Unmöglich, verboten, verloren.

Jahre später erfuhr ich von einem Freund Tommys, dass er während dieser Zeit möglicherweise kurzfristig Steroide schluckte, was mich sehr traurig machte. Vielleicht lag darin der Grund für seinen Ausraster? Allerdings musste ich auch erkennen, dass wir immer für die Menschen, die wir wirklich lieben, eine Ausrede suchen.

Die anderen Beziehungen in meinem Leben verblassten im Vergleich mit dieser Liebe. Es wurde eine aussichtslose Schlacht. Die Ursache lag nicht bei den anderen – sie hatten einfach keine Chance dagegen. Meine Beziehung mit Tommy war vielleicht die einzige Zeit meines Lebens, in der ich wahre Liebe empfand. Ich weiß, dass viel davon mit seiner Rolle als Brandon und Dylans Vater zu tun hatte. Kinder sind die Erinnerungen an die Liebe, durch die sie entstanden, sind ihre Erben. Und jedes Mal, wenn ich sie anschaute, sah ich Tommy. Nichts, was ich unternahm, konnte den Schmerz aufhalten. Es gab keinen „Ersatz“, und ich fühlte mich wie eine Versagerin. Ich beschuldigte mich selbst und ich beschuldigte Tommy für die Tatsache, dass wir die wichtigste Beziehung unseres Lebens nicht für die Jungs aufrecht hielten. Wir ließen sie im Stich.

X

Etwas zu lieben, bedeutet auch dessen Verlust zu akzeptieren.
– ANONYM

Ich erwartete eine Ehe, die ewig hielt.
Gott weiß,
dass ich diese Vorstellung
immer und ständig widerlegte.

Ich glaubte niemals daran, Menschen zu verändern—
Nur Ehemänner.
Wir alle verfolgen unseren eigenen Weg.
Für andere sind wir neue Welten—
Eins ist klar:
Die größte Herausforderung des Lebens besteht darin,
sich selbst gerecht zu werden.

ICH FÜHLTE MICH WIE EINE VERLORENE, ZIELLOS UMHERIRRENDE SEELE. Aber ich musste für meine Jungs stark bleiben und verfolgte jeden Weg, um das zu verwirklichen. Ich lernte die immense Bedeutung der „Selbstfürsorge" – richtig zu atmen, einen gesunden Ernährungsplan zu erstellen und mich selbst zu Übungen zu zwingen. Meditation und Gebete stellten sich als Lebensretter heraus. Und das Lesen war ein grundlegender Weg, um meine Gefühle zu verarbeiten. Joseph Campbells *The Power of Myth* lag neben meinem Bett, während Kahlil Gibrans Gedichte und Storys wie ein Trost wirkten und auch zu meiner Lage passten.

Ich wollte so viel wie möglich über die männliche Psyche lernen und die Verhaltensmuster verstehen, die mich so gequält hatten, um ganz sicher zu sein, gesunde Jungs großzuziehen. Ich tauchte in *Eisenhans* von Robert Bly ab … und da stand es: „Der Schlüssel liegt unter dem Kopfkissen deiner Mutter." Das traf mich wie ein Blitz. Eine Mutter-Sohn-Beziehung ist sehr komplex. Ich musste die Jungs mit ganzem Herzen erziehen, aber ich wusste auch, dass sie mich eines Tages verlassen würden, um gesunde und eigenständige Männer zu werden.

Als ich Robert A. Johnsons *He, She, and We* las, stellte das meine Welt auf den Kopf. Johnson erklärte den Mythos der Liebe und sprach davon, dass eine intensive und märchenähnliche Liebe über eine längere Zeit nicht aufrecht zu halten ist. Tristan und Isolde, Romeo und Julia – alles Geschichten voller Widerhall der Tragödie. Ich sog das alles in mich auf und entdeckte den Impuls bei mir selbst.

Das war das Schlimmste. Ich konnte die Liebe, die ich für Tommy als Mann und als Vater empfand, nicht verwirklichen und war dazu bestimmt, ein größeres Ziel zu verfolgen.

Nachdem er aus dem Gefängnis entlassen worden war, trafen wir uns insgeheim und verstießen damit gegen die einstweilige Verfügung. Er klopfte an mein Fenster, und wir liebten uns im Wagen außerhalb des Hauses. Die Rechtsanwälte und Therapeuten hatten mir die strikte Anweisung gegeben, ihm um alles in der Welt aus dem Weg zu gehen, doch wir konnten nicht anders. Egal, was geschah – wir landeten immer in den Armen des anderen. Doch es hielt nicht lange, denn wir konnten uns tief im Inneren nicht verzeihen. Wir hatten nicht das Rüstzeug, um alles zu überstehen. Ich mochte es, ihn mit den Jungs zu sehen, doch die Vorstellung von uns Vieren auf immer und ewig zusammen war nur ein Traum.

ICH LIEBTE UNSER COTTAGE, EIN REFUGIUM DIREKT AM STRAND. WIR lebten in „The Colony", dem einzigen eingezäunten und von der Außenwelt abgeschirmten Wohnbezirk in Malibu. Das mit Schindeln bedeckte Haus war kuschelig, und überall standen Rosen und französische Antiquitäten. Ich versuchte hier für meine Jungs einen Ort der Sicherheit und Stabilität zu kreieren. Und natürlich gab es kein schöneres Gefühl, als am Strand zu wohnen.

Meine Eltern beabsichtigten in die Stadt zu kommen, woraufhin ich den Housekeeper bat, für die beiden das Gästezimmer herzurichten. Das Haus verfügte über verschiedene Gästezimmer, die an das Kinderspielzimmer angrenzten, und so lag die gemeinsame Toilette neben einem Raum voller Kunstzubehör, Spielzeug-Trucks, Eisenbahnen und Spielen. Merkwürdigerweise begann sich mein Golden Retriever Star gegen die Toilettentür zu legen, auch wenn er sich ausgestreckt auf Spielsachen breit machte. Ich fand das komisch und legte mir zurecht, dass er alt würde, doch er beschützte nur die Jungs.

Das Gästezimmer hatte einen separaten Außeneingang, und eines Tages sprach mich mein Housekeeper mit einem verwirrten Gesichtsausdruck an: *Miss Pamela, jemand schläft in ihrem Bett da unten*. Ich dachte an Goldilocks, weil ich mir überhaupt nicht vorstellen konnte, wer es denn sein könne. Nur die Jungs und ich hielten uns im Haus auf. Ich rannte nach unten, öffnete die Tür und entdeckte eine fremde Frau mit gefärbtem, blondem Haar, an dessen Wurzeln man noch das ursprüngliche Schwarz sah. Sie hockte verschlafen in meinem Bett und trug den Badeanzug aus *Baywatch* unter einem abgerissenen Sommerkleid. Die Frau murmelte etwas in gebrochenem Englisch und übergab dem Housekeeper einen Brief, in dem etwas wie *Ich keine Lesbe, aber ich von dir träumen* stand.

Ich schnappte mir die Jungs, hastete nach draußen und rief dabei die Security und die Polizei an. Als die Cops ankamen, schlitzte sie ihre Pulsadern mit Glas auf, das sie unter dem Kopfkissen versteckt hatte. Die arme Frau war offensichtlich schon mehreren Tage hier gewesen. Sie wirkte wie eine Obdachlose und war hungrig. Ich hatte in den letzten Tagen einige Gegenstände vermisst – meine geliebte Jeansjacke von Gucci, ein Paar Flipflops, ein Brot, von dem ich hätte schwören können, dass es auf der Küchenarbeitsplatte lag. Allerdings hatte ich mir eingeredet, geistesabwesend oder ein wenig konfus zu sein. Wir fanden alles unter dem Bett – der Gestank war schrecklich! Den *Baywatch*-Badeanzug muss sie wohl aus meinem Schlafzimmer entwendet haben. Der Gedanke, wie lange sie sich dort aufgehalten hatte oder dass sie im Zimmer gewesen war, während ich schlief, ängstigte mich zu Tode – oder, dass sie sich jemals in der Nähe der Jungs aufgehalten hatte!

Die Polizei führte sie ab und fragte, ob ich den Badeanzug zurückhaben wolle, was ich damals mit *Nein, das ist okay* beantwortete, wonach ich mich bedankte, dass sie überhaupt gefragt hatten. Wie sich herausstellte, war die Frau ein Fan – noch nicht mal 20 Jahre alt – und den ganzen Weg von Frankreich gekommen, nur um mich zu finden. In ihrem Land galt sie als vermisst und war bekannt für ihre psychischen Probleme. Dann wurde sie wieder in ihre Heimat gebracht, wo ihre Familie glücklich war, sie wieder bei sich zu wissen. Mich hatte der Vorfall völlig aus der Bahn geworfen. Nun war die Zeit gekommen, einen sicheren Ort als The Colony zu finden.

MEINE ELTERN WAREN GERADE ERST NACH KANADA ZURÜCKGEZOGEN, als wir erfuhren, dass Mom schwerwiegende gesundheitliche Probleme hatte. Das ging so weit, dass man von einer Amputation beider Beine sprach. Ich konnte mich nicht damit abfinden und ließ sie nach LA fliegen, um eine zweite Meinung einzuholen. Ich wollte, dass sie meinen Arzt, Dr. Huizenga konsultiert. Er stimmte zu, sie kurzfristig zu untersuchen und entdeckte eine durch das Rauchen verursachte Krankheit, an der eigentlich wesentlich ältere Menschen leiden. Schnell wurde ein Termin für die Operation vereinbart. Der erste Eingriff verlief nicht so gut wie erhofft, woraufhin wir die schwierige Entscheidung treffen mussten, einer anderen chirurgischen Methode zuzustimmen. Wir wussten, dass so etwas auf uns zukommen könnte und entschieden uns zu dieser kurzfristigen Erteilung der Erlaubnis. Allerdings waren zwei direkt aufeinanderfolgende OPs nicht ideal und vergrößerten das Risiko. Mir war übel, und ich hatte Angst, sie zu verlieren. Ich musste an meinen Großvater denken, an das, was er über Ärzte gesagt hatte. Doch ich wusste, was Mom wollte.

Zwischen den Eingriffen lag sie auf einer Bahre, und ich stand an ihrer Seite. Ich hatte niemals einen geliebten Menschen in so einer Lage gesehen. Es war furchterregend. Sie war an so vielen Schläuchen und Maschinen angeschlossen, doch trotz der Nachwirkungen der ersten Narkose immer noch so witzig wie früher. Mom sagte: *Du hast mich diesmal aber in eine ganz schöne Scheiße geritten.* Ich versuchte für sie stark zu sein, aber fühlte mich plötzlich schwindelig. Als die OP-Pfleger sie wieder wegfuhren, muss ich wirklich sehr, sehr blass geworden sein, denn sie schrie durch die Sauerstoffmaske: *Leute, meine Tochter fällt in Ohmacht. Fangt sie auf!* Sie hatte Recht. Ich wachte auf dem Fußboden auf. Glücklicherweise verlief die Operation meiner Mutter reibungslos. Nach ihrer Genesung blieben sie und Dad noch eine lange Zeit bei uns. Wir waren unendlich dankbar. Sie mit den Jungs Hand in Hand am Strand entlang gehen zu sehen, trieb mir die Tränen in die Augen. Diese einfachen Dinge sollten niemals für gegeben erachtet werden.

XI

Während sich Räte von Großmüttern auf der ganzen Welt versammeln,
sich Gedanken machen, wie dieser Planet geschützt und gepflegt wird,
werden die Frauen der Zukunft heute geboren.
Geboren zu werden,
bedeutet tapfer zu sein.
Ein Weckruf, am Erdenleben teilzunehmen,
in all seiner Glorie und der Schmerzen.
Ein selbst gefundener Ratschlag.
Eine neue Weisheit.
Eine reiche und aufregende Existenz.

MEISTENS VERBRACHTEN DIE JUNGS UND ICH OSTERN IN DER MANSION. Alle Playmates wurden eingeladen und brachten ihre Familien zur berühmten Ostereierjagd mit. Tausende von angemalten Eiern waren in den sich dahinziehenden Gärten des Anwesens versteckt worden und auf den verschlungenen Pfaden. Es war ein hitziger Wettstreit, manchmal sogar zwischen den Eltern, die sich spielerisch mit den Ellbogen aus dem Weg schubsten. An diesem Tag durfte jeder wieder ein Kind sein. In einem Jahr wartete ich auf den Parkplatzdiener, als Brandon mit Dylan im Schlepptau auf mich zurannte und brüllte: *Mom!! Wir waren gerade mit Marston und Cooper* [Hefs Söhne] *in der Grotte. Weißt du, womit Hef sein Geld verdient?* Ich zögerte kurz, bevor ich fragte: *Mit was denn?* Brandon meinte ganz außer sich: *Er macht Fotos von nackten Mädchen!* Die Jungs sahen sich angeekelt an und brüllten: *Iiiii!* Ich entgegnete: *Mein Gott! Lasst uns schnell von hier verschwinden!* Wir sprangen in unseren weißen Range Rover, die beiden schnallten sich blitzschnell auf ihren Kindersitzen an – und schon sausten wir davon! Heute lachen wir immer noch darüber.

Die Mädchen in der Mansion schauten zu mir auf, und ich fühlte mich ein bisschen wie die Clubvorsitzende. Ich hatte zwei wunderschöne Jungs, eine Karriere ... einflussreiche und mächtige Männer waren hinter mir her, auch die bösen Jungs und sogar die Unerreichbaren ... besser gesagt die emotional gebundenen, nicht zu habenden Männer. Die Mädchen fragten mich meist: *Wie machst du das?* Für sie schien mein Leben glamourös zu sein, etwas, das alle wollten und alle anstrebten, der Traum eines jeden Playmates.

Und wie auf Knopfdruck ...

traf ich Kid Rock bei einem Wohltätigkeitskonzert. Er stand mit Aretha Franklin auf der Bühne und sang „R-E-S-P-E-C-T", und ich war mit meinem Freund David LaChapelle dort, einem berühmten Fotografen. Mit einem Grinsen zeigte er in Richtung Bühne und witzelte: *Ich glaube, wir haben deinen nächsten Mann gefunden.* Er hatte Recht.

Als Kid Rock Tommy anrief, um ihm zu sagen, dass er mich lieben würde und heiraten wolle, schrie dieser ihn an, sich schleunigst zu verpissen – und drohte, ihn abzumurksen. Doch Bob und ich sahen uns danach trotzdem. Wir machten einige Male Schluss, meist weil Tommy sich einmischte oder dazwischenfunkte, aber auch, weil ich mir nicht sicher war, den nächsten Schritt zu wagen. Doch schließlich eroberte er mich. Er war sexy und sein Talent wirkte verführerisch. Er lullte mich total ein, und angesichts seiner Rockstar-Avancen fühlte ich mich hilflos, ihm ergeben. Ich hielt mich während einer Familienreise mit meiner Freundin Diana und unseren Kindern auf ihrer Superyacht in Saint-Tropez auf, als Bob wie aus dem Nichts auftauchte. Er näherte sich uns mit einem kleinen Boot und hüpfte an Bord. Nachdem wir einige Tage miteinander verbracht hatten, machte er mir einen Heiratsantrag. Aber zuerst musste ich wieder nachhause reisen, um die Jungs für den geplanten Sommerurlaub zu Tommy zu bringen. Nach einem kurzen Abstecher ging es wieder nach Saint-Tropez, wo ich Bob heiratete.

David LaChapelle (meine unanständige männliche Brautjungfer) und ich machten uns nach Las Vegas zu meinem „Junggesellenabschied" auf, zusammen mit meiner Crew (alles Schwule) und Bobs Security-Mann Little Bear. Sein Job bestand darin, sicherzustellen, dass ich wieder wohlbehalten und mit heiler Haut in Saint-Tropez ankomme. In Vegas zogen wir durch alle Casinos – alle Männer mit freien Oberkörpern, wohingegen ich noch die meisten Klamotten trug. Natürlich wurden wir aus jedem Laden rausgeworfen, in dem wir uns sehen ließen, was viel über Vegas aussagt. David und ich erreichten den Flughafen, ohne ein Auge zugemacht zu haben. Wir waren fix und fertig. Dann setzte er mich an den „Wheel of Fortune"-Spielautomaten, während er sich auf den Weg machte, um ein paar Drinks zu organisieren. Alkohol gegen den Kater! Ich nickte ein, wurde aber schnell wieder aus dem Dämmerschlaf gerissen und sah das WHEEL. OF. FORTUNE, das Schicksalsrad! Die Leute versammelten sich um mich und glotzten. Natürlich war ich ein Publikum gewohnt, aber das hier war besonders schräg. Man hatte den Eindruck, als schauten sie sich eine Kunstinstallation an. Ich hatte keine Energie mehr, um dagegen anzukämpfen, fühlte mich wie gelähmt, war verkatert und schwebte auf einer Wolke der romantischen Verliebtheit.

Ich hatte mir von einem der Jungs in Las Vegas eine Kapitänsmütze geschnappt und trug sie auf dem ganzen Weg nach Saint-Tropez. Dort mussten wir irgendwie auf das Boot gelangen und entschieden uns für die lustigste, aber unpraktischste Beförderungsmöglichkeit. Es war eine Komödie der Fehlschläge. Ich stand schon auf einigen WaveRunners, doch aus irgendeinem Grund schafften David und ich es nicht, zusammen da drauf zu sitzen. Wir fielen ständig runter, lachten wie verrückt, und das wurde alles auf Film gebannt. Und dann verbreitete sich alles wie ein Lauffeuer – und die europäische Regenbogenpresse fiel über uns her, zeigte Fotos mit Pfeilen, auf denen stand: „Das ist nicht ihr Verlobter." Fotos von mir auf Davids Schoss, mit einem überschwappenden Champagnerglas in der Hand, die Mütze und einen Bikini tragend. Sogar bei der

Hochzeit zeigte sich der Priester verwirrt und wollte uns (!) trauen. David schritt mit mir den Mittelgang hinauf, um mich „abzuliefern" und musste den Geistlichen stoppen, indem er sagte: *Nein, ich bin es nicht! Sie heiratet ihn!* Bob gefiel das ganz und gar nicht, wodurch er in aller Deutlichkeit darauf hinwies, dass *er* mein zukünftiger Gatte war.

Nach der Hochzeitszeremonie wollte ich in meinem punkigen Heatherette-Hochzeitskleid vom Boot springen, wobei mich David anstachelte und lachte: *Mach es doch!* Dann hielt mich Bob auf und meckerte *Nein!* Während ich mit durchgestreckten Beinen auf der Reling stand, sah ich zu beiden hinüber. Ich erinnere mich noch genau, wie ich mich fühlte: Hin-und-hergerissen. Zögerlich entschloss ich mich, dem Wunsch meines neuen Mannes nachzugeben.

Wir kehrten zum Strand zurück und wurden mit einem Meer aus Kameras konfrontiert. Es müssen mindestens einhundert gewesen sein. Dann stellte sich Bob an die Turntables am Nikki-Strand, denn er ist ein super-talentierter DJ und immer unterhaltsam. Nach einigen Tagen der Feierlichkeiten ruhten wir uns aus und kehrten nachhause zu unseren Familien zurück.

Bob mochte meine enge Beziehung zu David überhaupt nicht. Außerdem glaubte er nicht, dass mein Freund zu 100 Prozent schwul war. David und ich standen uns schon lange sehr nahe, und man kann uns auf eine bestimmte Art als Seelenverwandte beschreiben. Ich hatte endlich jemanden gefunden, der mich akzeptierte – so wie ich war – und meine künstlerische Seite wie kein anderer nährte und anregte. Wir schauten uns Dokumentationen an und redeten über Kunst. Wenn wir irgendwo auftauchten, wussten die Leute sofort, dass es wild zugehen würde. Wir tanzten in unserer Unterwäsche – oder sogar weniger. Ließen uns sogar von Kronleuchtern herunterhängen.

Während ich Patti Smiths Memoiren *Just Kids: Die Geschichte einer Freundschaft* las – in denen sie über ihre Beziehung mit Robert Mapplethorpe sprach – erinnerte mich das an einigen Punkten an David. Das Chateau Marmont war unser Chelsea Hotel. Waren wir zusammen, schien das Leben bunter, einzigartiger, lustiger und abgedrehter zu sein. Dennoch fühlte es sich auf eine bestimmte Art unschuldig an, irgendwie kindlich. Zwischen uns gab es keine Barrieren, keine Filter. Wir konnten ganz wir selbst sein, mussten uns niemals verstellen. Es war eine Facette der Liebe, die auf Akzeptanz basierte, bei der weder Zeit noch Orte eine Rolle spielten.

Meine Jungs retteten mich damals. Ich führte ein normales Familienleben, hatte aber auch diese wilde Künstlergruppe um mich, wo alles so auflebte und aufblühte wie auf einem von Davids Fotos. Wir waren auf eine bestimmte Art zutiefst verbunden, an die niemand anders herankam – sie stellten meine Factory-Crew dar. *Warhol hätte dich geliebt*, meinte David. Er hatte seinen ersten Job im Studio 54, wo er für Andy und das *Interview*-Magazin arbeitete. Damals konnte man ihn noch als einen jungen Typen von der Straße in New York beschreiben, während ich in LA nach mir selbst suchte. Und dann traf David Pamela …

Beim ersten Shooting für das *Details*-Magazin spürten wir sofort eine intensive Beziehung. David fragte mich, ob ich wie eine vergrößerte Puppe in einem Spielzeuggeschäft posieren könne. Ich antwortete ihm, dass ich das natürlich machen würde. Er zeigte sich überrascht, wie unkompliziert er mich anleiten konnte. Ich war zu allem bereit, denn ich vertraute ihm auf eine natürliche Art und Weise. David rief mich dann an und erzählte mir, dass eins unserer Cover auf dem Markt war, ich antwortete *Toll* und war sofort bei einem anderen Thema, das wir diskutierten. Er hakte dann nach und fragte: *Willst du es nicht sehen?* Und ich antwortete ihm: *Nicht wirklich*. Dann lachte er, erklärend, dass ich der einzige Mensch sei, der ihm bislang begegnete und so reagierte. *Der am wenigsten ambitionierte Mensch auf dem Planeten.*

Es war aufrichtig.
Archetypisch.
Mein Leben war das unverfälschte Schicksal.
Mein bescheidener Beitrag zur Welt.

David führte Regie bei einer Video-Installation für „The Red Piano", einer Elton-John-Show im Caesars Palace in Vegas, in der ich zu sehen war. Wir filmten eine Sequenz, die hinter Elton beim Auftritt projiziert wurde, wobei ich überdimensional vergrößert auf zwölf 30 Meter hohen Bildschirmen erschien – beim Pole-Dancing zu „The Bitch Is Back". Vor dem Shooting hatte ich mich noch nie mit dem Pole-Dancing beschäftigt, aber ich vertraute Davids Vision – und wusste, dass wir eine Menge Spaß zusammen hätten. David kicherte ständig, während er mich mit Seifenblasen attackierte – von einer Seifenblasenmaschine, die hinter der Kamera stand – während ich versuchte sexy und schwelend verführerisch zu wirken. Ich bin mir nicht sicher, warum ich plötzlich das Bedürfnis empfand, mich so schnell wie möglich um den Pfosten zu drehen, aber dann flogen die Extensions aus meinen Haaren. Am Schluss fiel ich auf den Boden und rollte mich in alle Richtungen. Dabei spürte ich ein Brennen an meinen Beinen, lachte und schrie lauthals *Milchsäure*. Glücklicherweise hatte David das von ihm anvisierte Material in einem langen Take eingefangen, und ich danke Gott dafür, denn einmal reichte mir wirklich.

Ich liebte es, bei David und unserem Kreis so offenherzig und ungezwungen sein zu dürfen. Ganz von freigeistigen Menschen umgeben! Jesus „Half Animal" Villa, einem Weltrekord-Akrobaten und Star bei dem Cirque du Soleil, Guy Laliberté, Feuerspucker und Gründer des Cirque du Soleil, der sich um Jesus wie einen Sohn kümmerte und Luca „Pizza" Pizzaroni, ein talentierter Künstler und Fotograf, der einen Haufen Aufnahmen für David machte. In Lucas Buch *End Commercial* fanden sich Entdeckungen der Schönheit von Dingen, an denen die meisten achtlos vorbeigehen und sie für selbstverständlich nehmen. Und da war noch Bambini, ein moderner, poesieausstrahlender Tänzer, der bei einigen von Eltons Songs auftrat. Wir mochten es, wenn alles in der Familie blieb. Elton meinte, David zu lieben und mich zu lieben, aber zusammen waren wir gefährlich!

BOB UND ICH VERBRACHTEN ZUNEHMEND MEHR ZEIT IN DETROIT, seiner Heimatstadt. Dort fand unsere große Familien-Hochzeit statt, bei der Bob Seger und Hank Williams Jr. für uns sangen. Unser Leben in Detroit war voller Musik und schon bald wurde es zu einer Selbstverständlichkeit, all die Nächte mit Hank, ZZ Top, Uncle Kracker, Eminem und Bobs Band zu verbringen. Inmitten solcher Talente zu sein, war unglaublich inspirierend, und wir führten einen richtigen Rock'n'Roll-Lifestyle, rau und beseelt. Detroit hatte eine ganz eigene, spezielle Energie.

Bob halste sich mit mir und den Jungs eine Menge auf, denn er hatte selbst einen jungen Sohn – aber er verhielt sich ihnen gegenüber großartig. Auf seiner Ranch, außerhalb der Stadt gelegen, lauerten an jeder Ecke aufregende Abenteuer. Sie fuhren mit Dirtbikes, Schneemobilen und ritten. Bobs Freund Chelios spielte Eishockey für die Detroit Red Wings, und bei Dylans viertem Geburtstag skateten die Jungs mit dem Team beim Training. Sie spielten mit John Daly Golf, der dafür berühmt war eine Dose Bier zu öffnen, indem er einen Golfball direkt an den Rand schlug, wodurch sie aufplatzte. Und sie spielten Football mit Peyton Manning. Die Jungs liebten Bob, denn er gab sich große Mühe.

Manchmal war unsere Unterschiedlichkeit aber so offensichtlich, dass ich mir eine Auszeit nahm, um darüber nachzudenken. Dann rief mich meist Mr. Ahmet Ertegun im Auftrag von Bob an, eine Legende und Gründer des Atlantic-Labels, der versuchte mich davon zu überzeugen, ihm noch eine zweite Chance zu geben. Ich kam zum Beispiel für einen Job in New York an, und da waren die beiden – saßen in der Lobby des St. Regis am Klavier, spielten und sangen „A Song For You" von Donny Hathaway. Oder einen anderen Song mit dem Titel „For Your Precious Love". Das ist ein wirklich „übles" Spiel – wenn ein Mann einen Song für dich singt – und dir nichts anderes übrigbleibt, als aufgrund seines Talents vor ihm auf die Knie zu fallen. Seine Geheimwaffe. Und ich fiel natürlich jedes Mal darauf rein.

Trotzdem wollte ich wieder in Malibu leben. Ich hatte ein Haus am Escondido Strand gemietet, aber es war zu klein für uns fünf. Bob fand dann ein geeigneteres Haus am Point Dume und kaufte es.

Wir beabsichtigten dort einzuziehen – bis zur Premiere von *Borat – Kulturelle Lernung von Amerika, um Benefiz für glorreiche Nation von Kasachstan zu machen*. Die Aufführung des Streifens in Ron und Kelly Meyers Haus lief nicht gut. Dort hatten sich viele Leute aus der Industrie eingefunden – Steven Spielberg, Rick Rubin, Laird Hamilton und seine Frau Gabby Reece. Ich hatte Bob nichts davon erzählt, dass ich im Film mitspielte, weil ich ihn überraschen wollte. Außerdem vergaß ich die Filmsequenz, in der das „Sex-Tape" erwähnt wurde. Bob stürmte aus dem Raum und beschimpfte mich als Hure, gefolgt von noch schlimmeren Verunglimpfungen. Er war entsetzt, peinlich berührt und seine Reaktion war sicherlich nicht durchdacht. Laird brüllte *Sei doch nicht sauer auf Superwoman, wenn sie ihren Umhang sprengt!* Ich hastete Bob hinterher, der mit quietschenden Reifen aus der Einfahrt fuhr und mich allein zurückließ. Ich drehte mich um, murmelte eine Entschuldigung und fragte, ob mich jemand nach Hause fahren könne. Als ich in die Wohnung schlich, zerschmetterte Bob ein gerahmtes Foto an der Wand. Er meinte, er habe die Schnauze gestrichen voll, jeden Morgen aufzuwachen und ein Foto von mir und David LaChapelle zu sehen. Doch es waren nicht David und ich, sondern Marilyn Monroe und Bert Stern.

Wir trennten uns, und ich brach den Kontakt zu Bob ab.

Doch wie es das Pech so wollte, bat man mich Kanye West bei den MTV Music Awards einen Preis zu überreichen. Ich sah Bob auf dem roten Teppich, er schaute mich an und sagte *Sieh mal, was die Katze da angeschleppt hat*. Und dann entdeckte ich Tommy. Er kam von einer anderen Seite, schlich sich förmlich in den Saal und nahm Platz. Als ich an ihm vorbeieilte, um mich hinzusetzen, zog er mich auf seinen Schoß. Er saß neben dem Magier Criss Angel, und ich fragte Criss, ob er Tommy verschwinden lassen könne. Bob sah das alles von seinem Platz aus, direkt uns gegenüber und schäumte vor Wut. Nachdem ich Kanye den Preis überreicht hatte, begann Alicia Keys den Song „No One" ihrer neuen Single zu singen. Als sie bei der Textzeile „Everything's Gonna Be Alright" angelangt war, gingen Tommy und Bob aufeinander los. Fäuste flogen durch die Luft, und das ganze Drama wurde zu allem Überfluss noch live im Fernsehen übertragen. Ich ging schnurstracks nach draußen, und Alicia sang einfach weiter, ohne eine Zeile zu vergessen. Es war alles ein abgekartetes Spiel gewesen, eine Intrige, um uns zu provozieren. Die Leute von MTV müssen ihren Spaß gehabt haben. Ich erklärte der draußen wartenden Presse, dass man uns reingelegt hatte.

Jungs werden immer Jungs bleiben.

XII

Mit geschlossenen Augen höre ich ihre tapsenden Fußschritte.
Guten Morgen, Sweethearts—
Ist es schon Zeit zum Frühstück?
Liebevolle, sanfte Stimmen vibrieren in meinem Ohr, um mich behutsam zu wecken,
Flüstern.
Mom, Mom, Mom—
Wir wollen die Wellen checken.
Die Augen noch geschlossen,
singe ich Okay.

Zeit zum Aufstehen
und den Lunch zu machen—
Während sie sich entscheiden, ob es sich lohnt, vor der Schule zu surfen.

MEIN HAUS IN THE COLONY IN MALIBU ZU BAUEN, NAHM JAHRE in Anspruch – und finanziell alles, was ich hatte. Als uns die Bauarbeiten zu viel wurden, zogen wir in einen Trailer, den ich in Paradise Cove gekauft hatte, die beste Anschaffung aller Zeiten. Während The Colony ein übergroßer Spielplatz für Starlets war, einstige Berühmtheiten aus dem Filmgeschäft, Autoren, Musiker, Geliebte und Künstler konnte man Paradise Cove als Siedlung von Feuerwehrleuten beschreiben, Polizeibeamten, besessene Soul Surfer und ihren Familien – also dem tatsächlichen Malibu.

Die Jungs mochten The Cove viel lieber als The Colony. Es war ihr Himmel auf Erden – sie surften jeden Tag und fuhren mit Golfwagen Rennen. Es ähnelte dem Film *Das Geheimnis eines Sommers*. Und es war auch nicht schlimm, dass dort viele Mädchen in ihrem Alter wohnten. Eher „jungenhafte Mädels", verglichen mit den verzogenen Gören, denen man in LA begegnet. Die Kids hier waren sportlich, witzig und liebten den Ozean und das Skateboarden viel mehr als am Telefon zu hängen oder vor dem Computer zu hocken – gute Kids mit bodenständigen Eltern.

Unser Trailer stand auf einer Klippe direkt über dem Wasser – und der fantastische Pazifische Ozean erstreckte sich vor uns, soweit das Auge reichte. In der Nähe lagen die besten Surf-Plätze – Old Joe's, Westward, bis nach Zuma. Unser Zuhause ließ sich als perfekter Ausdruck des „schäbigen Schicks" beschreiben – ein abgenutzter Fußboden aus Holz und ein gewölbtes und in die Jahre gekommenes weißes Dach. Viele Teppiche, Decken, tolle Schlafkojen, gemütliche weiße Denim-Sofas und einige Kronleuchter. Wir richteten das alles selbst ein. Und hier fühlten wir uns behütet. Das Gelände hatte eine gesicherte Einfahrt, und unser Trailer war darüber hinaus noch umzäunt und deutlich erkennbar Privateigentum. Die Kids aus der Nachbarschaft hatten trotzdem die Zahlenkombination – und wenn nicht, dann sprangen sie über den Zaun. Im Hof befand sich eine Außendusche, umgeben von einer Reihe Surfbrettern und Boogie Boards, einem Zodiac-Schlauchboot und dem immer aufgeladenen und fahrbereiten Golfwagen. Im Garten stand ein Whirlpool, umgeben von Blumenbeeten, Tomatengewächsen und Kräutern – wie in der Provence. Die Kids stapelten sich regelrecht im Whirlpool, um sich nach einem kalten Surfen – immer noch in den Wetsuits – aufzuwärmen.

Kurz nach dem Morgenanbruch fuhren die Jungs mit dem Golfwagen – überall beklebt mit Surfboard-Stickern – zum Aussichtspunkt, um die Brandung bei ihren favorisierten Breaks auszuspähen. Dann sausten sie wieder ab, um ihre Crew zusammenzutrommeln: Conrad, Ryder, Biggie und dann Boogie. Conrad war der älteste und am schwierigsten zu wecken und so kletterte Dylan – der niemals zu spät kommen wollte – durch sein Fenster und rüttelte ihn unsanft wach. Schließlich kamen sie alle wieder zum Trailer, wo sie aufgeregt darüber redeten, welche Welle denn am besten aussähe, während ich langsam aufwachend mit der Kaffeetasse in der Hand zuhörte. Ich bevorzugte meinen eigenen starken Kaffee im Barista-Stil gegenüber dem normalen Starbucks, denn es machte Spaß ihn zuzubereiten und er verursachte weniger Müll. Unser abgenutzter Kangen-Wasserfilter stand auf der Arbeitsplatte und war am Spülbecken angeschlossen (wir mussten Wasser nie in Flaschen abfüllen). Daneben befand sich die Pasquini-Espresso-Maschine. Die Jungs stritten sich immer darum, wer mir den Kaffee machen durfte – die Bohnen malen, den Espresso in die Form pressen und danach den perfekten Schaum aus Mandel- oder Weizenmilch aufzuschlagen. Das wurde mir dann in einem Becher ihrer Wahl präsentiert, meist eine Überraschung, die sie mir gekauft hatten, und auf dessen Seite DIE BESTE MUTTER DER WELT stand oder SUPERMOM.

Wetsuits, Badetücher, Surfbretter und Wachs, Kleidung zum Wechseln und schon ging's los. Wir quetschten uns in meinen Range Rover Classic aus den frühen Neunzigern oder dem '66er Scout, was von der Wahl der Kids abhing oder vom Zufall, welche Karre denn an dem Tag ansprang. Ich liebte meine Vintage-Fahrzeuge und hatte begonnen, sie zu sammeln. Manchmal überkam mich der Eindruck, dass permanent ein fahrbarer Untersatz zur Überholung in der Werkstatt war, was von kleinen Booten, wie dem Zodiac meiner Kids und meinem Chris-Craft reichte bis hin zu Hot Rods und Airstreams. Als ich bei *VIP* auftrat, verfügte ich über einen ungefähr zehn Meter langen Airstreamer – mit einer pinken Flammenlackierung an der Seite und einem Nummernschild, auf dem „Hos Up" stand (eine Anspielung auf Ice-Ts *Pimps Up*). Ich hasste es, diese Fahrzeuge abzugeben, denn sie hatten alle Persönlichkeit und waren mit viel Liebe hergestellt worden. Doch sie häuften sich an, und irgendjemand machte mir immer ein Angebot, das ich nicht ablehnen konnte. Ich hatte ein Talent, die Autos mit Seele und Charakter zu entdecken – mittlerweile werden alte Broncos und Scouts gehypt. Denke ich daran zurück, zeichnet sich ein Lächeln auf meinen Lippen ab – denn ich war meiner Zeit voraus.

Meist kutschierte ich die Kids nach Zuma Beach, eine unberührt wirkende Strecke aus Sand, an der sich die langen, rollenden Wellen brachen und wo man bequem an der Seite des Pacific Coast Highway parken konnte. Während sie aufs Meer hinauseilten, ging ich mit Jojo Rock Star spazieren (unserem geliebten Retriever zu der Zeit), denn für Jojo gab es immer Platz in der Karre, meist auf dem Schoß der Jungs. Dann schaute ich meinen Jungs beim Surfen vom Strand aus zu oder an kälteren Tagen vom Vordersitz des Trucks. Später bestellte ich die Frühstück-Burritos (keine Bohnen) von Lily's – dort gab es die besten in ganz Malibu – und holte sie ab, wenn sie offiziell öffneten. Um acht Uhr rief ich den Kindern zu, aus dem Wasser zu kommen. Es war ein harter Kampf, denn sie wollten verhandeln, noch einmal surfen, während ich gegen das Donnern der Wellen anbrüllte: *KOMMT SCHON!* Ich schrie *LASST UNS FAHREN!* und sah Dylan – diesen „kleinen Gauner" mit verschmitztem Lächeln – und wie er noch einmal hinauspaddelte. Schließlich stellte ich mich auf die Stoßstange des Trucks und winkte mit der Tüte Burritos, um sie anzulocken. Das funktionierte immer.

Dennoch schafften wir es jedes Mal pünktlich zur Schule. Die Jungs streiften zügig ihre Wetsuits ab, wuschen sich den Sand schnell bei den Strandduschen ab und zogen die Shorts, Schuhe und Hoodies an. Dann verputzen sie in einem Wahnsinnstempo die Burritos im Wagen und teilten sich einen großen Krug Orangensaft und lachten über die Surferlebnisse und darüber, wer da draußen was angestellt hatte. Die Schule lag nur eine fünfminütige Autofahrt entfernt, und wie ein Blitz öffneten sie die Autotüren, sprangen chaotisch aus dem Wagen, schüttelten ihre langen, nassen Haare aus – ähnlich wie es Hunde machten – wonach schon der erste Klingelton der Schule schrillte. Wir wechselten noch schnell „I-love-yous", drückten uns und schon waren sie mit ihren Tornistern im Schulgebäude verschwunden. Die Lehrer hatten mit den beiden – nach der anstrengenden morgendlichen Surf-Partie – deutlich konzentriertere Schüler vor sich. Sie hatten schon alles gegeben und waren nun zum Lernen bereit.

Als Gewohnheitsmensch folgte auch ich meiner täglichen Routine. Ich unternahm meinen täglichen Marsch um die Pepperdine University herum, eine Strecke mit einer spektakulären Aussicht auf Malibu. Ein zügiger Spaziergang an der frischen Luft ist dem Fitnessstudio vorzuziehen. Eines Tages gesellte sich der Schulpriester zu mir und fragte, ob er mich ein Stückchen begleiten könne. Ich hatte ihm erst kürzlich dabei geholfen, etwas Geld für die Lichtanlage des Baseballfelds zu sammeln, und er wollte mir dafür danken. Der Geistliche war mir schon öfter in Malibu begegnet und wirkte auf mich wie ein wahrer Heiliger. Er hatte etwas außergewöhnlich Ruhiges und Gelassenes an sich. Während wir unseres Weges gingen, erklärte er, dass Gott möchte dass er mir hilft – und dass dies exakt der Grund gewesen sei, warum er mich angesprochen hat. Er fühlte sich von mir angezogen, wollte sich unbedingt mit mir unterhalten. Ich mochte es tatsächlich, mit ihm zu reden und vertraute ihm von der ersten Sekunde an. Und so gingen wir den Weg jahrelang gemeinsam. Die Gespräche entfachten meine Neugier. Er erklärte mir, mehr „Zäune“, mehr Abgrenzungen gegenüber anderen zu benötigen. Dieser Mann gab mir wichtige Ratschläge, während wir die sanften Hügel rauf und runter gingen, durch Oliven-und Korallenbäume hindurch. Ich schätzte das Engagement der Universität, weil sie hauptsächlich einheimische Pflanzen verwendeten, und das natürliche Feuchtgebiet schützten und bewahrten. Es war ein gesunder Gang und manchmal eine Herausforderung, denn in Malibu war es immer warm, klimatisch vergleichbar mit den Mittelmeerregionen.

Der Priester wurde ein guter Freund und auf eine bestimmte Art ein Therapeut. Ich erzählte ihm alles, beichtete meine intimsten Geheimnisse. Er erteilte seinen Ratschlag ohne ein Werturteil zu fällen. Meinem Empfinden nach war er ein Engel, der durch seinen inspirierenden Anlaufpunkt „God’s Love Never Fails“ wirkte. Er half so vielen, war ein wahres Gottesgeschenk, und als wir ihn unerwartet verloren, wirkte das auf alle wie ein großer Schock. Er verstarb, während er die Bibel am Strand las. Während unseres letzten Spaziergangs bemerkte ich sein schwerfälliges und bemühtes Atmen, die Stirn mit Schweiß bedeckt. Ich fragte ihn, ob er okay sei und meinte, dass wir an dem Tag nicht gehen müssten, doch er sagte: *Nein, lass uns weitergehen.* Er verstarb an einer Herzvergrößerung – und das ergab für mich wirklich Sinn.

Ein Leben des selbstlosen Dienstes.
Mission erfüllt.
Kein einziger Augenblick ist garantiert.

Ich denke oft an Maurice. Jedes Mal, wenn ich mich in Malibu aufhalte, wandere ich noch auf unserem Weg, wo ich seine Präsenz fühle. Ich glaube, dass niemand stirbt und für immer von uns geht. Das Leben im Cove fühlte sich bohemienhaft und frei an – und glich einer spirituellen Reinigung. Über die Jahre fungierten die Jungs und ich als Gastgeber vieler eklektischer Freunde und Besucher. Vivienne Westwood und ihr Mann Andreas Kronthaler waren auch einmal zu Besuch. Vivienne und ich hatten uns bei einer Petition für die Freilassung des indigenen Aktivisten Leonard Peltier aus dem Gefängnis kennengelernt, wonach sie mich zu einer ihre Fashion-Shows in Paris einlud. Dabei verbrachte ich mehr Zeit mit der Lektüre ihres Manifests, das auf jedem Stuhl lag, statt ihre Mode wertzuschätzen. Als wir uns im Backstage-Bereich trafen, plapperte ich unaufhaltsam über ihre Lyrik und das Erwähnen von Märchen. Ohne zu zögern sagte sie: *Ich muss dir also keine Karte zeichnen.* So wurden wir Freunde, woraufhin ich bei zahlreichen Modekampagnen für sie und Andreas auftrat. Vivienne übte einen profunden Einfluss auf jeden aus, dem sie begegnete – oder für den sie Zeit hatte. Als Brandon 18 war, absolvierte er bei ihr ein Praktikum in London. Es stellte sich als eine höchst unkonventionelle, aber perfekte Ausbildung heraus: Sie schickte Brandon in ein Museum und fragte ihn bei seiner Rückkehr, welches Gemälde er aus einem Feuer retten würde. Und dann musste er wieder zurück, bis er es erkannte. Brandon lernte alle Aspekte des

Business und arbeitete beim Design, der Promotion und sogar beim Verkauf im berühmten Geschäft in der King's Road.

Damals war Brandon alt genug, um ihm eine Mitgliedschaft im Playboy-Club in London zu organisieren. Wenn er etwas benötigte, hatte er also einen Bezugspunkt, und ich verklickerte den dortigen Mädels, ein Auge auf ihn zu werfen – ein beschützendes. Und das machten sie auch, worüber Brandon sich nicht beschwerte.

Vivienne war einzigartig, unglaublich einzigartig – authentisch, rau, ohne einen Filter. Eine Schöpferin des Punk, was den Stil und die grundsätzliche Haltung anbelangt. Als sie und Andreas mich gemeinsam mit Juergen Teller in meinem Trailer in Malibu besuchten, verfügten wir nur über eine zusätzliche aufblasbare Matratze, da wir noch nicht komplett umgezogen waren. Doch niemand stellte sich an oder hatte Extrawünsche. Zusammen schauten wir uns die Amtseinführungszeremonie von Präsident Obama an. Uns alle erfüllte so viel Hoffnung. Später kochten wir dann mit den Queens of the Stone Age Spaghetti, die für ein Shooting und zu Besuch gekommen waren. Meine Nachbarn dachten, dass sie im Laufe der Zeit all meine verrückten Verwandten sehen würden, und sich diese auf skurrilen Familienfotos wiederfänden. Juergen machte die Aufnahmen von mir, während ich in einem pinken Haute-Couture-Hochzeitskleid Skateboard fuhr. Danach entstanden recht bizarre Fotos im Waschsalon des Trailer-Parks und auf dem Pfad zum Strand. Vivienne gefiel es, dass ich so viele Bücher besaß und eine fleißige Leserin war – und sie sagte unentwegt: *Wenn du liest, wirst du niemals langweilig sein und immer einen Job haben.* Als sie auf meinem Nachttisch eine Ausgabe von Platon entdeckte, bestand sie darauf, dass Juergen Fotos macht, wie ich gegen einen Baum gelehnt lese, auf einer Parkbank sitze und mich in die Lektüre vertiefe und mit dem Buch im Sand herumrolle.

Auch der Künstler Richard Prince besuchte mich im Trailer. Wir spazierten händchenhaltend den Pfad zum Strand hinunter und am Meer entlang – er in seiner weißen, super-eng geschnittenen Speedo-Badehose – und unterhielten uns dabei über alles von der Kunst über Religion bis hin zur Pornografie. Er verriet mir, Cola-Dosen weit vor dem Türrahmen seines unanständigen „Theaters“ aufgehängt zu haben, damit er niemals beim Akt erwischt würde, da man Eindringlinge sofort hörte. Wir lachten wie die Verrückten, besonders als wir uns einen Plan ausdachten, dem berüchtigt miesepetrigen Mr. Heizer aufzulauern und zu treffen, der in der Nähe von Vegas lebte. Er war ein „Earth Mover“, ein Künstler, der durch Erdarbeiten und Architektur auffiel und an seinem Meisterwerk City arbeitete. Ich war neugierig auf ihn, und Richard schlug vor, dass wir mit dem Airstreamer dorthin fahren und dabei einen Kurzfilm produzieren sollten. Mal sehen, was dabei herauskam. Wir stellten uns vor, von dem Grundstück verjagt zu werden oder im günstigsten Fall angeschrien, aber eingeladen zu werden, um die Arbeit zu würdigen.

Sogar Werner Herzog rief mich zu dieser Zeit an. Seine Filme hatten einen rauen und intensiven Charakter, eine einzigartige und bedrängende Perspektive. Von *Höhle der vergessenen Träume*, seiner Dokumentation über französische Höhlenmalerei bis hin zu *Fitzcarraldo* bewies er seine Furchtlosigkeit. Zudem wurde er von unserem gemeinsamen Freund Ed Ruscha immens geschätzt. Ed bettelte mich an, doch *bitte* mit Herzog zu arbeiten, da er dachte, es sei eine brillante Kombination. Unglücklicherweise löste sich Werners Projekt in Nichts auf. Doch es war der Gedanke, der für mich zählte – ich fand es toll, allein schon auf seinem Radar gewesen zu sein. Werner erinnerte mich daran, nicht für jeden X-beliebigen vorzusprechen. Er sagte, es sei reine Zeitverschwendung. Wenn ein Regisseur nicht das in mir sehen könne, was er sah, würde sich die Arbeit mit ihm nicht lohnen. Ich nahm mir seinen Ratschlag zu Herzen.

Unser Trailer war damals ein „hot spot“, der die Menschen anzog, was mich mit Stolz erfüllte. Im Laufe der Jahre lud ich zahlreiche Kinder ein, von denen einige schon bald zur Familie gehörten. Ich machte für alle Frühstück. Meine geliebten Waffeln! Meine Jungs ließen mich wissen, wie viele Kids im Anmarsch waren und ich machte mich an die Arbeit die Waffeln stapelweise zu backen. Die Kids im Park wussten, dass sie mit allem zu mir kommen konnten, was ihnen Sorgen bereitete. In einigen von ihnen erkannte ich mich selbst wieder, und wollte sie mit offenem Herzen unterstützen, so viel Essen wie nötig und vor allem Liebe. Es sollte genau die Zuneigung sein, die mir früher entgegengebracht wurde. Nicht jeder hatte so viel Glück wie meine Jungs – sie wussten das, und wir wollten sicherstellen, anderen zu helfen, wenn sie etwas brauchten.

Paradise Cove war für mich zugleich ein Ort, um alles zu simplifizieren. Ein wertvoller, minimalistischer Ansatz. Wir räumten einmal im Jahr alles Überflüssige aus, und das Geld aus dem Erlös des Verkaufs ging an eine Wohltätigkeitsorganisation. Es fühlte sich erfrischend an, wieder von Neuem zu beginnen. Wir verkauften unseren Krimskrams zugunsten meiner Stiftung, der Pamela Anderson Foundation, die die Helfer an vorderster Front unterstützt, die jeden Tag ihr Leben für verletzliche Menschen riskieren, Tiere und die Umwelt. Unsere „Vorhof"-Flohmärkte waren chaotisch-kreativ und zogen viel Aufmerksamkeit auf sich. Einige Freundinnen trugen Bikinis mit Hühner-Bildern, hielten Anti-KFC-Plakate in die Luft und stolzierten durch die Gegend, während ein herausgeputzter Stand für Limonade einer Kunstinstallation glich. Darüber hing ein riesiges Pappschild, auf dem im Grafitti-Stil KÖSTLICHE LIMONADE stand. Ein Limonadenstand brachte 30.000 Dollar für das California Wildlife Center. Ein Freund aus The Colony zeigte sich so beeindruckt, dass er noch während der Veranstaltung erklärte, die Summe zu verdoppeln, die die Kids einnahmen. Gute Intentionen werden anerkannt. Und wir hatten einen unglaublichen Spaß dabei.

XIII

Setze alles für die Liebe aufs Spiel, wenn du ein wahrhaft menschliches Wesen bist …
Halbherzigkeit führt nie zur Erhabenheit.
– RUMI

MIR WURDE EIN DREIMONATSVERTRAG ALS ASSISTENTIN VON HANS Klok für eine Magieshow in Las Vegas angeboten. Mein Agent riet mir davon ab, was bedeutete, dass ich *Natürlich, klar, das mache ich* ohne zu zögern antwortete. Immer rebellisch. Aber es hörte sich nach viel Spaß an. Was alles eventuell noch besser machte – ich hoffte, dass David die Billboard-Reklame fotografieren würde. Ich denke immer in visuellen Dimensionen und suche einen Weg, um meine kreative Crew mit einzubeziehen.

Die Show war purer Nervenkitzel. Bei meinem beliebtesten Auftrittsabschnitt wurde ich in die Luft gehoben, wo man mir brennende Spikes durch den „Körper" bohrte. Es war sehr gefährlich, doch die Schulterpolster und meine körperliche Flexibilität halfen mir. Ich liebte es, vor einem Live-Publikum aufzutreten. Ein gemeinsamer Herzschlag – denn die Menge gehörte ebenso zu dem ganzen Erlebnis wie die auftretenden Künstler. Damals erkannte ich, wie wohl ich mich auf der Bühne fühlte, vielleicht noch wohler als an einem anderen Ort.

Mir sagte auch die Atmosphäre der Show zu, denn überall werkelten Kreative, was einem koordinierten Chaos glich. Während man mir in der Garderobe mein Make-up auftrug und die Haare machte, kam ein von mir engagierter Clown, der mir beibrachte, aus Luftballons Tiere zu formen. Ich wollte niemals meine Zeit verschwenden. Der Spaß lag teilweise darin, sie so schnell wie möglich zu kreieren – wie Magie – ta-da! Sie sahen interessant aus – aber manchmal auch deformiert. Ich befestigte sie mit Tape über meinem Bett oder als Willkommensgruß an die Hoteltüren meiner Freunde. Wenn aus ihnen die Luft entwich und sie schrumpelig wurden, wirkten sie sogar besser. Befremdliche, fast schon konzeptuelle Werke.

Immer gut,
solche Fähigkeiten zu haben—
So viele du kannst.
Steck sie in deine Tasche,
etwas,
um weich darauf zurückzufallen—

Nach den Shows besuchte mich meine wunderbare und immer unterstützende Gang im Backstage. Amy Winehouse, Thierry Mugler und die bekannten Drag-Queens Elaine Lancaster und Lady Bunny. Wenn sie beim Auftritt in der ersten Reihe saßen, hagelte es ständig Beschwerden, da die anderen Zuschauer die Show vor lauter Haaren nicht mehr sehen konnten. Meine Garderobe glich einem Szene-Treff, mit Spiegeln an der Decke, die Wände vom Straßenkünstler Marcus Suarez mit Graffiti verziert und immer zwei Zentimeter Glitter auf dem Boden. Mein Langzeitfreund, der Boxer und Poker-Spieler Rick Salomon schaute auch von Zeit zu Zeit vorbei. Er hatte schon immer Augen für mich, doch ich sah ihn nur als Freund.

An den Show-Tagen hielt ich mich natürlich in Vegas auf, aber ich flog innerhalb einer Woche vier Mal hin und zurück. Auch nach der wildesten Show-Serie und Nachtflügen brachte ich die Kids noch zur Schule. Beim Parkplatz half ich freiwillig, die anderen Kinder aus den Wagen zu bugsieren. Manchmal sah ich eine Spiegelung von mir in einem Autofenster. Ich war überall mit Glitter bedeckt, an den Augen fand sich noch genügend schwarzes Make-up vom Eyeliner des nächtlichen Auftritts – der zu allem Überfluss meine Wangen verschmierte – und die Haare waren in einem fürchterlichen Durcheinander hochgesteckt.

An den Morgen schaute ich selten in den Spiegel—
Ich lachte,
trotzdem.
Ich dachte meist—
Glitter macht dich nicht zu einer schlechten Mom—
Der Zustand
einiger der Autos war schlechter—
Sandwiches, eingequetscht auf der Rückbank,
leere Chipstüten, dreckige Socken, leere Wasserflaschen—
Jeder Mensch ist ein heilloses Durcheinander.
Wir machen das Beste daraus, was wir können.

Während meines Vegas-Aufenthalts, durfte ich auf der obersten Etage des Planet Hollywood wohnen. Marcus wohnte auch dort, um mir Gesellschaft zu leisten. Wenn uns die Jungs und ihre Freunde besuchten, veranstalteten wir Schatzjagden in den Räumlichkeiten. Wir bauten im Flur eine Rennbahn für elektrische Spielzeugautos, die schlängelnd durch die Räume führte.

Wenn mal jemand vor uns einschlief, zurrten wir ihn wie bei *Gullivers Reisen* fest und errichteten Kartoffelchip-Skulpturen auf seinem Körper. Und dann riefen wir noch den Zimmerservice mit schrägen Fragen an – *Was ist teurer? Eine halbe Venusmuschel auf der ganzen Schale oder eine ganze Venusmuschel auf einer halben Schale?* Wir befestigten transparente Saran-Folie vor den Türen und bastelten Schilder, auf denen Sprüche standen wie: ÜBRIGENS MUSS ICH ETWAS FÜR DIE KOSTEN BEZAHLEN. Oder STEPHEN HAWKING IST EIN KLEPTO, denn ständig verschwanden Dinge von mir – Schuhe, Schmuck, Taschen, Cash – und wir machten Witze darüber, dass irgendwo im Zimmer ein schwarzes Loch sein musste. Bis zum heutigen Tag habe ich keine Ahnung, wohin all die Dinge verschwanden. Ich hatte mich längst daran gewöhnt, von anderen bestohlen zu werden, dachte ungerührt, wenn jemand stehlen muss, braucht er es wohl nötiger als ich. Lügner und Diebe – davon gab es viele.

Aber in Wahrheit mochte ich Las Vegas nicht – allerdings liebte Vegas mich. Im Palms gab es einen Glückspielautomaten von mir und Poker-Chips mit David-LaChapelle-Bildern. Während meines Aufenthalts entfernten sie sogar das „L" aus dem Logo, wodurch die Beschriftung PAMS lautete. Bei einem speziellen Event fuhr mich Chuck Zito von den Hells Angels auf seiner Harley durch das gesamte Kasino. Von so einer Aktion hatte noch niemand etwas gehört, speziell wegen der Tatsache, dass wir Chuck einen Wochenendausweis beschaffen mussten, da man ihn – aus was für einem Grund auch immer – aus Vegas „verbannt" hatte. In meinen Augen ist Chuck ein wahrer Engel – und ich werde immer hinter ihm stehen.

Zahlreiche Hotels versuchten mich für Auftritte zu engagieren, und als Steve Wynn mich anrief, vermutete ich, dass er mich um eine Show bitten wollte. Doch stattdessen hörte ich eine unverblümte Warnung. Er sagte: *Pamela, ich mag dich – du bist ein tolles Mädchen, eine gute Mutter – aber du musst die dich momentan umgebenden Leute unbedingt loswerden.* Dann fuhr er fort, erklärte, mich eines Tages gerne für eine Show in seinem Hotel einzuladen, doch im Augenblick sei ich eine Belastung. Ich nahm mir das zu Herzen, sah es als ein Zeichnen des Universums, eine Bestätigung, dass das, was ich momentan noch als angenehm und spaßig empfand, im Grunde genommen eine destruktive Umgebung darstellte. Daraufhin stimmte ich keiner weiteren Saison mit der Magieshow zu und nahm auch keine anderen Projekte mehr an. Es war höchste Zeit aus Vegas zu verschwinden und wieder neu zu beginnen.

IMMER EINEN AUSWEG …

Marcus und mein Fahrer Errol hatten sich während des Vegas-Aufenthalts einigen Ärger aufgehalst. Sie spielten Blackjack in meinem Zimmer, was damit endete, dass sie Rick einige hunderttausend Dollar schuldeten. Rick erklärte, die Schulden zu vergessen … falls ich ihn heiraten würde. Ich dachte, er würde einen Witz machen. Und dann erhöhte er noch den Einsatz und erklärte, dass ich auf der Stelle Sex mit ihm haben müsse. Seinen Bluff herausfordernd, sagte ich frei heraus *Okay!* Rick war ein gut aussehender Typ, eine richtige Charakterperson, und wir kannten uns schon seit Jahren – und er war hinter mir her, seit er mich das erste Mal gesehen hatte. Ich rief ihn ins Schlafzimmer und legte mich auf den Boden. Aufreizend zog ich mein Kleid über das Gesicht – war also vom Hals bis runter zu den Zehenspitzen nackt – und murmelte mit gedämpfter Stimme unter dem Stoff: *Na los, lass es uns machen*. Er lachte, zog das Kleid ganz über meinen Kopf, schaute mir tief in die Augen und küsste mich hart. Wir liebten uns ohne zu zögern. Es war unerwartet und wahnsinnig aufregend.

Die Aktion führte zu einer ernsteren Beziehung. Rick und ich hatten eine offensichtliche Verbindung, und ich wusste, dass er mich vergötterte. Obwohl sein Vorschlag recht dreist anmutete, war er doch im Grunde genommen ein schüchterner Mensch. Extrem clever, ein Beobachter, aber auch ein bisschen ein Maniac. Ich kann immer noch nicht glauben, dass ich „Ja“ sagte und alles mitmachte. Wir heirateten zwischen zwei Auftritten, in Anwesenheit seiner beiden Töchter und meiner beiden Söhne. Unsere Kinder hatten ein gutes Verhältnis, was auch heute noch der Fall ist.

Sogar mit meinen vergangenen Erfahrungen
gab ich niemals auf.
Ich wollte geheiratet werden.
Ich wollte mich sicher fühlen.
Ich wollte eine Familie für meine Jungs.
Harmoniesuchend an unharmonischen Orten,
war mein Fluch – und mein Stil.

Wenige Monate später fand mein Assistent eine Crack-Pfeife im Weihnachtsbaum. Einige Leute hatten mich gewarnt, dass Rick schwer abhängig war, aber diese Seite erlebte ich niemals. Das erschien mir übertrieben. Rick besteht bis zum heutigen Tag darauf, dass mein

Assistent ihm die Pfeife im Baum untergeschoben hat, um uns auseinander zu bringen. Doch ich konnte das damals nicht riskieren. Wir ließen die Ehe annullieren und blieben bis zum heutigen Tag Freunde.

Durch all den ganzen Wahnsinn entschied ich mich, die Vergangenheit hinter mir zu lassen und neu zu beginnen – und das wollte ich mit einem anderen Look unterstreichen. Ich kleidete mich nach dem Vorbild französischer Filmstars wie Bardot in dem Film *Verachtung*. Gestreifte Röcke und Strickjacken, Ballerinas. Fellini-Sonnenbrillen, wie Anita Ekberg. Ich ließ mir sogar die Haare zu einem Sechziger-Pixie-Cut schneiden, der an Jean Seberg erinnerte.

„Cinematisch" zu leben
und dramatisch
ist das,
wonach ich immer strebte.
Warum nicht?
Inspiriert von „filmischen" Frauen—
Gena Rowlands in Eine Frau unter Einfluss
von Cassavetes.
Ava Gardner in Die Nacht des Leguan.
Julianne Moore in Safe,
und in A Single Man.
Ich träume, die Frau in Valentino zu sein …
Verzweifelt, einsam, glamourös,
missverstanden.

Will geliebt werden,
geschätzt.
Niemals der richtige Mann …

Frauen werden nicht respektiert.
Bis zum heutigen Tag.
Darum brauchen wie mehr Humor,
Stil, Ausdauer, Kunst.

Ich machte ein Fotoshooting mit Mamie Van Doren für die *Vanity Fair*. Ali Mahdavi, der Fotograf, war brillant und hängte überall Lichtkugeln auf, um unsere Gesichter wie die der Starlets der Fünfziger zu erhellen. Es wirkte fast wie eine Hommage an George Hurrell. Wir wurden von Tom Ford gestylt, dem Gastherausgeber dieses Monats. Tom kam in meinen Ankleidebereich, griff die Schere, baute sich vor mir auf und zerschnitt das Kleid von oben bis unten, bis ich fast splitterfasernackt vor ihm stand. Er ließ seine Augen über meinen ganzen Körper wandern, streifte das Kleid von mir ab und warf es auf den Boden. Dann beauftragte er die Schneiderin, sich an die Arbeit mit den Stofffetzen zu machen. Als Nächstes steckte er mich in ein transparentes Thierry-Mugler-Korsett aus dem Archiv und begann damit die feste Verschnürung zu ziehen, zu ziehen, zu ziehen. Schließlich hörte er auf, drehte mich um, schaute in meine Augen und sagte: *Du hast keine inneren Organe. Du darfst das Haus nie ohne ein Korsett verlassen.* Dann schnippte er mit den Fingern, damit ihm jemand das Maßband brachte. Er drehte mich wieder um und quetschte mich bis auf 43 cm zusammen. Wir keuchten beide. Er meinte, dass er noch weiter gehen könne, aber dann würde ich vermutlich in der Mitte auseinanderbrechen. Danach half mir die Schneiderin in das weiße Kleid mit einem leichten Creme-Stich und nähte es direkt an meinem Körper zu. Wie bei Marilyn Monroe. Die pure Eleganz. Er meinte, es würde mir stehen. Tom wusste, was Glamour bedeutete.

WÄHREND ICH MICH AUF EINER ARBEITSREISE IN MOSKAU BEFAND, erhielt ich einen Anruf von einem attraktiven Geschäftsmann, einem Kunstsammler, der mich schon lange faszinierte. Er war ein Oscar-Wilde-Typ, und verbrachte einen Teil seiner Zeit in Russland. Allerdings erzählte er mir, dass er sich nicht im Land aufhielte. Dennoch fragte er mich, wo ich wohnen und was ich planen würde. Ich meinte, am Morgen arbeiten zu müssen, wonach ich aber um 14 Uhr das Puschkin-Museum besuchen wolle. Ich genoss es, unerkannt und allein in Museen zu gehen. Eine Flucht. Ich machte mich also auf und bewunderte die dort ausgestellten Werke. Während ich gerade an ihn dachte, bog ich um eine Ecke und da stand er verdammt nochmal. Wir beide holten lange und tief Luft, nahmen den Anderen unglaublich intensiv wahr. So eine emotionale Durchflutung. Elektrisch. Er erteilte mir mit seiner tiefen, wissenden und sinnlichen Stimme eine kurze Lektion über den Künstler Bronzino. Mein Bekannter war so rätselhaft, schlau und kultiviert. Ein Visionär, ein Aktivist für die Kunst und Tiere.

Wir schlenderten Arm in Arm durch den Schnee zu meinem Hotel, vorbei an den bedrohlich wirkenden, tiefroten Gebäuden. Sein Security-Team folgte uns mit 15 Metern Abstand. Am Hoteleingang küsste er mich vorsichtig, wonach wir uns verabschiedeten. Dann verschwand er in der Nacht. Er kehrte zu seinem Flugzeug zurück und machte sich auf den Weg nach London – oder Italien, wo er Wölfe rettete oder in verschiedene Teile Afrikas in eines seiner vier Elefantenreservate. Wir genossen unsere heißblütigen Momente, unsere Begegnungen. In seinem Haus auf dem Land oder in einem langen, goldenen Abendkleid in der Dusche. Oder bei einem romantischen Dinner bei Kerzenlicht, wo ich meinen Kunstpelz langsam abstreife, der ein spitzenbesetztes Coco de Mer enthüllte, das nichts mehr der Imagination überließ. Wir genossen einfach den Mut des anderen.

Magische Momente wie dieser—
Eingefangen,
aufbewahrt in der Erinnerung—
Sind die lebendigsten—
Sie helfen dir durch
die Jahre, die Monate und die Tage.
Ich habe den Samen ausgebracht
und warte.
Gute Liebhaber
sind
nur selten anzutreffen.

XIV

Der menschliche Geist
hat mich schon immer interessiert—
Meine Beziehungen haben das bewiesen.
Einige waren so wissbegierig
wie ich.

ICH FÜHLTE MICH IMMER GEEHRT UND GESCHMEICHELT, WENN ICH Botschaften der Unterstützung von anderen Frauen erhielt, den glamourösen Sexbomben aus einer anderen Ära. Brigitte Bardot nannte mich ihre Tochter. Wir haben bei verschiedenen Tierrechts-Kampagnen gearbeitet, uns aber nie persönlich getroffen. Und Raquel Welch gab mir Ratschläge hinsichtlich der Männerwelt. *Sei mit jemand Unerwarteten zusammen*, verriet sie mir. Ich glaube, dass ich mir diesen Tipp in den späteren Jahren sehr zu Herzen nahm. Ursula Andress nannte mich ihren Liebling und Jane Fonda sagte mir: *Lass es nicht zu, dass sie das mit dir machen, was sie mit mir gemacht haben.*

Die Medien können eine Bitch sein.
Eine Waffe
oder für das Gute eingesetzt werden.

Am wichtigsten war mir – abgesehen davon, eine Mutter zu sein – meine riesengroße Leidenschaft für die Tiere und die Umwelt zu verwirklichen. Der Einsatz und das Engagement ließen sich gut mit meiner Karriere vereinbaren. Ich habe Jahre mit Kampagnen für PETA verbracht und vielen anderen, ähnlich gelagerten Organisationen. Durch diese Arbeit traten einige besondere Menschen in mein Leben. Ein solcher Engel war mein geschätzter Freund Sam Simon, Mitschöpfer von *Die Simpsons* und ein Aktivist für Tierrechte. Als ich Sam zu besuchen begann, war er schon an unheilbarem Krebs erkrankt. Wir „trainierten" zusammen, wobei wir uns Luftballons reichten – hin und zurück. Ich bastelte ihm einige meiner berühmten Tier-Ballons, bei denen „zufälligerweise" eine Pfote oder ein Kopf fehlten, nur um ihn zum Lachen zu bringen. Er liebte sie. Dafür zeichnete Sam Bilder von mir, Karikaturen mit einem blauen Sharpie im Stil der *Simpsons*.

Sam und ich verfolgten gemeinsame Interessen. Er war so lustig, ein herzlicher und freudebringender Mensch, den man gerne um sich hatte. Unsere Beziehung wurde schnell höchst zuneigungsvoll und herzlich. Wir führten endlose Diskussionen über Themen, die uns am Herzen lagen wie die Rettung von Tieren oder die Kunst. Seine Mutter war eine Sammlerin gewesen und hatte eine Galerie besessen, und so hatte er eine außergewöhnliche Kollektion geerbt. Zusätzlich erwarb er selbst zahlreiche Kunstgegenstände – eine wunderschöne Skulptur von Rodin und andere Objekte von Benton, Ruscha, Vargas und Ramos. Ich brachte oft aufstrebende Künstler mit, Menschen aus meinem „Orbit", die er treffen wollte, und wir unterhielten uns bis spät in die Nacht.

Einmal beabsichtigte Sam die Stadt zu verlassen, da er nicht in seinem Haus eingeschlossen dahinvegetieren wollte. Gegen den Ratschlag des Arztes besuchten wir Sean Penns Gala für Haiti. Allerdings hatte Sam zahlreiche Medikamente intus und begann mit Zwischenrufen bei Präsident Clintons Rede. Dann schlug er David Spades Freundin, die neben uns am Tisch saß. Der Security gefiel das überhaupt nicht, und man bat uns zu gehen. Es war sein Geburtstag und auf dem Weg nach Hause überraschte ich ihn mit etwas Illegalem … ich hatte einen befreundeten Graffitikünstler damit beauftragt, ein Gebäude auf dem Sunset Boulevard mit einer Szene von uns beiden zu „verschönern“ und zwar im Simpson-Stil. Sam war in Tränen aufgelöst, einfach hin und weg. Obwohl es schon am nächsten Tag übertüncht wurde, wird es nie wieder ausgelöscht sein.

Sam und ich unterstützten beide Sea Shepherd, eine Organisation zum Schutz und Bewahrung der Ozeane. Ich war jahrelang internationale Vorsitzende, und sie lackierten Sams Namen auf die Seite eines Schiffes – was bedeutete, dass er Millionen gespendet haben muss. Die Sea Shepherd bewahrte Sam ihre Treue – und bleibt bis zum heutigen Tag ein Schiff ihm zu Ehren.

Es ist ein Privileg, so nahe bei einem todgeweihten Menschen zu sein, denn jede Sekunde ist so unglaublich wertvoll. Kurz vor seinem Ableben begann Sam Menschen im Zimmer zu sehen, die hinter mir standen. Doch dort war niemand! Er beleidigte sie und sagte: *NEIN! Geht verdammt noch mal raus!* Ich erklärte ihm ganz ruhig: *Es ist okay, sie tun mir nichts.*

Jedesmal wenn wir uns verabschiedeten, fiel es mir schwerer, ihn zu verlassen, weil ich nie wusste, ob ich ihn wiedersehen würde.

Es war ein harter Schlag, als Sam von uns ging. Man bat mich, eine Ansprache bei seiner Beerdigung zu halten, und ich kann mich noch gut daran erinnern, dass mein Handy bimmelte und die bedrückte Stille durchschnitt, als sie ihn in das Grab hinabließen. Mein Klingelton war George Michaels „Freedom!“ Ich versuchte es panisch auszustellen und entschuldigte mich unentwegt … Allerdings muss ich daran glauben, dass Sam etwas damit zu tun hatte. Er war immer ein Mensch gewesen, der die Stimmung aufhellte.

JEDES MAL, WENN ICH ZUR ARBEIT REISTE, ZU IRGENDEINEM ORT AUF der Welt, recherchierte ich das dringlichste Tierschutzanliegen in der Gegend und versuchte es aktiv anzugehen, meinen Einfluss für das Gute einzusetzen. Während dieser Unternehmungen habe ich Top-Politiker getroffen und mich mit ihnen über alle nur erdenklichen Themen unterhalten, und das mit vielversprechenden Resultaten. Für mich war es besonders wichtig, bei den Aktionen bedächtig und zielstrebig vorzugehen. Das bedeutete ein unterstützendes und respektvolles Vorgehen, statt der typisch westlichen Art, bei der ärgerlicherweise die eigenen Ansichten und nicht immer geteilten Meinungen anderen indoktriniert oder aufgedrängt werden.

Ich flog für 24 Stunden nach Tokio, um einen MTV-Award zu überreichen und hatte etwas über die tragische Lage der Delfine in Taiji gelesen. Dort fand eine blutige Jagd für die öffentlichen Aquarien auf der ganzen Welt statt. Ich plante einen kleinen Akt des Protests: Ich wollte beim Betreten der Bühne ein T-Shirt tragen, mit der Aufschrift STOPPT DIE JAGD. Die Veranstalter erklärten mir eindeutig, das zu unterlassen. Ich dachte lange darüber nach. Es war nicht so, dass ich vor ihren Vorschriften in die Knie ging, doch ich entschied mich dazu, es besser sein zu lassen. Es musste doch einen klügeren und wirksameren Weg geben, um das Thema zu behandeln! Ich hatte etwas Besseres in der Hinterhand. Ich begab mich auf die Suche nach leidenschaftlichen lokalen Aktivisten. In Japan traf ich die Entscheidung, stets eine Organisation zu unterstützen – wann immer es möglich war – die innerhalb eines Landes arbeitete, und die sich der Kultur und der landeseigenen Befindlichkeiten bewusst war. Es gibt viele Wege, um um Probleme herum zu navigieren. Ich habe herausgefunden, dass ein sensibles und respektvolles Verhalten überall seine Auswirkungen hinterlässt, wohin ich auch gehe. Auf der Welt finden sich an allen erdenklichen Orten gütige Menschen, gewillt, die harte Arbeit in ihrem eigenen Hinterhof zu bewältigen.

Wenn wir an den Regenwald denken, sehen wir vielleicht nur den Amazonas vor dem inneren Auge – die Lunge der ganzen Welt – aber auch unsere kleinen Ökosysteme haben genauso eine Bedeutung. Es liegt an uns, ihre Komplexität zu verstehen und alles zu unternehmen, damit sie gesund und florierend sind und bleiben. Meine Heimat Vancouver Island ist ein Regenwald. Ich engagiere mich zunehmend bei den Projekten hierzulande, während ich immer noch die Bemühungen der Green Party auf der ganzen Welt sowie die der indigenen Völker und der First-Nations-Familie und deren Kulturinitiativen unterstütze.

Meine Reisen, um gegen die Abholzung an Orten wie El Salvador, Honduras und Haiti zu kämpfen, waren erhellend. Gerry und ich machten uns auf, um überall in der Welt Bäume anzupflanzen und Bemühungen zur Suche nach Alternativen für die Brandrodung und die damit verbundene Landwirtschaft zu unterstützen. Dabei arbeiteten wir eng mit der Inga Foundation zusammen. Auf diesem langen Weg trafen wir Ornithologen beim Beobachten von Vögeln, Naturliebhaber und gleichgesinnte Tierliebhaber, die mich fragten, wie man sich intensiver engagiert. Ich liebe die Idee des „Freiwilligentourismus" – schau dir die Welt an und helfe dort, wo du es kannst, basierend auf den örtlichen Problemen und Gegebenheiten. Mehr geben, als nehmen. Dafür brauchen wir nur Empathie, einen belastbaren Geist und die Bereitschaft, niemals aufzugeben.

Bodenständiger Aktivismus direkt vor Ort hat mir immer die Augen geöffnet. Haiti nach dem verheerenden Erdbeben 2010 zu besuchen, brach mir das Herz. Haiti ist das ärmste Land der westlichen Hemisphäre, verwüstet von Naturkatastrophen und Korruption, doch es liegt nur eine Stunde von Miami entfernt. Das hat mich immer verwirrt – dass die Insel sich in so einer Nähe befindet und dennoch so weit von unserem Bewusstsein und alltäglichem Denken entfernt liegt. Es ist egoistisch und fast schon kriminell, die Augen davor zu verschließen. Was ich dort sah, wird mich niemals mehr verlassen – alles lag in Trümmern, die Menschen suchten nach Überlebenden und fanden leblose Körper unter den Schutthaufen. Überall Chaos und emotionale Verzweiflung. Ich konnte nur wenig ausrichten, doch brachte den Freiwilligen in den Camps wenigstens gekühltes Bier. Sie schufteten unentwegt, um Zelte aufzubauen und den Menschen ein vorübergehendes Zuhause zu ermöglichen, die alles verloren hatten. Damals begann ich mit der Unterstützung von Sean Penns Nonprofit-Organisation, die früher noch J/P Haitian Relief Organization hieß, und heute unter CORE firmiert.

Schon vor Jahrzehnten gründete ich meine eigene Stiftung, die Pamela Anderson Foundation, um die Kluft zwischen den mir bekannten wohlhabenden und großzügigen Menschen und den regierungsfernen Guerilla-Organisationen und Hardcore-Aktivisten zu überbrücken, die jeden Tag ihr Leben riskieren. Wir halfen auch bei der Produktion von Dokumentarfilmen, die ein Licht auf hilfsbereite Initiativen auf der ganzen Welt warfen. Ich habe das unglaubliche Glück gehabt, exakt das anderen mitzugeben, was ich von den Besten lernte. Wie von Captain Paul Watson, der uns weise aufklärte: *Wenn die Ozeane sterben, dann sterben wir.*

Ich spüre den Ozean auf meine eigene Art—
Er rinnt durch meine Finger,
und verläuft durch meine Adern—
Der Captain sagt:
Zu leben,
bedeutet demutsvoll zu dienen—

Meist sind es die ohne einen Grund,
die sich am aggressivsten gebären.
Ihre Scham und Schuld projizieren
und ein unglückseliges Desinteresse an der Welt—
Apathie ist eine Krankheit.
Doch auf dieser Welt sind so viele Engel.

Dan Mathews, der ehemalige Vize-Präsident von PETA war ein regelmäßiger Mitstreiter. Wir arbeiteten an endlosen gefährlichen und provokanten Kampagnen zum Schutz der Tierrechte – kämpften immer wieder gegen die Giganten – und gewannen.

Wenn ich zur Arbeit reiste, war er oft mein konstanter Wegbegleiter, zum Provozieren bereit und gewillt. Oftmals wurde ich zu Vorträgen mit weitreichenden Themen nach Oxford oder Cambridge eingeladen. Einmal lud ich ihn ein, um Veganismus mit zahlreichen Studenten im Gemeinschaftszentrum an der Universität zu diskutieren. Die Energie war ungemein erfrischend. Um die Schwere des Themas aufzulockern, schnappte ich mir das Mikro und witzelte: *Ich habe noch nie eine Troddel auf meinem Hut getragen*, was mit Wellen eines überschäumenden Gelächters honoriert wurde. Humor und knallharte Botschaften zu verknüpfen, war mein Schlüssel zu einer erfolgreichen Aktivistin. Perspektiven erweitern, debattieren, Ideen teilen. Die Veränderung kann eine Kettenreaktion sein, besonders, wenn man auf engagierte junge, hungrige und aufnahmefähige Menschen trifft, die ihr Bewusstsein öffnen.

Als ich zu PETA kam
und half Gesetze
zum Tierschutz zu kreieren,
wo es noch keine gab,
sprach ich oft
und intim
mit Weltpolitikern
und anderen Regierungsbeamten.
Regierungsferne Organisationen benutzten mich, um durch die Tür zu gelangen—
Mit allem, was nötig war.
Aber
erstmal die Tür durchschritten,
überraschte ich die Menschen
mit noch sinnlicheren Sätzen,
einem maskulinen Engagement,
mit dem sie niemals gerechnet hätten …

Wenn
du nichts hast, was du erfüllen musst—
Kannst du nicht enttäuschen—
Leute tuschelten
ich sei ein „Genie,
falls ich einen kompletten Satz bilden könne—
Ein totaler Schock—
Dass ich sogar
gebildet war, belesen
und bereit für die Themen,
für die ich kämpfte—

Und ganz eng und aufrichtig an mein Herz drückte.
Manchmal war alles, was sie wollten
nur ein Autogramm—
Oder einen Kuss auf die Wange—
Ich wollte, dass Gesetze geändert werden.

Wir bekamen das, was wir wollten.
Häufiger, als nicht.

Dann wurde ich in den Kreml eingeladen, um über Grausamkeit gegen Tiere zu referieren, Umweltthemen, bedrohte Tiger und Bären und sogar darüber, die Antarktis zu retten. Zusammen feierten wir einen unglaublichen Erfolg, um die grauenhafte Robbenjagd zu stoppen, bei der man 95 Prozent von Robben-Produkten nach Russland exportierte. Ich flehte die mir am Tisch gegenübersitzenden Männer an, die Mächtigen, die unmittelbare Entscheidungen fällten, Gesetze zu verfassen und diese direkt umzusetzen, im Hier und Jetzt zu agieren. Ich appellierte an das Land, den illegalen Walfang zu stoppen, bei dem die Tiere an große Aquarienzentren verkauft wurden – meist in China – und verlangte die Freilassung von zwölf Weißwalen, die man aus dem Ozean entführt hatte und in winzigen Becken in einer ländlichen Gegend einpferchte. Genau dort, wo niemand sie suchen würde. Wale legen meist 100 Meilen am Tag zurück, und wenn man sie in ein kleines Becken steckt, kühlen sie gefährlich ab. Diese Weißwale litten an einer lebensbedrohenden Hypothermie. Ich zeigte Fotos, schreckliches Material, das wir illegal gesammelt hatten – und das war für Russland eine hochnotpeinliche Situation. Schließlich, nach einem internationalen Aufschrei, wurden die Tiere aus dem „Wal-Knast" befreit. Und glücklicherweise überlebten die Wale auch die Umsiedlung in die Freiheit. Letztendlich bemühte sich Russland nach allen Kräften und verbot den Transport bedrohter Tierarten per Gesetz im ganzen Land, was sich auf den Luftraum bezog, den Seeweg und auch die konventionelle Beförderung einschloss. Diese Reise stellte sich als ein Riesenerfolg heraus. Die russischen Wurzeln in mir waren sehr stolz.

Während ich mich in Moskau aufhielt, suchte ich ein Waisenhaus einige Stunden außerhalb der Stadt auf. Das war keins der „Hollywood-Waisenhäuser", sondern eine reale und ums Überleben kämpfende Institution, die Kinder aller Altersgruppen beherbergte – von Babys bis zu Teenagern, darunter auch Behinderte. Die meisten hatten aufgegeben oder waren als Obdachlose aufgegriffen worden. Zwei Damen, Babuschkas, wie sie im Buche stehen, leiteten das Haus, kümmerten sich um die Kinder, putzten und kochten. Den Kindern war es dort nur gestattet, bis zum Beginn des 16. Lebensjahrs zu wohnen, wonach sie wieder auf die Straße und irgendwie überleben mussten. Allein der Gedanke an diesen Überlebenskampf berührte mich zutiefst. Ich unterhielt mich mit einigen dieser „bald abgehenden" Teenager und fragte sie, was sie denn werden wollten, wenn sie erwachsen seien. Ihre ganz großen Träume bestanden darin, einfachen und schlichten Arbeiten nachzugehen – was mir die Augen öffnete. Ich übereichte jedem der Teenager ein kleines Geschenk, das ihnen auf ihrem Weg helfen sollte – eine Nähmaschine für eine junge Frau, die Schneiderin werden wollte, eine Werkzeugkiste für einen jungen Mann, der Tischler werden wollte. Ich bot an, das ganze Haus neu streichen zu lassen, um die mit Blei versetzte alte Farbe zu ersetzen und ihnen eine Waschmaschine mit Trockner zukommen zu lassen – doch sie lehnten ab! Die Frauen erklärten, extrem vorsichtig bei der Annahme von Geschenken sein zu müssen, befürchtend, dass die Regierung die Fördergelder streichen würde, wenn die Zuwendungen zu groß wären. Als die Zeit zur Abreise gekommen war, klammerte sich ein kleiner Junge an mein Bein. Das war unglaublich hart, so herzzerreißend. Ein intensives Verständnis für andere – davon braucht die Welt noch so viel mehr.

Später reiste ich ein weiteres Mal nach Moskau, um einer Spendengala für den russischen Ableger des International Fund For Animal Welfare beizuwohnen, wo ich zum Aufsichtsrat gehörte. Einige wohlhabende Familien zogen eine Unterstützung in Erwägung und baten um ein Treffen, um weiter zu diskutieren. Die Fahrt war lang und ich litt unter einem Jetlag, weil ich mich noch nicht auf den Zeitunterschied eingestellt hatte, woraufhin ich im Wagen einschlief. Als ich aufwachte hatten wir ein Anwesen erreicht, wo mit Maschinengewehren bewaffnete Wachen die Einfahrt säumten. Man stellte uns dem Gastgeber vor, der es vorzog Russisch zu sprechen, aber glücklicherweise saß ein Übersetzer direkt neben mir. Sie präsentierten eine außergewöhnlich gute vegane Speisekarte, und es fiel schwer, die wunderschönen Frauen und Männer der Belegschaft zu ignorieren, die uns bedienten. Dann sprachen wir detailliert über die Notlage der Wale. Er hörte jedoch nur halbherzig zu – gelangweilt und eher daran interessiert, mich durch sein Haus zu führen. Der Mann erklärte unmissverständlich, dass er nur mit mir und seinem Team gehen wolle. Aber ich bestand darauf, einen meiner Leute mitzunehmen.

Wir schritten in einen modernen Aufzug, wo uns nur ein weißes Gitter umgab, da sonst alles durchsichtig war. Beim Hinunterfahren erkannte ich ein riesiges Gewölbe, das einer unterirdischen Stadt glich. In meiner Erinnerung ist dieser Eindruck noch sehr lebendig. Danach gingen wir an einem Büro vorbei mit großen weißen Telefonen, wonach ich einen anderen Raum sah, in dem sich ein Zahnarztstuhl befand. Er witzelte, dass er es hassen würde, einen Dentisten aufzusuchen. Ich trug an dem Abend unglaublich hochhackige Louboutins, die auf dem mit Marmor ausgelegtem Flur regelrecht knallten. Zu allem Überfluss musste ich mich darauf konzentrieren, nicht umzuknicken. Wir kamen an weiteren Räumlichkeiten mit kleinen Fensterchen an den Türen vorbei, die für mich wie Zellen aussahen. Ich witzelte, dass ich wüsste, wo man nachschauen müsse, würde plötzlich jemand fehlen. Das wurde allerdings nicht mit einem Lachen honoriert. Ich bevorzuge immer noch die Vorstellung, dass es sich dabei um Schlafzimmer für die Security oder die Bediensteten handelte.

Als Nächstes zeigte er mir seine Sammlung von Panzern und Rolls Royce, darunter einer, der angeblich Eva Braun gehörte, Hitlers Geliebte und spätere Frau. Dann meinte er, dass ich ihn mit nach Malibu nehmen könne. Er führte mich in einen anderen Raum mit einer unvorstellbar großen Sammlung von Messern, Äxten und anderen Waffen. Er nahm behutsam meine Hand und zog mich vorsichtig zu einem Platz hinter einer auf dem Boden angebrachten Markierung. Dann rieb er meine Hände mit Kreide ein … wonach ich plötzlich Messer warf. Erst von vier Metern aus, dann sechs und dann acht. Schätze mal, dass ich ziemlich gut traf, denn er schien zufrieden zu sein. Ich erklärte so nebenbei, dass ich die ganze Zeit über trainierte, während ich einen albernen Film betitelt *Barb Wire* ertragen musste. Ich lachte dabei, was man jedoch mit Schweigen beantwortete. An dem Punkt angelangt, stellte ich wieder mein Bestreben nach Unterstützung in den Vordergrund, doch er sah nur nervös auf den Boden. Dann sagte ich, dass ich müde sei, und dachte, dass es nun höchste Zeit zum Gehen war.

Er begleitete mich noch zum Wagen, wo der Rest des Teams auf uns wartete. Ich bedankte mich und versprach den Kontakt aufrecht zu halten. Er überreichte mir seine Telefonnummer – und ein Set von Ninja-Wurfsternen als Abschiedsgeschenk. Ich bin mir nicht sicher, ob er jemals etwas für den IFAW spendete, aber ich bewahre die Wurfsterne immer noch in einem Nachtschränkchen neben dem Bett auf.

MEINE FREUNDSCHAFT MIT JULIAN ASSANGE WAR ANREGEND, IN mancherlei Hinsicht sexy und lustig. Obwohl die Umstände, in denen er sich befindet, überhaupt nicht lustig sind. Zehn Jahre eingekerkert – auf die eine oder andere Art! Wir wurden uns zuerst durch Vivienne Westwood vorgestellt, wonach ich Julian in der ekuadorianischen Botschaft in London regelmäßig besuchte und manchmal stundenlang blieb. Er freute sich auf die veganen Gerichte, die ich mitbrachte und war beeindruckt von meiner Einstellung hinsichtlich globaler Themen. Die meisten seiner Besucher waren Rechtsanwälte, Politiker und Menschen, mit denen er eng an juristischen Themen zusammenarbeitete. Meine Präsenz stellte vielleicht einen Unterschied dar, war möglicherweise ein bisschen erfrischend, einfach menschlich. Stimulierend für ihn. Ich brachte eine andere Welt mit mir, eine Welt, die nicht so niederdrückend war.

Durch unsere bunten und lebendigen Diskussionen brachte mir Julian viel über die reale Welt bei. In dieser Hinsicht erinnerte er mich oft an meinen Großvater. Julian zeichnete zu jedem Thema ein Diagramm und liebte es, Probleme zu lösen, egal wie klein oder groß sie waren. Es konnte ein Gespräch über die Eifersucht sein – *Ist da vielleicht ein Rivale?*, fragte er – oder über die Frage, warum Menschen die Bibel veränderten oder wie man sicher durchs Internet gelangte, indem man alle „Türen" schloss. Julian vertrat die Überzeugung, die Menschen retten zu können, indem man ihnen Wahrheit und Bildung anbot: Wenn Kriege durch Lügen begonnen werden, können sie durch die Wahrheit enden. Er brachte Geheimnisse und Korruption innerhalb der Regierungen ans Tageslicht, und nun bezahlt er den Preis für uns alle. Seiner Ansicht nach müssen wir ehrlich gegenüber uns selbst und dem Planeten sein und niemals von unseren Prinzipien abweichen. Wenn wir mutig genug sind, unsere Fähigkeiten in der intensivsten Ausprägung zu nutzen, müssen wir alles unternehmen, um uns gegenseitig zu unterstützen und unsere Sicherheit zu schützen. Dennoch – und das ist unvermeidbar – riskieren einige ihr Leben mehr als andere.

Ich habe das Gefühl, dass wir Julian bisher im Stich gelassen haben.

An einem Abend teilten wir uns eine Flasche Mezcal. Wir verloren die Besinnung, und ich wachte um 4 Uhr morgens mit seiner Katze auf der Brust auf. Wir waren beide nach einer ausgelassenen, spaßigen und Alkohol-vernebelten gemeinsamen Nacht eingeschlafen. Mein Wagen stand immer noch draußen, und ich bin sicher, dass einige darüber quasselten. Dann witzelten wir, dass man uns auf den Stufen der Botschaft auf der Stelle verheiratet – vielleicht würden sie ihn dann nicht verhaften? Und dann lachte er ganz nebenbei – warum sollte er ein Gefängnis gegen ein anderes austauschen? Sein Sinn für Humor – lustig auf eine unheimliche Art und beängstigend intelligent – brachte mich dazu, an einige Freunde und die Familie zu denken, mit ähnlichen Anflügen der Brillanz gepaart mit sozialer Unbeholfenheit. Sie wussten nicht, was sie mit ihrem einzigartigen Verstand anstellen sollten. Viele zogen sich in den Alkoholismus zurück, beschäftigten sich mit Computerspielen oder vergruben sich in Kreuzworträtsel. Ich glaube, dass es dem Verhalten vieler schlauer Menschen entspricht, die nicht der Herde folgen wollen, verwirrt sind, denn ihre Intuition und ihr Instinkt drängt sie dazu, etwas anderes zu unternehmen.

Sich widersprechende Gefühle
müssen näher betrachtet werden.
Doch es ist einfacher abgestumpft zu sein—
Und die Arbeit nicht zu tun—
Die Erde,
die Schwerkraft.
Wunder brauchen länger.

Auf seinen persönlichen Wunsch war ich die erste Person, die Julian in Belmarsh besuchte, einem Super-Super-Hochsicherheitsgefängnis. Daraus wurde eine schockierende Erfahrung, denn wir mussten fünf Kontrollstationen über uns ergehen lassen und auch all das Brüllen und Schreien, während wir verängstigt über einen Hof schlichen. Wir nahmen einen anderen, sicheren Weg, damit wir nicht den Insassen ausgesetzt waren. Das geschah auf Anweisung der Gefängnisleitung, denn es war für die Häftlinge und für mich am ungefährlichsten. Ich hatte nie zuvor einen so beängstigenden Ort besucht. Julian ist ein ruhiger Mensch, stellt körperlich sicherlich keine Bedrohung für andere dar und ist völlig fertig, denn er wurde psychisch gefoltert. Er gehört nicht dorthin.

Ich versuchte mir klügere Aktionen auszudenken, um meinem Freund zu helfen, um die Aufmerksamkeit auf Julians unrechtmäßige Einkerkerung zu lenken. Ich engagierte mich bei einer Vielzahl öffentlicher Auftritte. Als Nächstes nahm ich einen Werbejob in Australien an, tatsächlich aber ein Vorwand, um mich mit Christine, Julians Mutter zu treffen. Sie suchte mich in meinem Hotelzimmer auf und wir begrüßten uns mit einer herzlichen Umarmung. Wie auch ihr Sohn, war sie jemand, der dich gerne und oft in den Arm nahm. Ich hatte die finanziellen Mittel, die sie so dringend benötigte, in bar als Spende mitgebracht. Das Geld war dazu gedacht, zwei Parlamentsmitgliedern einen Gefängnisbesuch bei Julian zu ermöglichen. Christine ist eine Frau mit einem ganz großen Herzen, die sich auf der ganzen Welt engagiert, aber hinsichtlich der Lage ihres Sohnes verzweifelt ist. Man kann sie als brillant und gerade heraus charakterisieren. Sie gab mir unverzüglich Ratschläge für mein Leben und meine Karriere, meinte, dass sie mit Julian gesprochen habe und ich mehr Respekt verdiene als die Leute mir zukommen ließen, besonders in den Medien. Aber es war teilweise auch meine Schuld – worauf sie hinwies – aufgrund des Stils, in dem ich mein Image einsetzte. Sie riet mir, mit dem Posten von sexy Fotos in den sozialen Medien aufzuhören, sondern authentische Aufnahmen hochzuladen – Fotos mit meinen Söhnen oder Tieren, mit weniger Make-up und unbearbeitet. Ihrer Meinung nach könnte ich dadurch eine stärkere und ernsthaftere Aktivistin sein, denn sonst würde meine Intelligenz in den Hintergrund gestellt. Mich berührten ihre Meinung und ihre Sorgen, ich schätzte ihren Ratschlag und ich dachte intensiv darüber nach.

Aber ich widersprach manchmal, denn ich bin nun mal die Frau, die ich bin, ein Mensch vieler Einflüsse. Ich habe immer daran geglaubt, dass das Streben nach Sinnlichkeit oder danach sexy zu sein, in keinem Widerspruch zur Intelligenz steht. Frauen haben hart gekämpft, sodass wir uns nicht mehr beschränken müssen. Und das bestätigte mir, dass ich alles einsetzen musste, all meine Facetten, um noch mehr Aufmerksamkeit für das Richtige zu erregen. Wenn mich eine Art Comic-Image von mir durch die Tür bringt, dann soll es so sein! Und so machte ich weiter wie bisher – auf die einzige Art, die ich kannte. Es war meiner Meinung nach viel zu spät, alles wieder zurückzudrehen – um das, was die Leute über mich dachten oder wie sie mich sahen, grundlegend zu verändern, wäre zu viel Zeit und Aufwand nötig. Dennoch behalte ich ihre herausfordernde Anregung im Hinterkopf.

Während ich mich in Australien aufhielt, hegte ich die Hoffnung mich mit PM Scott Morrison zu treffen, um persönlich einen Aufruf an die australische Regierung zu richten, damit sie Julian helfen, einen mutigen Landsmann, auf den das Land unglaublich stolz sein müsste. Die Schmierenkampagne und die gegen ihn gerichtete Propaganda waren immens. Die Leute wussten nicht mal, warum sie ihn nicht mochten – sie konnten ihn nicht ab, fielen auf alles herein. Nachdem ich einen offenen Brief an Mr. Morrison geschrieben hatte, antwortete dieser dreist und anzüglich in der Presse. Er meinte, er würde mich liebend gerne treffen, aber nur, wenn er auch einige seiner Kumpel mitbringen könne. Das lief für mich überhaupt nicht gut, und hatte keinerlei positive Auswirkungen, denn viele Frauen schienen seine unsensiblen Bemerkungen gar nicht zu stören, die danach schnell die internationale Presse erreichten. Australien und viele Länder sind gegenüber den USA so sehr verpflichtet (oder haben Angst), dass sie es nicht wagen, etwas gegen Amerika zu unternehmen. Natürlich ist alles viel komplexer, aber das ist eine verkürzte Zusammenfassung. Unglücklicherweise ist die Welt so aufgebaut, so strukturiert. Ich wünschte, dass wir unsere Flexibilität erweitern könnten, ohne dabei so übermäßig emotional aufgeladen zu sein.

Ich verstehe, wie es in der Welt läuft, mehr und mehr.
Während die Zeit vorüberzieht.
Das Gute und das Böse.
Aber ich weiß – Julian Assange ist ein Held.
Er wird frei sein – eines Tages.
Ich muss daran glauben.

XV

Niemand anders-zu-sein-als-du-selbst – in einer Welt, die ihr Bestes versucht, Tag und Nacht, dich wie alle anderen zu formen – das bedeutet, den schwierigsten Kampf zu führen, den ein Mensch austragen muss; und höre niemals auf zu kämpfen.
– E. E. CUMMINGS
(Ich schrieb dieses Zitat in die Abschlussbücher beider Jungen.)

Meine wichtigsten Geliebten
unter allen
sind natürlich meine Kinder.
Immer,
in jeder Minute.
Meine wunderschönen Jungs.
Erstrahlen in meinem Herzen,
meinem Geist,
meiner Seele.
Sie folgen tapfer ihrem Weg,
durch das Leben, das ihnen auferlegt wurde,
voller Empathie und Staunen.
War ich nicht bei ihnen,
praktizierte ich eine Art Telepathie—
Eine Heilung aus der Ferne.
Ich stellte mir vor,
ein weißes Licht würde sie umgeben—

Ich verfolgte ihre Bilder.
Ich stellte sie im Geiste vor mir auf.
Schützte sie, heilte sie.
Mit liebenden Gedanken,
während sie schliefen.
Egal, wo ich war,
erzählte ich ihnen,
dass wir
ein magisches Dreieck bilden—
Wir drei – immer zusammen.
Weder Raum noch Zeit—

Sie wussten, dass sie geliebt werden,
und respektiert …

MEINE JUNGS SIND IN EINER WILDEN WELT AUFGEWACHSEN, UND HABEN die Höhen und die Tiefen brillant bewältigt. Ich erklärte ihnen: *Das Glück ist nur ein einziges Gefühl. All die anderen Gefühle sind ebenso wichtig, auch traurig zu sein, sich nach etwas zu sehnen, überrascht und enttäuscht zu sein.* Ich versprach ihnen – wenn sie sich ärgerten oder wenn sie unendlich traurig waren – dass sie wieder Freude empfinden würden. Doch zuerst mussten sie diese schwierigen Emotionen aushalten – und sich niemals vor ihnen verstecken. Sie akzeptieren, sie voll und ganz empfinden und sie dann loslassen. Ehre sie. Für einen Künstler, einen Schauspieler und einen Musiker sind solche Gefühle Geschenke. Genau hier wird Kunst geboren. Es können beklemmende, unangenehme Minuten, Stunden, Tage sein, aber es wird vorbeigehen. Das Lernen, sich vor Gefühlen nicht zu fürchten, ist großartig – ist eine Fähigkeit und eine Übung. Wir verfügen alle über unseren eigenen „Computer" im Gehirn, und niemand kann einem anderen erklären, wie seiner oder ihrer „funktioniert". Wir müssen unsere eigenen Entspannungstechniken finden – Mantras, Meditation, Bewegung – und in schwierigen Zeiten voll in ihnen aufgehen.

Inspiration kann nicht verwässert werden,
auch kann man sich nicht vor ihr verstecken,
nicht sehr lange.

Um zu wachsen,
zu kreieren,
haben wir die Liebe—und das Leben—
und die Fragen.

In seinen *Briefen an einen jungen Dichter* schreibt Rainer Maria Rilke:

> *Sie sind so jung, noch weit vom Beginn entfernt, und ich bettle Sie an, Geduld mit all dem Ungelösten in Ihrem Herzen zu haben. Versuchen Sie diese Fragen zu lieben, als seien sie verschlossene Räume oder Bücher, geschrieben in einer unbekannten Sprache. Suchen Sie nicht die Antworten, die Ihnen jetzt nicht gegeben werden, weil Sie nicht in der Lage wären, sie auszuleben. Der Punkt ist, alles zu leben. Erleben Sie jetzt die Fragen. Vielleicht werden Sie irgendwann in der fernen Zukunft, nach und nach und ohne es zu bemerken, einen Weg auf den Grund der Frage lenken und ausleben.*

Als ich aufwuchs, steckte ich voller Fragen. Ich wusste, dass ich mich auf eine Reise begab, einem mir geschenkten, mysteriösen Leben folgte, damit ich eine Erforscherin neuer Gedanken wurde. Das Leben war eine immerwährende Handlung und zugleich eine spezielle Währung, und es lag an mir, wie und wofür ich sie ausgab.

Meine eigene Erziehung war einerseits alt hergebracht und traditionell, aber auch freigeistig. Obwohl wir in einer modernen Gesellschaft leben, ist es für mich wichtig primitiv und grundlegend zu denken. Dabei nutze ich die Ideen, erlernt durch mein eklektisches Lesen und der Recherche über die Prinzipien der menschlichen Natur, seit Generationen eingeprägt in uns. Eine moderne Mythologie. Als die Jungs noch Babys waren, trug ich sie in Schlingen, nah am Herzen. Im Kleinkindalter versuchte ich nie eine Helikoptermutter zu sein, egal, wie dringend ich es manchmal sein wollte. Ich ließ ihnen die Freiheit zu lernen, wie man sich auf sich selbst und andere verlässt und half ihnen dabei Überlebensinstinkte aufzubauen.

Für mich war die Bildung ein bedeutendes Thema ... Tommy und ich stimmten überein, dass es an uns lag, ihnen Verschiedenes zu ermöglichen. Während der Kindergartenzeit besuchten unsere Jungs eine Waldorfschule, zu der sie kleine Picknickkörbe mitnahmen, Veggies und Stoffservietten. Sie lernten eine Suppe zu kochen und spielten mit Holzspielzeug. Der Erziehungsstil war darauf ausgerichtet, den Geist jedes Kindes anzuregen, die Imagination zu beschützen und den Krieg zu beenden. Dort kreierte man einen Ort ohne die Ellbogenmentalität des Kapitalismus. In der Grundschulzeit besuchten die Jungs dann eine öffentliche Institution, denn Malibu kann sich zahlreicher großartiger Schulen rühmen.

Für mich war es wichtig, dass meine Kids etwas von der großen Welt und über sie erfuhren. Ich nahm sie mit in Kunstgalerien, Museen und zu Vorträgen. Obwohl sie manchmal lieber gesurft hätten. Ich wollte ihnen schon sehr früh den Aktivismus und die Kunst nahe bringen. An jedem Muttertag bat ich sie, mich zur Getty-Villa auszuführen – wir liebten es durch das Museum zu schlendern, voll von mittelalterlicher Kunst, Münzen, Schmuck, Skulpturen und wunderbaren Gärten. Als Geburtstagsgeschenk wünschte ich mir, dass wir einen Freiwilligentag beim California Wildlife Center einlegten, Vogelkäfige reinigten und Kolibris mit einer Pipette fütterten. Wir bereiteten individuelles Fressen für gerettete Eichhörnchen zu und nahmen sogar einmal einen aggressiven Gleitbeutler mit nach Hause, der wieder gesund genug war, um in die Freiheit entlassen zu werden. Da Gleitbeutler nachtaktiv sind, warteten wir bis zur Dämmerung und entließen ihn wieder an exakt der Stelle, an der man ihn gefunden hatte. Das ist eine wertvolle Erinnerung, denn wir schenkten dem Tier eine natürliche Güte. Wir ließen auch gesundete Pelikane frei und Seehunde, die die schwierigen Bedingungen im Ozean überlebt hatten. Die Jungs und ich belegten sogar gemeinsam einen Rettungskurs für Meeressäugetiere. Somit wussten wir, wie man sich in dem

Fall verhält, wenn man auf Seehunde oder Seelöwen trifft und wie man erkennt, ob sie verlassen sind und genährt werden müssen. Dort wo wir lebten, sah man sie häufig. Zuerst erfuhren wir – und das war auch am wichtigsten – ihnen nicht zu nahe zu kommen, denn ihre Mutter war möglicherweise auf der Jagd. Man sollte die Augen aufhalten und die Profis kontaktieren, im Fall, dass sie mager wirkten oder zu lange allein gelassen wurden. Diese Art von Erfahrungen – in denen man eine ganz enge Beziehung herstellt – waren etwas ganz Besonderes.

ALS ICH NOCH GANZ JUNG WAR UND IN LADYSMITH WOHNTE, GINGEN The Atkinson Boys in die Shawnigan Lake School, ein weltbekanntes und auf der Insel gelegenes Internat. Ich war immer neugierig auf diesen geheimnisvollen magischen Ort. Es war ein nur Jungen vorbehaltenes Institut, mit großen Gebäuden im Tudor-Stil, die auf Hunderten Hektar von höchst gepflegtem Land standen. Ich nahm mir das Versprechen ab, dass ich beabsichtigte – falls ich jemals Jungen habe – dass sie diese Schule besuchten.

Als die Zeit gekommen war, mir ernsthafte Gedanken über die Highschool zu machen, stellte Shawnigan die erste Wahl dar. Die Lehrkräfte waren rigoros, und die Einstellung des Internats war vorwärtsgerichtet, denn die Konsequenzen für Mätzchen und Streiche wurden als lehrreiche Momente aufgefasst. Ich hatte das Gefühl, dass es die richtige Schule für meine Jungs war, um zu den Männern heranzuwachsen, die sie mal sein sollten.

Ein Traum verwirklicht!

Brandon begann in der achten Klasse und war Dylan um ein Jahr voraus. Er war verständlicherweise nervös. Obwohl die Shawnigan nahe unseres Familienbesitzes und seiner Großeltern lag, war sie doch weit von seinem idyllischen Malibu-Lifestyle entfernt. Ihn dort abzugeben, fühlte sich unglaublich hart an, aber ich wusste, dass es einen wichtigen Augenblick für uns beide darstellte. Vor der Geburt der Jungs las ich *Kontinuumkonzept* von Jean Liedloff, das von einer engen Bindung zwischen Kind und Eltern handelt. Wenn die Bedürfnisse der Kinder schon sehr früh befriedigt werden, werden sie sicher und zuversichtlich aufwachsen und im späteren Leben gesunde Beziehungen eingehen. Es war einleuchtend. In dem Buch berichtet sie über Kinder von indigenen Völkern, über das Vertrauen, dass sie sicher sind und daran, während aller Lebensabschnitte an sie zu glauben. Mich bewegte die Beschreibung eines Übergangsritus bei den Aborigines sehr, bei dem eine Mutter ihren 13-jährigen Sohn auf eine Brücke bringt. Es ist eine grausame, aber treffende Zeremonie. Die Mutter führt ihn exakt in die Mitte der Brücke, dreht sich dann um, geht und lässt ihn allein. Diese Feierlichkeit wird vom Schreien und Weinen des Kindes begleitet und einem unnachgiebigen, stoischen Gespür von Vertrauen und einem vorgetäuschten Nichtbeachten seitens der Mutter. Liedloff unterstrich, wie wichtig es für Jungs ist, sich in diesem Alter abzunabeln, auf ihrem eigenen Weg vorwärts zu gehen, damit sie reifen und neue Beziehungen eingehen können.

Als wir uns zum ersten Schultag aufmachten, dachte ich daran. Ich wusste, hart sein zu müssen. Wir standen auf dem Gehweg, schauten uns in die Augen und hielten unsere Hände. Ich beruhigte Brandon, dass alles okay laufen würde, während er in meiner Seele nach Bestärkung suchte. Dann musste ich fahren und ihn mit seinem kleinen Koffer zurücklassen und all dem, was er in dem vor ihm liegenden Semester benötigte. Ich schaute in den Rückspiegel, wie er kleiner, aber gleichzeitig auch größer wurde. Er stand in der Einfahrt, Tränen in den Augen und schaute mir nach, bis er mich nicht mehr sehen konnte. Ich spürte ein archaisches, grundlegendes Gefühl, als würde mir ein Messer durchs Herz gebohrt. Als ich um die Ecke bog, war ich geradezu hysterisch und heulte mir die Augen aus. Ich musste schleunigst an die Seite fahren und wieder Fassung gewinnen, bevor ich weiterfuhr. Aber ich war stolz, dass wir beide das zusammen durchgestanden hatten.

Der Mythos.
Die Legende.
Ein wichtiger Meilenstein.

Ein Jahr später, als für Dylan die Zeit gekommen war, seine schulische Ausbildung zu beginnen, hatte sich Brandon schon eingelebt, obwohl er manchmal noch Heimweh hatte. Dylan war für Brandon eine Art Trost, und die beiden waren in dieser Umgebung häufig zusammen. Aber die Schule wusste, wie man sie „trennen" konnte, wenn auch behutsam. Sie lebten im selben „Haus", doch auf verschiedenen Etagen mit fremden Zimmergenossen, die durch einen glücklichen Zufall lebenslange Freunde wurden. Und wenn meine Söhne mal an Heimweh litten – na ja, ihre Großeltern wohnten nur eine Stunde entfernt. Mom brachte ihnen Cookies, Apfelstrudel und ihre berühmten Nanaimo-Kuchen mit, und sie freuten sich auf ihre Ankunft und die Naschereien für alle. Mom und Dad stellten sich als großartige Eltern heraus, Lebensretter. Beeindruckenderweise gelang es ihnen, ihre Beziehung all die Jahre aufrecht zu halten und sie sind jetzt noch verliebter als früher, richtig verknallt. Einer ist ohne den anderen verloren.

Eine Lektion, immer wieder lernen, immer wieder entdecken.

Diese Liebe, obwohl verwundet,
ist rein
unverfälscht mutig
und auch ein bisschen erwachsener.

Als meine Kids noch ganz klein waren, schob Dad den Kinderwagen in die Natur, um mit ihnen eine intensive Zeit zu verbringen. Er erklärte den beiden alles über das ganze Universum des Lebens, was von Pflanzen über Tiere bis hin zu Insekten reichte. Er liebte die Gespräche mit den Jungs. Ich glaube, dass er sich bei ihnen ungezwungener fühlte, als bei einer Konversation mit so manchem Erwachsenen. Es lohnte sich für ihn.
Mein Dad war in sozialer Hinsicht niemals ein aktiver Mensch, besonders in späteren Jahren. Ich vermute, er dachte, dass Kinder schlauer seien als Erwachsene – und auf jeden Fall ein in Beschlag

zu nehmendes Publikum – und er hatte Recht. Er liebte die unschuldigen Scherze, die Fragen mit großen, wissbegierigen Augen und besonders die Wahrheiten, die von ihnen kamen, obwohl sie sich gar keine Gedanken darüber gemacht hatten. Es ist schwierig, diese besondere Art der Authentizität zu finden. Die Art, wie Dad mit meinen Kindern umging, erinnert mich an Großvater Herman und wie er sich mir gegenüber verhielt. Opa sprang hart mit meinem Vater um, aber gab sich mir gegenüber sanft und gütig und redete über alles. Ich schätzte meinen Großvater auf eine andere Art, ohne ein Werturteil. Für ihn war ich wie ein neues Geschöpf. Der Kreis wird immer fortgeführt.

Während die Jungs in Shawnigan lernten, unternahm ich viele Arbeitsreisen, doch mein Zeitplan drehte sich um ihr Schuljahr. Ich besuchte sie so oft es ging, und sie kamen einmal im Monat nach Malibu – natürlich auch in den Ferien und im Sommer. Dennoch war es schwer für uns. Es schmerzte, sie wieder zurück zu schicken und oft wollten sie nicht wieder nach Kanada. Aber ich wusste, dass meine Kids Beständigkeit und Struktur brauchten. Die Shawnigan bot ihnen das positiv besetzte männliche Rollenbild, das ihnen so fehlte und eine gute, kanadische Bildung: geerdet und anstandsvoll. Ich bin mir sicher, LA nur wegen meiner Wurzeln auf Vancouver Island überlebt zu haben. Ich wusste es – spürte es in meinem Herzen, dass die beiden ihre prägenden Jahre auf der Insel verbringen mussten, um die vor ihnen liegende Zeit zu überstehen.

Die beiden blühten an der Shawnigan auf. Dylan war in seinem letzten Jahr der Präfekt. Seine Mitschüler schauten zu ihm auf, holten sich Ratschläge, Lerntipps oder sonstige Antworten auf alle nur erdenklichen Fragen. Er liebte Musik und das Songwriting. Alle freuten sich auf seine Auftritte als Solo-Gitarrist. Diese Schmeichelei gab ihm den Mut und das Selbstbewusstsein, um seine natürlichen Fähigkeiten als Künstler auszubauen. Brandon beschäftigte sich mit dem Theater und spielte einen urkomischen, atemberaubenden Lord Farquaad bei *Shrek*, was man mit „Standing Ovations“ honorierte. Als er seinen Abschluss machte, verlieh man ihm den prestigeträchtigen

„Performing Arts Award“ oder – wie er es immer gerne ausdrückt – „Das Highschool-Äquivalent eines Tony“.

In der Shawnigan fanden die Jungs exakt das, was ihnen von Natur aus lag. Ihre Bestimmung – oder zumindest die ersten Schritte in die Richtung. Die beiden haben mir versichert, dass sie eines Tages ihre eigenen Kinder auf die Shawnigan schicken werden. Sie beide danken mir, diese schwierige Entscheidung getroffen zu haben und dabei geblieben zu sein – mit Liebe – auch wenn die Tränen flossen und Füße störrisch auf den Boden gestampft wurden.

Einige Kids erleben nie die Herausforderungen, an denen sie wachsen und ihre Ausdauer beweisen können, wohingegen andere traurigerweise mit zu Vielem konfrontiert werden. Brandon und Dylan sind wahre Wunder, zieht man den Gen-Pool in Betracht. Sie sind ausgeglichen und selbstbewusst, flüchten nicht vor Intimität, beide lassen sich als Romantiker charakterisieren und sind auch bereit, Risiken einzugehen. Sie haben so viel durchgestanden, aber keine Narben davongetragen. Meine Philosophie hinsichtlich der Erziehung hat sich als wahr herausgestellt.

In der Tradition von Kahlil Gibran wollte ich „der Bogen“ sein.

Ihr seid die Bögen, von denen eure Kinder
als lebende Pfeile in die Ferne schnellen.
Der Bogenschütze erkennt das Ziel auf dem Pfad des Unendlichen
und er spannt euch mit all seiner Macht,
dass seine Pfeile schnell und weit fliegen.
Lasst das Spannen in des Schützen Händen aus Freude geschehen.
– „ÜBER KINDER“ KAHLIL GIBRAN

Nachdem sie ihren Abschluss bei der Shawnigan gemacht hatten, ermutigten wir die Jungs einem Studium nachzugehen. Dylan wurde an der USC in den Fächern Musik und Neurowissenschaften angenommen (er ist ein Mathe-Zauberer, und Mathematik ist Musik), obwohl Tommy und ich ihm sicherlich keine Hilfe waren. Er besuchte mit seinem Vater einige Seminare über das Musikbusiness an der

USC, und Tommy pennte dabei ein und fing zu allem Überfluss noch an zu schnarchen. Beide Jungs hatten allerdings das Gefühl in keine traditionelle Universität zu passen, und brachen das Studium innerhalb der ersten Semester ab. Sie wollten auf anderem Weg erfolgreich sein. Das hatte aber seine Konsequenzen – Tommy und ich erklärten den beiden, dass sie – wenn sie ihre Ausbildung abbrechen – auf sich allein gestellt seien. Unsere Kids waren an einem Punkt angelangt, an dem sie die alleinige Verantwortwortung für ihre Entscheidungen übernehmen mussten. Wir waren natürlich für sie da, aber würden die beiden finanziell nicht mehr unterstützen, wenn sie die harte Entscheidung fällten, nicht an der Uni zu bleiben. Die beiden verstanden, dass sie die Konsequenzen gegeneinander abwägen mussten.

Nachdem Brandon die Nacht auf der Couch eines Freundes verbracht hatte, nahm er einen Job an und machte Smoothies bei SunLife Organics in Malibu, verfolgte seine Leidenschaft aber weiterhin, wenn auch nur halbtags. Er entschied sich dazu Schauspielunterricht zu nehmen, um auf seine Zukunft – so wie er sie sich vorstellte – vorbereitet zu sein. Brandon verfügte auch über einen intuitiven Geschäftssinn und machte sich über Optionen auf diesem Gebiet schlau. Eines Sommers absolvierte er ein Praktikum in Brasilien für eine Werbeagentur in São Paulo. Brandon wohnte bei unserem Freund Guga und seiner Frau, lernte ein wenig Portugiesisch und half dabei, Werbekampagnen für Red Bull und Nike an den Start zu bringen.

Dylan hatte die USC verlassen, nachdem er an den Wochenenden viel zu viele Rettungswagen gesehen hatte, die junge Leute abtransportierten, die viel zu hart gefeiert und sich eine Überdosis eingefahren hatten. Er hasste die Tradition der studentischen Verbindungen. Er passte dort nicht rein und hatte schon zu viel gesehen. Und so verfolgte er anderswo sein Interesse an der Musik, spielte vor und wurde von einer Musikschule angenommen, die seinen künstlerischen Bedürfnissen, seinem Stil und seinen Ambitionen eher gerecht wurde. Auch er interessierte sich für das Finanzwesen und absolvierte im Sommer ein Praktikum an der New Yorker Börse. Er ging mit Conrad dorthin, seinem Surf-Kumpel aus Malibu, der für uns schon zur Familie gehörte. Die beiden shoppten bei H&M und kauften sich einige Anzüge in verschiedenen Farben, die sie an unterschiedlichen Tagen bei BGC Partners trugen. Sie lernten viel, aber auch, dass sie auf keinen Fall Börsenhändler sein wollten. Jedoch wurden sie von Kryptowährungen inspiriert, der Blockchain und das internationale Finanzwesen, was die Karrieren beider beeinflusste.

Im Alter von 20 Jahren schockierte uns Brandon. Er fragte, ob er den Rest seines College-Fonds haben könne, um eine Reha zu beginnen. Er steckte nicht in Schwierigkeiten, aber begann zu experimentieren, wobei ihm klar wurde, dass er das Defizit haben könnte, durch das das Dasein vieler Menschen ruiniert wird. Er hatte in seinem jungen Leben schon viel zu viel gesehen und wollte damit nichts zu tun haben. Brandon fällte eine proaktive Entscheidung, vermutlich die beste seines Lebens. Er wollte das für sich allein durchziehen, nicht weil er es musste, sondern weil er herausfinden wollte, wer er war. Er wusste, dass er hinsichtlich der Gene „voll drauf" sein konnte und zeigte sich klug genug, zu verstehen, was das bedeutete. In der Reha sorgten sie für einen frischen Start und die psychischen Werkzeuge, um die Verlockungen zu umschiffen. Es war genau das, was er brauchte, um die Hindernisse aus dem Weg zu räumen, die er so brillant rechtzeitig erkannte. Er verfolgte weiterhin seine künstlerischen Träume als Schauspieler und konnte auf so viele Erfahrungen zurückgreifen, Emotionen und Lebensphasen. Dass er diese Wahl traf, verblüfft mich heute noch – es war sicherlich nicht der leichteste Weg. Tommy, Dylan und ich nahmen am Familienprogramm teil, was uns alle enger zusammenschweißte, da wir über die Umstände unserer Familiengeschichte redeten und die möglichen Tendenzen.

Meine Kinder verblüffen mich jeden Tag. Sie stellen keine Ansprüche, sondern arbeiten hart und sind bei der Sache. Dylan ist extrem sensibel und geerdet, bleibt aber eher ein Privatmensch. Er internalisiert seine Gefühle, die dann in der Musik wieder auftauchen. Er hält sich zurück, hat aber das ganz große Bild vor Augen. Ich beobachte ihn mit Neugier – er ist da an etwas dran!

Was Brandon anbelangt – er ist ein Zauberer. Ich nenne ihn gerne einen finanziellen Künstler. Niemand weiß, zu was der Junge noch alles in der Lage ist, nicht mal er selbst.

Durch eine kluge Strategie und gelungene Investments in der Kunstbranche verdienten Brandon und Dylan genug, um sich gemeinsam ein Haus in Malibu zu kaufen. Sie ergänzen sich, genießen das Zusammenleben und haben einen tollen Stil. Ich erinnere mich an die Zeit, in der sie noch junge Teenager waren. Ich nahm die Jungs damals mit zu der Ausstellung *Between Earth and Heaven: The Architecture of John Lautner* im Hammer Museum, was wohl einen bleibenden Eindruck hinterließ. Ich empfinde es als ein Geschenk, dabei zuzusehen wie die Jungs ihr Gespür für einen Stil entwickeln: Warmer Minimalismus, Mid-Century und Modell-Häuser. Vor allem Nachhaltigkeit. Sie verschmelzen ihr Haus mit der Umgebung, wobei die Natur aber an erster Stelle steht. Wenn es sich um Architektur und Kunst dreht, haben meine Jungs ein großartiges Gespür. Stil kann nicht gekauft werden – er ist ein sechster Sinn, ein Instinkt. Und sie haben ihn.

Es ist immer eine Herausforderung, etwas Neues zu kreieren,
ein Pionier zu sein—
Viele machen sich zu wenig daraus,
Gedankenspiele zu erlauben.

Es gibt immer eine „Formel".
Die schnelle Lösung,
etwas zu erreichen
wie langweilig.

Joseph Campbell hatte einen großartigen Rat.
Niemals einer verwirrten Herde zu folgen.
Dem stimme ich zu.
Erschaffe einen neuen Pfad—

Es braucht Mut, Vision und Glauben.
An sich selbst.
Erfolgreich zu sein, bedeutet harte Arbeit.
Glück ist verdient.

XVI

Ich bin rastlos.
Werde weggerufen.
Und wieder ziehen die Sterne an meinen Haaren.
– ANÄIS NIN

ICH HABE MICH ZUM ERSTEN MAL BEI EINEM *PLAYBOY*-SHOOTING IN Saint-Tropez verliebt, ungefähr zur Zeit meines ersten Films. Die prächtig bunten Gebäude, die Sprache … das goldene Licht. Ich bemerkte mit einem wohligen und wertschätzenden Gefühl, dass jeder einen Hund bei sich hatte, sogar in den Restaurants.

Nach dem Schulabschluss meiner Kinder und nachdem sie sich für den Beginn des Erwachsenenlebens bereit gemacht hatten, ging es wieder an die Côte d'Azur, eine vielversprechende Pilgerreise. Ich war mir nicht sicher, wie lange ich dort bleiben wollte – es war eher ein Abenteuer, das mich innerlich anzog. Ich musste das alles vom Anfang bis zum Ende erleben, und wenn ein Notfall einträte, wäre ich in zwölf Stunden wieder zuhause. Die Welt verbindet sich durch Liebe. Wir sind niemals zu weit voneinander entfernt, auf jedem Punkt des Planeten.

Ich pendelte mich auf meinen eigenen französischen Stil ein und füllte den großen Prada-Koffer mit einem Füllhorn geliebter Dinge. Ich flog mit meinem Golden Retriever Zou Bisou Bisou (wie das Lied), von meinen Söhnen auch Zeus genannt und Zuzu von allen anderen. Dort angelangt, schlenderte ich immer barfuß durch die

Stadt, oft in einem kleinen und knappen, von Bardot inspiriertem Kleid und wechselte danach von der Promenade zum Wasser, meinen geflochtenen Korb und die Espadrilles in der Hand. Als Nächstes wollte ich mir meine morgendliche Dosis Kaffee bei Sénéquier besorgen. Zuzu und ich teilten uns ein extragroßes Croissant, und er erhielt eine gigantische Wasserschüssel und ich einen Espresso mit dampfender Mandelmilch. Zuzu war geduldig, aber auch ganz aufgeregt. Er wusste, dass er gleich um die Ecke nahe des La Ponche sein morgendliches Schwimmpensum absolvieren konnte. Jeder im Dorf kannte und liebte ihn. *Bonjour, Zuzu!*, schallte es von den Balkonen über den gestreiften Markisen. Der Geruch von Gebäck und dem salzigen Meer ging nicht an mir vorbei. Überall, wo ich hinkam, musste ich breit lächeln.

An den Nachmittagen besuchten alle den Club 55 – „Cinquante-Cinq" – einen verträumten Platz zum Abhängen, aber auch mit Liegen (mit Reetdächern) am Strand. Meist saßen wir unter dem weißen Segeltuch und genossen Rohkostplatten – komplette Köpfe Blumenkohl, Möhren mit filigran garnierten Verzierungen und angenehm duftende grüne Zwiebeln – alles hoch wie ein Bukett aufgestapelt, auf einem dicken, rustikalen Brett ausgebreitet. Ein essbarer Tafelaufsatz. Auch Zuzu bekam seine Mahlzeit von kühlem, crispem Sellerie – man konnte ihn im ganzen Restaurant schmatzen hören, sogar eine Gruppe von Gitarristen übertönend, die einen Rhythmus „schrubbten". Dort sahen wir bekannte Gesichter, eine glamouröse und clevere Menge von Leuten und viele Hunde, die eingekuschelt unter den Tischen lagen.

Ich stelle mir gerne vor, dass all unsere Hunde aus der Vergangenheit im Himmel auf uns warten!

In der Schule belegte ich das obligatorische kanadische Französisch und konnte den überwiegenden Teil der Sprache lesen und verstehen, obwohl ich beim Sprechen eher schüchtern war, eine Anfängerin. Ich bevorzugte das Französisch wie es in Paris gesprochen wird und wollte keinen Quebec-Akzent labern. Und so vertiefte ich mich in ein eigenes Buch in französischer Sprache – Napoleons Liebesbriefe an Josephine – und versuchte diese wundervollen Kadenzen zu absorbieren. Dann reiste ich mit Jeremy, einem Assistenten und liebenswerten Mann aus dem Süden von Frankreich. Es war ein tolles Arrangement, denn er war seiner Familie nahe und ich konnte Worte und Wortfetzen von einem Muttersprachler auffangen. Ich bat ihn, nur Französisch mit mir zu sprechen. Er versuchte es, aber es war viel härter, als ich gedacht hatte.

Eine Herausforderung. Ein „Verdrehen" des Gehirns. Ich habe mir schon immer eine bestimmte Art des Elends gewünscht.

Jeremy und ich hatten einen ähnlichen Geschmack. Wir liebten beide die Jungfrau Maria, Aperitifs und schöne Männer. Er fand die tollsten Hunde-Nannys, und wir schwammen in verschiedensten Champagnersorten, ähnlich einer Burleske-Tänzerin, die spielerisch in einem überdimensionalen Glas herumplanscht.

Wir mieteten ein Haus im „centre", was nicht aufregender hätte sein können. Gelegentlich traf ich per Zufall alte Freunde. Ich sah Karl Lagerfeld an einigen Morgen in Sénéquier, herausgeputzt mit Rock'n'Roll-Schmuck von Chrome Hearts. Schwarzes Leder und über und über behangen mit diesem schweren Gothic-Schmuck. Er verriet mir warmherzig, ein Auge auf mich zu haben, dass er wusste, was ich vorhatte und dass er es lieben würde. Sanft berührte er mein Gesicht mit seiner Biker-behandschuhten Hand, wonach er mich mit einem seriösen Starren und unanständigen Lächeln zu seiner nächsten Show in Paris einlud. Eine Hommage an ein Mädchen wie mich, ergänzte er.

Paris lag nur wenige Stunden Zugfahrt entfernt, und ich liebte es, in Europa die Eisenbahnen zu nehmen – sie wirkten so romantisch und boten die Gelegenheit, ausführlich zu lesen. Einige Kapitel in einem Buch und bevor man sich versah, fuhr der Zug in den Gare du Nord ein. Ich saß bei der Mode-Show in der ersten Reihe neben Karl. Innerhalb des Grand Palais in Paris hatte er einen Laufsteg als Strand kreiert, komplett mit Aussichttürmen der Lebensretter. Reale Wellen verliefen neben den Models, während sie über den Sand zu einem Soundtrack von Möwen stolzierten. Es war eine der letzten

Shows von Karl für Chanel – und es wirkte berechtigterweise dramatisch und atemberaubend. Danach schwelgten wir in Erinnerungen über das gemeinsame Mode-Shooting in meinem Haus in Malibu, zu dem er seine Stylistin mitbrachte, die wunderschöne und bereits verstorbene L'Wren Scott. Karl stand gerade am Anfang seiner Fotografenkarriere und fragte, ob er mich im Garten ablichten könne. Ich stimmte zu, erklärte aber, dass alles unauffällig verlaufen müsse, denn die Anwohner von The Colony respektierten die Privatsphäre. Ich bat ihn also, so wenig Personal wie möglich mitzubringen. Sie können sich sicherlich meinen Schock und meine Überraschung vorstellen, als zwei geräumige Semi-Trucks voller Klamotten, Schuhen und Requisitenartikeln die Einfahrten blockierten und die winzige Straße verstopften. Die hinteren Türen eines Trucks waren offen, und die stattliche Ms. Scott winkte mir zu, als sie in meine Auffahrt bogen. Karl erklärte mir, dass er sich wirklich Mühe gegeben und nur das absolut Nötige mitgebracht hatte. Ich musste lachen, denn er meinte es wirklich ernst.

Die Aufnahmen dauerten nur eine Stunde, doch die Vorbereitungen nahmen deutlich mehr Zeit in Anspruch. Karl assistierte dem Hairstylisten, sprühte mir klebriges, weißes Trockenshampoo in die Haare und steckte sie zu ungeahnten Höhen zusammen. Höher und höher. Dann spazierte ein Nachbar vorbei – ich glaube es war Tom Hanks – der wissen wollte: *Ist das Karl Lagerfeld in deiner Garage?* Ich bejahte die Frage. Er lachte in sich hinein, schüttelte den Kopf und ging seines Weges. Mit Karl Lagerfeld zu arbeiten, stellte eine große Ehre dar. Eine Legende, ein Genie. Sein Ableben war ein großer Verlust für die Welt.

In Saint-Tropez hatte ich zwei ständige Begleiter – Zuzu und ein Buch. Ich hatte einen ganzen Koffer voller Schmöker mitgebracht, wissend, dass ich ein ordentliches Lesepensum schaffen konnte. Ich plante auch den Besuch des Colombe d'Or, einer alten Künstlerkommune, deren Räumlichkeiten in ein Hotel umgebaut worden waren. Ich wollte, dass Kunst bei mir einen prägenden Eindruck hinterlässt, die Schritte von Picasso, Matisse nachverfolgen und lesen. Zu einem

Coffee-Shop am Hafen nahm ich stets die Gedichte von Jens Peter Jacobsen oder Emily Dickinson mit, öffnete die Bücher an irgendeiner Stelle und kreierte so die Atmosphäre für den Tag. Ich mochte die unterschiedlich unbekannten und exakt zu mir passenden Orte, die Nebeneinanderstellung der Gegensätzlichkeiten. Auf einer französischen Terrasse zu sitzen und etwas über London zu lesen. Das ist für mich eine fantastische Methode, um die Seele beim Frühstück anzuregen – und eine unverzichtbare Angewohnheit.

Bei den meisten Sonnenaufgängen saß ich mich in dem warmen Licht aalend unter den roten Markisen von Sénéquier, schaute mir die Leute an, starrte verträumt auf die Yachten im Hafen und genoss mein aufblühendes Leben. Die Stammgäste entdeckten sich schnell gegenseitig. Mich zog sofort ein älterer Gentleman namens Simon an. Er saß allein an einem Tisch, und man erkannte sofort, dass es sich dabei um ein Ritual handelte. Er hatte immer ein liebes Wort in Französisch für mich parat, das ich auch verstehen konnte, da er langsam und deutlich sprach. Es war nicht seine Muttersprache, womit wir im selben Boot saßen. Dann begannen wir gemeinsam Kaffee zu trinken, wonach Zuzu und ich sich jeden Morgen zu ihm an den Tisch gesellten, wo wir über die Neuigkeiten des letzten Tages sprachen und dabei einen Stapel Zeitungen durchgingen. Schließlich fand ich heraus, dass er ein mächtiger Schiffs-Tycoon war. Man hätte das niemals erahnen können, da er einen sehr entspannten Stil ausstrahlte. Ich mag ältere Gentleman mit ihrer Weisheit, die nur zu erlangen ist, wenn man einige Zeit auf dieser Erde verbracht hat. Simons elegante Frau Joyce tauchte gelegentlich auf. Ähnlich wie ich hatte sie eine unbestreitbare Empathie und Lebenslust. Joyce war vertraut mit zahlreichen Wohltätigkeitsorganisationen und wir entwickelten eine tiefgehende Beziehung, was die Belange der Welt angeht. Wir fanden viele Themen, über die wir uns unterhielten. Die beiden zeigten sich beeindruckt und schätzten meine Hingabe und das Engagement für die Welt.

Ich habe mich schon lange mit Flüchtlingsorganisationen beschäftigt. Als ich in Frankreich ankam, stieg ich schon nach kurzer Zeit in einen Zug, der mich in den Norden des Landes brachte, genau gesagt nach Calais, wo Flüchtlinge in dem „Dschungel von Calais" leben, während sie auf ihr Asylverfahren warteten – sie kamen aus dem Sudan und allgemein vom Afrikanischen Kontinent, aus dem kurdischen Teil des Iraks, von Syrien oder Afghanistan. Es war eine behelfsmäßig errichtete Zeltstadt mit schrecklichen Sanitäranlagen und ohne ausreichend Nahrung und Wasser. Ganze Familien lebten dort, verletzlich und hilflos. „Choose Love" assistierte bei der Beschaffung von Nahrungsmitteln, Kleidung und sorgten für Unterricht. Ich musste sie einfach fragen, ob ich ihnen helfen könne und schlug das Kochen von gesunden veganen Mahlzeiten vor oder Vorlesen für die Kinder. Sie meinten, ganz aus dem Häuschen zu sein, mich mit im Boot zu wissen. Es war eine Erfahrung, die mich Demut lehrte. Ich beschaffte Kisten voller dringend benötigter Vorräte und kochte einen riesigen Bottich Linsensuppe. Ich verteilte auch Kinderbücher, damit die Kleinen Französisch und Englisch lernen konnten und las aus ihnen vor – direkt vor einem Publikum mit weit aufgerissenen Augen. Eigentlich hatte ich gedacht, dass Zuzu ein wenig Glück und Zufriedenheit bringen könne, aber nicht gewusst, dass Hunde in einigen der Herkunftsländer, aus denen die Menschen geflohen waren, schrecklich missbraucht wurden – um Angst zu schüren. Schließlich konnte Zeus sie gewinnen, und alles endete mit glücklichen Küssen und Umarmungen. Zuzu war so geduldig und gutmütig, dass ein junger Mann seine Leine nahm und überall mit ihm hinrannte und ihn den anderen vorstellte. Er verschwand eine Zeitlang in dem Wäldchen, aber kehrte zu meiner Erleichterung zurück, im Schlepptau sogar noch mehr Leute, die ihn streichelten und mit ihm spielten. Für mich wirkte das wie eine Heilung. Zeus ist ein Engel.

Meine Stiftung arbeitete bereits mit Flüchtlingslagern im Mittelmeerraum. Mir war aufgefallen, dass Ai Weiwei, ein Künstler, den ich mochte und respektierte, Kunstinstallationen aus Rettungsbooten und Rettungswesten erschuf – eine herzzerreißende Arbeit. Das brachte mich dazu, Spendengelder zu sammeln und „Choose Love" den dringend benötigten Van zu kaufen. Er stellte eine Art von Telefonzentrale auf Rädern dar. Der WLAN-Anschluss und die Stromversorgung bot den Menschen die Möglichkeit ihre Handys zu nutzen, zuhause anzurufen und ihre Liebsten wissen zu lassen, dass sie sich in Sicherheit befanden. Es wirkte wie eine Rettungsleine. Wir füllten den Van mit Obstkörben und Decken, um die Bedürftigen damit zu versorgen. Die Polizei entsorgte immer die Decken, hoffend, dass sie die Flüchtlinge loswerden. Als der „Dschungel von Calais" später in Flammen aufging, sah die Polizei Berichten nach teilnahmslos zu.

WIR ENTWICKELN UNS, GEHEN VIELE WEGE.

Ich suchte nach einem Weg in die Zukunft und begann mir ein sinnerfülltes Leben in Frankreich aufzubauen. Während ich mich in Paris aufhielt, erlebte ich glorreiche Momente. Ich entschloss mich, einen Monat lang in Montmartre zu wohnen. Ich genoss die abgefahrene Architektur und das Kopfsteinpflaster, das mir beibrachte flache Schuhe zu tragen. Auch ließ ich mich durch Kirchen treiben, zündete Kerzen in der Sacré Coeur an, wonach ich mich zu meinem Ballettunterricht aufmachte. Und dann ging es schon zu einem ungewöhnlichen Kunstunterricht, den ich durch einen Zufall entdeckt hatte. Ich lernte von einer im Naturkundemuseum arbeitenden Künstlerin, wie man Tier-Skizzen anfertigte. Sie hatte schon Tiere für Enzyklopädien gezeichnet, und ich dachte, das sei etwas, an dem ich mich gerne versuchen wollte. Es war eine sehr detailreiche Arbeit. Sie lehrte mich das Zeichen mithilfe von Linealen, die sie für die minimalsten Abmessungen und Proportionen nutzte. Ich arbeitete sehr gerne mit einem Bleistift. Im Louvre besuchte ich mehrmals eine Michelangelo-Ausstellung und ließ mich von seinem Stil magisch anziehen, davon, wie er Schattierungen einsetzte, um Muskeln und Knochen darzustellen, Körper und Körperteile, die auf den Blättern wie aus dem Nichts erschienen. Die Hände müssen wohl am schwierigsten gewesen sein.

Ich nahm das alles in mich auf, mich entwickelnd, wachsend, mich verändernd, etwas herauskristallisierend. Ein Kokon.

Irgendwann erkannte ich, dass meine Spaziergänge mich an dem Haus der berühmten Sängerin Dalida vorbeiführten, wo sie sich traurigerweise das Leben nahm. Ich hatte Dalidas Musik gehört, besonders ihr „Je suis malade" berührte mich. Am Boden zerstört, eigentlich noch intensiver. Es erschütterte mich zutiefst. *Ich bin krank.* (Ja, wir alle sind es.)

Sie hatte eine Notiz hinterlassen:

La vie m'est insupportable.
Pardonnez-moi.

Das Leben ist mir unerträglich.
Verzeiht mir.

Ihre Geschichte erinnerte mich daran, wie schrecklich Popularität sein kann, wie einige Frauen schmerzvoll ins Visier genommen werden und wie verletzend es ist, ausgebeutet zu werden. Benutzt und gleichzeitig zum Zielobjekt gemacht zu werden. Das kann jeden Glauben zerstören, den du in dir trägst. Es ist nicht leicht, sich mit der Tatsache zu versöhnen, dass man Liebe und Bewunderung aus allen Teilen der Welt empfindet, im Gegensatz zu der Einsamkeit an sich und dem Missbrauch und Betrug von denen, die dir am nächsten stehen.

Man kann lange in Paris leben und die Luft einatmen, ohne die beschaulichen und geheimen Orte zu entdecken. Ich suchte den Ort in Clichy und fand ihn auch, an dem Anaïs Nin und Henry Miller sich immer zu einem Kaffee trafen. Allerdings war es nicht so glamourös, wie ich es mir vorgestellt hatte. Seine Zeit kam und ging – und die Künstler sind weitergezogen. Aber es wirkte durchaus stimmig, denn Henrys Tage waren hart, wild und schonungslos direkt … ich wanderte durch die winzigen Straßen und träumte von ihrem Schreiben, ihrem gemeinsamen Sex. Ich habe alles von Anaïs Nin gelesen, liebe ihre Tagebücher und die erotischen Kurzgeschichten. Ihre Vorstellungskraft und ihr Schreibstil packten mich, fingen mich regelrecht ein. Ich stellte mir die Frage, wie sie ihre Liebhaber und ihre Familie gedanklich beschützte, denn ich empfinde es seltsam über Menschen in meinem Leben zu schreiben. Manchmal fühle ich mich auch so, tänzele zwischen dem Schutz aller und dem Drang die Wahrheit auszuplappern.

Ich glaube, dass Einiges am besten ungesagt …
und damit unberührt bleibt.

Monaco war ein Ort übermäßigem, beinahe schon lächerlichem Reichtums, voller Gold und Eleganz. Ich mochte den Pomp und den Glamour, und traf Prinz Albert bei einigen Wohltätigkeitsveranstaltungen, der sich mir gegenüber sehr höflich verhielt. Ich konnte nicht anders und bat ihn darum, die Tierauftritte im Zirkus zu stoppen – es war sein Vater gewesen, der den Zirkus so sehr geliebt hatte. Verständlicherweise war er in dieser Hinsicht sentimental, aber ich flehte ihn an, erklärend, dass sich die Zeiten geändert haben.

Ich war wegen einer Spendensammlung nach Monaco gekommen, veranstaltet vom Formel-1-Fahrer Eddie Irvine und genannt „Race Against Dementia". Als ich im Hotel eincheckte, begegnete ich einem großen, gutaussehenden Mann mit dunkler Hautfarbe. Er gab sich liebenswert und als ihm klar wurde, wer ich war, machte er mir aufregende Komplimente Er stellte sich als Profi-Fußballer vor und schlug vor, später noch einen Drink in seinem Zimmer zu nehmen. Bevor ich eine einzige Silbe auf Englisch über die Lippen brachte, nahm mein Begleiter Jeremy das Angebot auf Französisch an – immer der unanständige „Verkuppler", aber auch Romantiker und knuddeliger Mann. Es schien sich jedenfalls um ein unschuldiges Treffen zu handeln.

Später, als er sich vorlehnte, um mir Champagner einzuschenken, roch ich sein Cologne. Ich war fast schon hin und weg.

Adil war während meines Jahres in Frankreich mein Liebhaber. Es endete im Verrat.

Eine weitere Lektion,
wie zu erwarten.
Die Wahrheit ist unangenehm.
Lassen wir die Kinder da raus.

ES WAR EINE WILDE ZEIT IN EUROPA, VOR DER PANDEMIE, VOR DER Hyperinflation, vor dem Krieg in der Ukraine. Bevor es angesagt war „grün" zu sein, ein E-Auto zu fahren oder „Greenwashing" zu betreiben. Ich reiste damals durch Europa, von Graz nach Berlin nach Kopenhagen und Brüssel, wo ich einen „Green New Deal" propagierte. Die Idee war ihrer Zeit voraus. Ich traf mich mit einem Freund, dem Philosophen Sréko Horvat. Unserer Meinung nach konnten wir gemeinsam den Politikern und der Öffentlichkeit beim Lernen helfen, wie man der Klimakrise begegnet, warum Quellen für Erneuerbare Energie gebaut werden müssen und Investitionen in die öffentliche Infrastruktur essenziell waren. Ideen, um eine Zukunft zu gestalten, in der sich das Leben lohnt. Kollektive Bewegungen haben Macht, was auch auf den gemeinsamen Kampf mit Fürsorge und Liebe zutrifft.

Ich sprach bei einigen großen politischen Events und reiste mit Aktivisten und Kameraden, glücklich darüber, einen Beitrag zu leisten – für den Traum von Europa, aber auch Ländern in der ganzen Welt, so wie sie vor dem Kapitalismus existierten. Unsere Botschaft beinhaltete die Warnung, dass die Armen nicht für den Klimawandel finanziell verantwortlich sein sollten. Dennoch sind sie es immer noch, die – wie so häufig in der Geschichte – den höchsten Preis bezahlen.

Als meine Stimme in Europa zunehmend lauter wurde, musste ich denselben Chauvinismus und das patriarchalische Verhalten erdulden, das ich schon anderswo auf der Welt erlebt hatte. Diesmal kam es von einem Typen namens Matteo Salvini, einem Politiker des stark rechtsgeprägten Spektrums. Als ich Flüchtlinge unterstützte, giftete er, mich lieber „in einem Kostüm zu sehen". Ich verärgerte viele Menschen, aber fand in Europa auch wahrhafte und gute Freunde, mit denen ich immer noch in Kontakt stehe.

Lyrik ist ein politisches Statement.

Ich wandte mich dem Aktivismus und der Lyrik zu, wenn ich litt – um mich auszudrücken und mich daran zu erinnern, wer ich war. Mich mit einer meiner Auffassung nach sinnvollen Aufgabe zu beschäftigen, half mir enorm. Ich war mir nicht sicher, wie oft ein Herz gebrochen werden kann. Wahrscheinlich so oft wie es nötig ist.

XVII

Wenn ich leide—
Schreibe ich—
Und wenn ich einer Muse begegne,
kann ich nicht schnell genug schreiben.
Ein Wasserfall—
Ich komme nicht hinterher—
Meine besten Worte, sind die vergessenen …

Ich weiß, wann ich kontrolliert werde.
Manchmal lasse ich es zu,
aber niemals lange.
Dennoch: Wir gehen nur so gut mit uns um,
wie wir glauben, es zu verdienen.
Wie wir über uns selbst denken.

Das zieht uns runter – in die Unsicherheit,
aber ich kenne mich,
die Essenz.

DIE JUNGS UND ICH ENTSCHIEDEN UNS DAZU, DASS HAUS IN THE Colony am Immobilienmarkt anzubieten. Es verkaufte sich schnell und durchbrach den Rekord für den Quadratmeterpreis. Es war wunderschön – mein Meisterwerk mit nachhaltigem Teak und fantastischem Glas, das Juwel am Strand. Ich hatte meine ganze Karriere dort hineingesteckt, all das verdiente Geld für das Haus ausgegeben. Es stellte ein grandioses Investment dar. Manchmal wirkte es wie ein Riesenloch, in dem das ganze Geld verschwand. Als ich es verkaufte, fühlte es sich wie eine „süßsaure" Erleichterung an. Jedoch zahlten sich 20 Jahre harter Arbeit und eine Vision aus. Wer hätte das gedacht? Das Haus glich damit einem Sparkonto, so unkonventionell das auch klingen mag. Ein wahrer Segen, der mich für den Rest des Lebens absichert. Und ich bin teuer.

Als Schöpfer und Erbauer—
achte ich mit viel Mühe auf
die Formen.
Wie ein Körper—
Die wunderschöne Unvollkommenheit,
die verwitterten Stellen,
ein Versprechen,
eine ausgestreckte Hand.
Ich fühlte mich nie vom Geld getrieben—
Dennoch—
Muss ich mich über Wasser halten.
„Für mich ist gesorgt"
lautet mein Mantra.

Wahres Vertrauen.

ZEIT WIEDER NACH HAUSE ZU GEHEN …

XVIII

Ladysmith—
Meine Sammlung
von Seeglas,
Federn von exotischen Kolibris,
eine schlichte Töpferhütte.
Ein bisschen Chaos—
Eine
Landschaft
wie im
Art déco,
geformt durch den Wind.

Meine Funk-Platten
drehen sich.
Parliament und
Freddie King—

Grooven
zu Nina Simone—
Mit ihr singen,
als sei niemand da,
(weil niemand da ist.)
Eine Art der Freiheit—
Des freien Auslebens—

Ich schreie es hinaus—
Treffe den Ton:
„My name is Peaches ...“

Preisverdächtige Familienrezepte,
(kann die Dill-Gurken und
den selbstgemachten Senf nicht übertrumpfen),
Eine reichhaltige Palette
an Rote Beete, Kartoffeln
und schon bald gefülltem Kohl aus
meinem Garten.

Wieder erklimme ich den steilen Weg durch das Gartentor. (Das wird auch nicht leichter.) Meine Arme schmerzen vom Gewicht der Zinneimer, übervoll mit Kopfsalat, mexikanischen Minigurken, Zucchini und Kürbisblüten, bereit für ein veganes Ricotta. Seltene Tomatensorten warten auf meiner berühmten Tarte, deren Zubereitung ich in Frankreich lernte. Der stechende Geruch von Kräutern, so frisch, dass sie ihr Aroma auf deinem Finger hinterlassen und in der Nase kitzeln, sodass man beinahe niesen muss.

Ich gehe barfuß durch den Garten, spüre die Freiheit. Meine Silhouette in dem gleißend weißen Leinen zu erahnen, ein fliederfarbener Sonnenaufgang, der aus dem hinter mir liegenden Ozean ausbricht. Ein Schleier der Stille, bis auf das Gelächter der Schwalben, die die Löcher der Spechte besetzen. Des Wassers sanftes Plätschern, das bei Flut auf das Strandhaus trifft.

Der durchdringende Geruch
des wartenden Frühstücks—
Frisch gebackener Rhabarberkuchen —
Eine winzige Teetasse „Jahrhundert-Rose“ —
Aus meiner Sammlung
von verformtem Porzellan,

ein starker Espresso
mit einem Tropfen Hafermilch—

Das Starren in den samtweichen
Ozean.

Ein Nebel unvollendeter Gedanken und Träume. Das ist mein Heiligtum. Mit dem ich gesegnet bin.

Mein Garten Eden—
Aus dem ich nicht ausgestoßen—
Aber in dem ich vielleicht gefangen gehalten werde—
Ein Sicherheitsnetz—
Das Überwinden falscher Ansichten—
Die Zeit eines Lebens zu reinigen,
und eine alte Haut abzuwerfen—
Eindringliche Reflektionen,
über mein Leben, über meine Lieben.
Otter spielen,
Henry, der Reiher beweist seine Meisterschaft in Tai Chi,
während
weißköpfige Seeadler und
Virginia-Uhus
vom Himmel aus jagen,
sich erheben …
Dann zu einem Ort der Ruhe fliegen,
thronend auf den
vergehenden Pfählen der Docks.

Abgesehen von wenigen nervigen Mineralschürfern könnte dies hier das Paradies sein.

LEBT MAN AUF VANCOUVER ISLAND, KANN MAN SICH DER VIELEN Gerüche nicht erwehren, die dich vereinnahmen. Der eindringlich salzige, aber auch erdige Duft der Salish Sea vermischt sich mit dem nassen Holz der Auffangbarrieren und Boote. Meine Ranch am Wasser wirkt wie ein Strudel, aufwühlend, vulkanisch, hat eine kraftvolle heilende Energie. Alles dringt an die Oberfläche – man ist zur Inspiration gezwungen. Und träumt sehr lebhaft.

Weißglut—
Während ich im Gras liege—
Zu den Sternen hochschaue,
und die kleinen Punkte verbinde—
Mich an die Namen der Sternbilder erinnere:
Herkules,
Orion,
Kassiopeia.
Wartend auf Sternschnuppen.

Ich spüre die Energie unter mir.
Das Ungewöhnliche, Außergewöhnliche, Besondere
tief unter der Oberfläche.

Ich stelle mir vor:
Eine Pyramide—
Ein kristallener Gletscher—
Ausstrahlend,
magnetisch,
urgewaltig—
Respekt fordernd.

Das „Rewilding" ist ein grandioses Konzept – die natürliche Landschaft zu ergänzen und zu schützen, was bereits besteht. Auf meinem Grundstück habe ich ein nachhaltiges Wassersystem und Solarenergie installieren lassen und Kleefelder angepflanzt – ohne Pestizide – damit Wasser besser absorbiert wird. Dazu kommt noch das Auffangen von Regenwasser mit alten Weinfässern aus Eiche, Handpumpen, angeschlossen an Rinnen, die zu jedem Gebäude führen. Ich unternehme alles, um die Nachhaltigkeit des Grundstücks für die folgenden Jahrzehnte zu gewährleisten – der Klimawandel wird sich noch verschärfen, und die Investitionen in beständige Verfahren verspricht Sicherheit, damit meine Familie diesen Ort noch ein wenig länger nutzen kann.

Ich stelle mir meine Großeltern vor, wie sie all das betrachten und habe das Gefühl, dass sie zuhören, zusehen und mich beschützen.

Sanfte und weiche Blätter wie geschmolzener Honig,
der Klang des Klopfens auf Holz,
ist der Rhythmus eines Spechts.
Wir leben in einem riesigen Vogelkäfig—
Der letzte Abschied einer Feigenwespe.

Mein erster Garten, 460 Quadratmeter voller Rosen und Gemüse – ein Wunder und eine Metapher. Ich habe jedes einzelne Samenkorn selbst eingebracht. Alles wuchs, wuchs tatsächlich viel größer als in einem normalen Garten. Ein magischer Samen?, stellte ich mir die Frage. Wie der von Jack in „Jack und die Bohnenstange" – so krochen meine Kürbisse und Wassermelonen durch den Wildschutzzaun, gediehen und hingen dort wie Monsterkugeln. Die Energie einer wilden Gottheit – hier! *Synkretismus.* Eine Statue von Kuan Yin, der Göttin des Mitgefühls, ruht bedeutungsvoll auf meinem Schreibtisch.

Der freie Geist zeigt sich in vielen multiplen Schichten. Es dreht sich nicht nur darum, ziellos und anspruchslos zu sein – es ist die unverfälschte Verbindung, der Flow. Es ist ein Abenteuer. Intelligenz hat keine klare Erscheinungsform. Sie ist ein gut gehütetes Geheimnis, sie ist mysteriös. Für mich sind es: *Singing from the Well* von Reinaldo Arenas, der Autor Nicolas Bouvier und sein *Die Erfahrung der Welt*, Fridas *Selbstporträt mit abgeschnittenem Haar* und ihre schmerzvolle Welt mit Diego, Virginia Woolfs *Ein Zimmer für sich allein*, die Integrität von Angela Davis von den Black Panther, die jazzige Kadenz von Kerouacs *Unterwegs*, James Baldwins „deep love theory" oder Noam Chomskys abgefahrene Vorträge. Eine immerwährende Evolution.

XVIII

Zu entdecken, wer wir nicht sind,
ist auch eine wertvolle Übung.
Und ich bin all meinen Lehrern dankbar,
für die Kraft, die es benötigt.
Und es braucht viel.

Meine Imagination war meine Retterin.
Angenommene, assimilierte Gefühle,
gelebt,
geträumt
oder fantasiert—
Das alles hinterlässt eine Spur.

Ich führe mich selbst
an Orte des Wahnsinns und der Zerstörung.
Alles verliert sich in der Liebe und dem Krieg.

ES BEGANN MIT EINEM ROADTRIP, UM MEINEN KOPF FREIZUBEKOMMEN. Eine Metapher. Ein Akt vorwärts.

Männer sind mein Niedergang. Und ich habe alle möglichen ausprobiert. Ich bin der gemeinsame Nenner. Und mir wird klar, dass ich mich – was die Liebe anbelangt – im Krieg mit mir selbst befinde.

Es war sehr früh am Morgen, und es schneite heftig. Mein vertrauter Assistent Jonathan saß bereits hinter dem Lenkrad. Ich hatte nur einen Korb meiner Lieblings-Sweater und seidene Pyjamas mitgenommen, mir eine Tasche mit Hundefutter geschnappt und meinen Beschützer Zuzu. Eins war klar – ich musste mich unbedingt einigeln. Mich neu programmieren. Und wieder auf meinen Weg zurückfinden. Den Lügen entfliehen. Ich verließ ihn, damit er gegen seine eigenen Dämonen kämpfen konnte, und ich trat die Reise an, um mich mit meinen zu konfrontieren. Oshos großartiger Leitsatz *Die Fähigkeit allein zu sein, ist die Fähigkeit zu lieben* ist so schwierig zu verwirklichen. Aber so wahr.

Der Roadtrip war eine grundlegende Erfahrung. Die Insel auf einer Fähre verlassend, schaute ich durch das Fenster auf eine Herde Schwertwale, die neben uns schwammen. Im dichten Nebel konnte man sie kaum erkennen – majestätische und große Kreaturen. Ein Zeichen. Wir fuhren von Ladysmith nach Malibu, um meine Söhne zu besuchen. Die Reise sollte drei Tage in Anspruch nehmen. Ich wollte das Beste da rausholen, mit Benzin, das in diesem Fall aus Tränen bestand.

Wir fuhren am Mount Shasta vorbei, dessen vulkanische und geradezu außerirdische Energie wie ein dringend benötigter Nährstoff wirkte. Eine Lebenskraft. Jonathan war ein Heiliger, da er sich geduldig meine „verrückten" Audio-Bücher anhörte, die durch die Lautsprecher dröhnten. Er wurde also „mit-therapiert", ob er es wollte oder nicht, während wir jeden Tag zehn Stunden lang fuhren. Wir versuchten so viel wie möglich aus folgenden Büchern zu lernen: *Wenn Frauen zu sehr lieben* von Robin Norwood (es sollte eigentlich *Wenn Menschen zu sehr lieben* heißen) und dem Klassiker *Die Sucht geliebt zu werden* von Melody Beattie, wohingegen Proust und *Grashalme* von Walt Whitman zur Entspannung dienten. Ich hatte die Bücher schon vorher gelesen, aber Audio-Books stellten eine andere Erfahrung dar, und ich nahm die Worte intensiv auf. Es war Zeit für eine gute, alte Selbstreflektion. Die Idee, ein Buch zu schreiben, entwickelte sich zu einer realistischen Option. Ich brauchte ein Medium, um mein Herz auszuschütten.

Die Reise ging wie im Flug vorüber. Aufenthalt in Carmel, ein Ort, den ich gerne durchwandere. In direkter Nähe zu Kerouacs Big

Sur. Wir machten einen Zwischenstopp bei Henry Millers Museum und dem dazugehörigem Buchladen, suchten uns Bücher aus, die in Plastikeinbänden an Bäumen baumelten. Dann ging es weiter, am Esalen-Institut vorbei, einer alten Nudistenenklave und ein Ort, an dem die Autoren der Beat Generation abhingen. Eine Bergstadt, umgeben von an den Strand schlagenden Wellen. In der stürmischen See fand ich meinen Widerhall.

Elektrisch.
Die San-Andreas-Verwerfung ist meine Heimat—
Ich lebe in einer unsicheren und vulkanischen Erdbebenregion—
Eine brachiale Energie.
Eine kontinentale Verwerfung,
die sich entlang der Westküste zieht.

Ich empfand es erleichternd, den Pacific Coast Highway zu sehen. Delfine sprangen scheinbar zu unserer Begrüßung in die Luft. Ein Totem.

Kommt man in Malibu an, sieht man große Sandhügel zur Linken und zur Rechten einen aufgebrachten Ozean, der ans Ufer schlägt. Meine Freunde und ich sind hier vor Jahren gewandert und mein ganzer Körper schmerzte vor Bewegungsdrang. Kinetische Energie, gefangen. Wir fuhren an die Seite. Ich schaute zu den Hügeln, die ich früher mühelos rauf und unter rannte. Nun hatte ich Schwierigkeiten zu atmen, denn der Sand war tief und meine Beine schmerzten von der Anstrengung. Ich bemerkte, wie sehr ich außer Form war und erkannte mich kaum wieder. Offensichtlich hatte ich mich gehen lassen.

Als ich das Haus der Jungs in den Hügeln von Malibu nahe Las Flores erreichte, wurden wir mit herzlichen Umarmungen begrüßt. Dinosaur, ihr geliebter Pit Bull mochte Zuzu und erinnerte sich noch von unserem letzten Besuch an ihn. Ich küsste jeden zur Begrüßung, was gleichzeitig der Gutenachtkuss war, denn ich fühlte mich wahnsinnig erschöpft – Geist, Körper und Seele. Ich kroch direkt ins Bett und erinnerte mich selbst daran, im Kreis meiner geliebten Menschen zu sein. Ich war sicher.

Augenblicklich sank ich in einen tiefen Schlaf und träumte wieder von der Raubkatze – ich streckte meine Arme aus und hatte ein mit Punkten gemustertes Fell. Ein Puma mit angriffslustigen Krallen. Bereit zuzuschlagen. Ich versteckte mich, wurde gejagt. Verloren und hungrig im Dschungel.

Es war eine Phase erneut zu wachsen. Ich benötigte einen Monat, um wieder eine Beziehung zu den Jungs, Malibu und der Natur herzustellen. Wie in früheren Jahren wanderte ich auf den Pfaden rund um Pepperdine und suchte mein altes Pilates-Studio auf. Ich zeigte mich fest entschlossen wieder eine Beziehung zu meinem Körper aufzubauen, denn er fühlte sich weit entfernt an. Geheimnisvolle Schichten.

Mithilfe der täglichen Spaziergänge und der Wiederaufnahme meiner gesunden Angewohnheiten entgiftete ich mich sowohl emotional wie auch körperlich. Ich musste wieder in die Spur kommen, hatte zu der Zeit aber noch nicht den blassesten Schimmer, auf was ich mich vorbereitete. Die größte Herausforderung meiner Karriere zeichnete sich bereits am Horizont ab.

Die Jungs und ich kochten gemeinsam, was für uns eine Normalität darstellte, und schauten uns dabei *RuPaul's Drag Race* an – ich hatte die Ehre in der achten Episode der vierten Staffel als Celebrity-Gastgeberin aufzutreten. Nachdem sich alle zum Schlafen hingelegt hatten, kuschelte ich mich in mein Bett und schaute mir inspirierende Dokus an, Kurzfilme, Ballettaufführungen, Opern und Filme meiner Lieblingsregisseure. Ich bevorzuge The Criterion Channel – Fellinis *8 ½*, alles von Jim Jarmusch. An einem Abend scrollte ich durch mein Handy und schaute mir die Streaming Apps an, etwas, was ich sicherlich nicht gut kann. Dann blieb ich bei der *Fosse/Verdon*-Serie hängen. Ich war sofort hellauf begeistert und zog mir alles rein. Ich hatte bereits viel von diesen legendären Charakteren erfahren, und es war exakt das, was ich in dem Moment brauchte. Dann suchte ich nach Tänzen von Fosse und Verdon und sah sie mir begeistert an. Ich sog sie regelrecht auf und zog mich aus der Realität zurück – zumindest glaubte ich das.

Es ist schwer zu glauben, aber entspricht der Wahrheit … Exakt an der Stelle, an der Gwen Verdon versucht Bob Fosse zu überzeugen *Chicago* am Broadway aufzuführen, erhielt ich eine Nachricht von Barry Weisler, dem bedeutenden Produzenten von *Chicago* am Broadway. Barry hatte einem gemeinsamen Freund gesagt, S*ie muss nach New York kommen. Sie IST Roxie Hart. Lass uns der Welt zeigen, was sie draufhat. Ich bin bereit für sie, egal, was wir auch machen müssen – es ist an der Zeit. Lass sie mich anrufen.*

Ich wäre beinahe umgefallen, überzeugt, dass ich das alles irgendwie ins Leben gerufen hatte. Ich rannte runter und erzählte es den Jungs. Sie freuten sich auch und sagten *Du musst es machen, Mom! Du kannst das*. Auf eine bestimmte Art war mir klar, dass ich es bewältigen könnte. Ich musste es für meinen Seelenfrieden schaffen – war innerlich bereit, ein so großes Projekt in Angriff zu nehmen und hatte mich mein ganzes Leben darauf vorbereitet. Ich hatte nichts zu verlieren.

Aufgeregt rief ich Barry an und meinte freudig: *Okay … Ich mache es*, gefolgt von der Frage: *Wann ist es so weit?* Ich hatte vermutet, dass er vielleicht in einem Jahr sagt. Er antwortete: *JETZT*.

Und so fuhren Jonathan und ich schleunigst die ganze Strecke zurück nach Kanada. Ich musste Zuzu wieder zuhause in Sicherheit wissen, denn wir waren bereits seit einem Monat unterwegs gewesen. In nur wenigen Tagen ging es schon wieder weiter, und ich flog von Vancouver nach LA, um mit den Proben zu beginnen. Alles lief so schnell ab. Keine Zeit, um sich zu viele Gedanken zu machen. Es bewegte sich … und ich würde am Broadway auftreten. Ich hatte Angst, brannte innerlich, mich überkam ein aufgewühltes Gefühl und ich war geradezu manisch. Vollkommen durcheinander!

Schließlich zogen Mom und Dad auf mein Grundstück in Kanada. Es war mein „heimtückischer Plan“, um sie auf ihre alten Tage in meiner Nähe zu haben. Und sie liebten es, sich um die Tiere zu kümmern, was sich dann als gutes Timing herausstellte. Als ich nach LA aufbrach, konnte ich mir sicher sein, dass alles in Ordnung war. Ich machte mich mit klarem Kopf an zwei Wochen wahnsinnig harter Proben im 3rd Street Dance. Dann ging es weiter nach New York, um mich für einen Monat intensiver auf die achtwöchige Spielzeit vorzubereiten. Es war ein knochenharter Zeitplan mit insgesamt acht Shows in der Woche, aber ich zeigte mich fest entschlossen. Wenn ich das hier durchziehen würde, würde es keine halbherzige Vorstellung sein.

Und wenn es andere konnten, könnte ich es auch. Ich wusste, dass harte Arbeit die Voraussetzung war. Ich mag vielleicht nicht mit einem großen natürlichen Talent gesegnet sein – viele Menschen haben es – aber es ist letztendlich das Arbeitsethos, das alle unterscheidet. Künstler und Sportler.

Ich fühlte mich bereit—

Roxie war schon früher in mein Leben getreten. Vor ungefähr zehn Jahren stand ich barfuß am Strand von Malibu, zwei Surfboards unter den Armen, ein Trucker-Hut, der die unordentliche Frisur bedeckte, und ein kleiner Cooler, der schmerzhaft an meinem Handgelenk baumelte – und so wartete ich ungeduldig auf die Jungs, die sich nach einem Surfwettbewerb von ihren Kumpels verabschiedeten. Ich war bereit, endlich nach Hause zu fahren, um mich von einem Tag des Windes und des Sandes frisch zu machen. Dann trat ein Mann an mich heran. Ich hatte sicherlich nicht die beste Laune, als er sich als Rob Marshall vorstellte und erklärte, beim Film *Chicago* Regie geführt zu haben. Ich verstand immer noch nicht, warum er mir das erzählte. Dann fragte er mich, ob ich es in Erwägung zöge, am Broadway aufzutreten. Ich fühlte mich wie vor den Kopf gestoßen – redete er wirklich … mit mir? Oder stand da jemand hinter mir, an den das gerichtet war?

Er erklärte, mich beobachtet zu haben. Dass er für die Musik verantwortlich war und wusste, dass in Hollywood kaum mehr eine hauchzarte Verletzlichkeit zu finden sei. Er wünschte sich, dass wir uns eher begegnet wären. Er meinte, er würde auf mich abfahren, dass er und sein Partner von mir besessen seien, seitdem sie meinen Rumba bei *Dancing With The Stars* gesehen hätten. Das war eine Rolle, die ich nur angenommen hatte, weil es Tante Vies Lieblingsshow war. Er erklärte mir seine Neugier hinsichtlich der Charakterisierung und Interpretation, die ich in die Tänze einbrachte. Das hinterließ einen Eindruck bei mir, da ich mir nicht sicher war, ob die Leute es überhaupt merkten, wie viel Arbeit ich da reingesteckt hatte. Eigentlich sollte es mein Geheimexperiment sein. Der Text, ein Monolog. Dennoch hörte sich sein Vorschlag so verrückt an, dass ich ihn mit einem Lachen abtat. Trotzdem bat er mich um meine Telefonnummer, die ich ihm zweifelnd mitteilte.

Endlich kamen meine Jungs und nun waren sie die Ungeduldigen, die so schnell wie möglich zum Wagen wollten – *Mom, Mom, Mom*. Mr. Marshall folgte uns bis zum Truck. Er half uns beim Festzurren der Surfbretter, schaute mich direkt an und sagte: *Mr. Weissler wird Sie anrufen*.

Barry Weissler, der Broadway-Produzent von *Chicago*, hing schon am nächsten Tag an der Strippe. Er wollte mich im Beverly Hills Hotel treffen. Und ich liebe das Beverly Hills Hotel, denn dort beginnen alle guten Unternehmungen. Er bot mir die Rolle bei einem Drink der damals angesagten pinken Limonade an, aber ich hatte keine Ahnung, was er genau meinte. *Roxie*, lautete seine Antwort. Während sie die Verträge ausarbeiteten, wollte er mich im Produktionsstudio treffen. Ich arbeitete mit Greg Butler an der Choreographie, begann Gesangsunterricht zu nehmen … aber New York? Meine Kids fingen gerade erst ihre schulische Ausbildung in Kanada an, und es war Dylans erstes Jahr. Ich konnte nicht in so einer Entfernung arbeiten, wissend, dass sich die Jungs gerade erst in der Shawnigan einlebten. Als die Zeit gekommen war, meine Unterschrift unter die gepunktete Linie zu setzen, musste ich Nein sagen, weil die Jungs mich in ihrer Nähe brauchten. Aber ich versprach es zu machen, eventuell ein anderes Mal. Barry verstand es – er hatte eine riesige Auswahl an wartenden Talenten, und so bedeutete das für ihn keinen Rückschlag. Meine Gründe waren lobenswert, denn meine Kids standen an erster Stelle. Das Universum muss die gute Entscheidung wohl anerkannt haben, denn es bot mir diese Chance ein zweites Mal.

Ich befand mich zudem in einer günstigeren Ausgangssituation und hatte eine größere Lebenserfahrung zum „Anzapfen". Es war Zeit.

DER BROADWAY WAR DIE BESTE MEDIZIN, EIN GOTTESGESCHENK. ICH habe niemals so hart an einem Projekt gearbeitet. Stunden des Tanzens, des Schauspielunterrichts und Gesangsstunden sowohl in LA wie auch in New York. Der New Yorker Team-Tanzleiter David Bushman, die Gesangstrainerin Joan Ladder, der für die Musik verantwortliche Rob Bowman, Scott Candy, der Pianist, und der Bühnenmanager David Hyslop wurden meine Familie. Sie würden kein Versagen zulassen. Und sie waren ebenso erstaunt über meine Bereitschaft zu extrem harter Arbeit wie ich selbst.

Ich brachte meine ganzen Gefühle in die Rolle ein – all den Herzschmerz, die Verletzung und das Trauma. Ivana Chubbucks *The Power of the Actor* erwies sich als eine große Hilfe.

Ich bin die Heldin meiner eigenen Geschichte.
Und ich würde Roxie genau so spielen.
Wie keine andere.
Wir stimmten überein, denn unsere Storys verband eine unheimliche Ähnlichkeit.
Und wir würden das gemeinsam durchstehen.

Ich passte mich dem Rhythmus von New York City an. Es war Frühling und der Central Park stand in voller Blüte – Tulpen, dann Narzissen und schließlich Pfingstrosen. Ich fand mein Refugium in den verträumt gestalteten und sorgfältig designten einzelnen Gärten, ein gitterförmiges System aus Reitwegen und von Menschen gemachten Teichen und Fontänen – kurz gesagt – dem Herz der Stadt. Der Park wurde für mich zu einem heiligen Ort. Ich spazierte täglich um 8 Uhr morgens durch die Anlage, was mich erdete. Zwar vermisste ich Zuzu, aber die Hunde im Central Park machten mich glücklich. Während ich mich dort aufhielt, fand ich sogar einen Hund zum Ausführen – einen wunderschönen Irish Setter namens Dash, den ich jeden Tag auf dem Weg zum Park abholte, was seine geschäftigen Halter sehr freute. Nach einem ausgiebigen Spaziergang, der einen Abstecher durch die Strawberry Fields beinhaltete und an der Tür vorbeiführte, wo John Lennon erschossen wurde, ging es die Straße runter zu Gwen Verdon und Bob Fosses erstem Apartment nahe des Central Park West. Ich setzte mich auf eine Bank, schaute zu den Buntglasfenstern ihres einstigen Penthouses hoch und sagte: *Ich werde euch nicht enttäuschen. Ich werde euch nicht enttäuschen. Ich werde euch nicht enttäuschen.*

Neben meinem Garderobenspiegel stand ein einziges Foto. Eine Aufnahme von mir im Alter von fünf Jahren.

An jedem Abend, auf der Bühne vor all den Menschen, war dieses Kind frei, die Künstlerin, das immerwährende junge Mädchen. Der Schmerz verschwand nach der ersten Aufführung, nach den ersten Standing Ovations. Wenn ich mich im Theater aufhielt, fühlte ich mich sicher und auf der Bühne noch sicherer.

Wir sind gemacht aus Musik.
Ist die Hoffnung zerschmettert,
werden wir erlöst, befreit.

Ich schritt über die Schwelle des Ambassador Theatre und genoss dabei angeregt die verschnörkelte Beaux-Arts-Architektur. Die Sessel des Theaters waren mit purpurnem Samt bezogen, und ein pompöser kristallener Kronleuchter hing in der Mitte des Saals. Auf der Bühne befanden sich keine großartigen Requisiten, nur wenige Stühle und die Tänzer, die das alles vermittelten – im wahren Fosse-Stil. Die Choreografie erzählte also die Geschichte. Der Broadway lässt sich mit keinem anderen Ort vergleichen, und auch die darstellenden Künstler sind einzigartig.

Wenn ich auf der Bühne stand, erlebte ich die einzigen Momente meines ganzen Lebens, in denen ich an nichts anderes dachte. Alles fühlte sich richtig an, nach langen Phasen, in denen alles falsch wirkte. Ich hatte endlich eine komfortable Zone erreicht. Es gibt keine Zufälle. Wir finden unser eigenes System, unsere Kosmologie. Die Autorin, die Künstlerin allgemein, das ungeformte Kind, der Schmerz. Es war alles ein Geschenk.

Die Show stellte sich als Erfolg heraus und wurde mit umwerfenden Besprechungen honoriert. Es unterschied sich von allem, was ich bisher erlebt hatte. Zum ersten Mal fühlte ich mich verwurzelt. Und die Tatsache, dass ich das alles geschafft hatte, „erzwang" eine neue Art des Respekts.

Meine Kids waren erstaunt und so stolz auf ihre Mutter – und das bedeutete mir sehr viel. Sie besuchten die ersten und letzten Aufführungen und erkannten die Fortschritte. Und sie hatten ihre Freude an dem ganz neuen Respekt, den die Menschen mir gegenüber zeigten. Und das fühlte sich unglaublich gut an. Sogar Rick tauchte als Überraschung mitten im Vorführungszyklus auf – und meinte, er sei aufrichtig beeindruckt, aber nicht geschockt. Und er freute sich für mich.

Ich hatte mich selbst erobert, mit Furchtlosigkeit und die Drachen, Zweifel und Unsicherheiten geschlagen. Ich spielte Roxie nicht als Opfer. Mein eigenes Drehbuch: Hier ist eine Seite.

Schwärmerisch
sehe ich mich um,
und verarbeite endlich,
woher ich kam:
In einem ganz neuen Licht.
Ein Kleinstadtmädchen in Hollywood—
Das stolz auf sich ist.
Niemand in der Geschichte hat dieselbe Story—
Und ich schaffte alles selbst—
Und ich schaffte es trotz aller Hindernisse.

EPILOG

Das Privileg des Lebens ist es, zu sein, wer du bist.
–JOSEPH CAMPBELL

ICH DENKE NICHT, DASS ICH DIESEN TEIL MEINES LEBENS DAMIT VERbringen will, anderen Leuten zu erklären, wer ich nun bin. Es ist das Leben eines Mädchens, es sind meine Memoiren, meine Erfahrungen. Und so habe ich alles gemacht. Es ist meine kleine Sage und ich kann nur meine Wahrheit präsentieren. Wir alle haben ein komplexes, nuanciertes Verhalten, das uns zu dem macht, wer wir sind und warum wir sind.

Die Akzeptanz ist ein besserer Weg zum Fortschreiten.

Eine köstliche Selbstsicherheit.

Ich bin schräg und skurril,
kommuniziere
mit den Bäumen—
Sie kennen mich seit meiner Geburt.
Sind mein Barometer—
Meine Temperatur—
Berühren die Wildheit in meinem Herzen—
Hier wird es geboren—
Wo ich gerade stehe—
Unter lodernden und strahlenden Kometen—
Verkörpert.

Tief empfunden.
Ich suche immer noch—

Zurück auf meiner Farm, eine lernende Bäckerin, bedeckt mit Mehl. Eine alte Schürze, ein französischer Teigroller und herzliches Lachen. Ich serviere hausgemachte Pasta mit einer Riesenportion meiner berüchtigten Tomatensoße („Dirty Rose") mit einem Kick – Dosentomaten mit scharfem Pfeffer, gemischt mit Rosenblättern, direkt im Garten gepflückt. Ich trinke immer noch aus Großmutters Marmeladengläsern und esse an Picknick-Tischen oder auf einer Decke am Strand, Überbleibsel meiner Kindheit.

Meine betörend duftenden knallig-pinken Rosen sind explodiert, tausende von Yves Piagets erblühen, dass es einem das Herz zerreißt. Einige Rosen landen in meinen zerzausten, hochgesteckten Haaren oder hinter einem Ohr. Sie sind überall im Haus verstreut, fallen aus alten Gefäßen auf den Tisch und die Spülkästen.

Ich besitze noch zwei andere Hunde, Lucky und Lola. Ihre beschützende Doggenpersönlichkeit kommt immer durch. Sie liegen nahe bei meinen Füßen und warten begierig auf Veggies, die ich während des Kochens von der Anrichte aus auf den Boden streiche. Harte Hunde können durchaus vegan sein.

Zu meinen Routineaufgaben gehört das Füttern von Wildvögeln. Kolibris brauchen Tränken mit 50 Gramm Zucker, wobei der Rest der Flasche mit Wasser aufgefüllt wird. Im Winter erhalten sie natürlich eine höhere Dosis. Kleine Vögel sind Boten, denn sie teilen die Geheimnisse der Toten den Lebenden mit.

Ich sitze in meinem weißen Adirondack-Stuhl, trage eine Lesebrille. Ein häufig gelesenes Buch liegt auf meinem Schoß. Heute ist es eine Kurzgeschichtensammlung von Colette. Ich bin gerade bei der Hälfte angelangt und genieße ihre Beschreibungen und das spielerische Necken. Das Lesen ist mein einziger wahrer Freund. Und die Natur. Ich bin immer neugierig und will wissen, was uns die Natur mitzuteilen versucht. Alles ist ein Hinweis oder ein Zeichen. Und wenn ein Besucher erscheint, halte ich Ausschau danach …

Eine Botschaft der
Hoffnung,
Veränderung,
Liebe.
Libellen umkreisen mich,
ein statisch wirkender Schwarm.
Ich bin den früheren, selbst gemachten Illusionen entwachsen,
dieser Begrenzung der Entwicklung und des Wandels,
ein Zeichen der Reife.

Schon immer waren meine Träume Soundtracks.
Ich höre Stravinskys Crecendo
oder Jazz, Fahrstuhl zum Schafott
wie Jeanne Moreau und
Miles Davis.
Schau niemals zurück—
Vor uns liegt nur das Schöne.
Rettung …
Erlösung.
Glorie.

Wer
bin ich—
Wenn ich
allein bin?

Ich bin
1,70 Meter groß
und wiege ungefähr 55 Kilogramm

Meine
Augen
sind meeresgrün,
grau

und blau,
mit einem Hauch
lila wie bei Dad—
Sie
verwandeln ihre Farbe mit meiner Stimmung,
können keine Geheimnisse verbergen.

Meine Haare
sind nun naturfarben mit einem Stich Platin.
Mit Resten des pastellfarbenen Honigblonds
aus den Haarfärbepackungen aus dem Supermarkt.
Silber an den Wurzeln.
Die Strähnchen der Natur,
die nun überall durchschimmern—

Endlich gefallen sie mir—
All die Farben meines Lebens,
die zu einer werden.
Sie gleichen einer Abalone-Schale.
Mein Haar ist immer noch kräftig und beeindruckend gesund,
nach all dem, was es durchgemacht hat.
Es wächst schnell (vermutlich wegen all der Vitamine, die ich nehme).
Unter den Haaren,
nur einige emotionale Beschwerden und körperliche Wehwehchen—

Mein Geist
ist ein Wanderer.
Ich bin oft traurig.
Drücke mich in Lyrik aus,
aber
voller Genuss suchend
im Unerforschten—
Nach dem Gefühl, das ich nicht finden kann—

Das Leben gleicht
Sherlock Holmes—

Ich traue niemanden,
aber vertraue dem Ganzen.

Meine Stimmung schwankt,
ist launisch,
und
albern—

Am glücklichsten bin ich
in meinem Garten—
Und wenn die Familie mich besucht.
Die Veranda ist mein Altar—
Beschützt von einer Statue des Franz von Assisi

Meine Rosen
warten zu erblühen—
Die erste öffnete sich
am Tag, an dem ich aus New York kam.
Ich kehrte ausgelassen zurück,
zum süßen Applaus der Natur.
Sie hatten
es überstanden,
den ungewöhnlich langen,
nassen Winter und gewartet,
mich zu begrüßen,
mich zu ehren.

Bin ich zuhause,
wird alles glücklicher—

Ich will
diese wertvollen Momente auskosten.
Allein mit meinen Hunden sein.
Mich mit einer Drehscheibe und einem Brennofen am Töpfern zu versuchen—
Ein kleines Kunststudio angeschmiegt am Garten.

Es fühlt sich gut an.

Und wie auch
Monks Haus,
und Virginia Woolfs Garten
wird es rechtzeitig wachsen—

Als Nächstes
lerne ich die Geduld—
Ich werde eine Hütte zum Schreiben bauen,
mit Aussicht auf das Meer
und Fenstern
eingerahmt mit flauschigen, weißen Hortensien
und einem alten
Schreibtisch aus Holz.

Räume
voller Gärten
und Musik.
Ich werde sie durchschreiten
und tagelang nicht sprechen.
Aber ich werde nie aufhören
zu schreiben …
zu kreieren,
zu durchdringen
und alles auf meinem Weg lieben.

Ein Permafrost der Gefühle
wurde ans Licht gebracht,
neu und unbekannt.
Wie es scheint ist nichts unmöglich,
nur kurz zu vermeiden.
Du bist hierbei nicht allein.
Suche weiter.
Es gibt immer einen Berg, der erklommen werden kann.

DANKSAGUNGEN

Sagen wir mal, dass diese Reise … therapeutisch war?
Auf stur geschaltet, darauf bestanden das Buch selbst zu verfassen.
Keine Ghostwriter,
keine Co-Autoren,
oder „Buch-Doktoren“.
Das Gefühl zu haben, innerlich zu schreien (aber auch äußerlich),
mir zu erlauben, meine Geschichte zu erzählen.
Meinen Weg—
Bitte—
Für mich bedeutete es das Leben oder den Tod.
Ich muss mein eigenes Buch zu Papier bringen,
oder ich werde sterben.

Wieder das Drama …

ICH MUSS MICH BEI ALL DEN MENSCHEN ENTSCHULDIGEN, ABER AUCH bedanken, die es mit mir ausgehalten haben. Ich bin auf immer und ewig dankbar. Ich hatte nicht die geringste Vorstellung, was das Schreiben eines Buches mit sich bringt – all die Zeit, die Schwierigkeiten, die Lernkurve, die man in Überschallgeschwindigkeit bewältigen muss.

Ich empfinde neuen Respekt vor diesem Geschäftszweig. Das Buch begann als ein fünfzigseitiges Gedicht und daraus wurden Hunderte Seiten von … noch mehr Lyrik … von meiner ersten Erinnerung bis zur aktuellsten.

Meine Lektorin Kate Napolitano von Harper Collins ist eine Heilige. Schon bei unserem ersten Treffen wusste ich, dass sie die Richtige ist. Nachdem ich mich bereits mit mehreren Verlegern getroffen hatte, gab es keine Zweifel. Sie hat hart und unerbittlich für dieses Buch gekämpft, und ich liebe ihr vorrausschauendes Denken und ihre Einstellung, der Aufgabe gewachsen gewesen zu sein. Ich warnte sie, dass ich nicht einfach sei und das begeisterte sie mehr als alles andere – *Je härter die Niederschrift eines Buches wird, desto besser*. Ich konnte keine Versprechen geben, dass wir am Ende zu einer Übereinstimmung gelangen würden – und als ich aus der Tür heraus war, fragte ich mich, ob das überhaupt eine gute Idee gewesen war. Sie war authentisch und standfest, schenkte mir Zuversicht, als ich sie am dringendsten benötigte. Ihr Vertrauen in meine Person ermutigte mich noch tiefer zu graben. Und ihre Ratschläge wurden von einem coolen Aussehen begleitet – rote Haare und Tattoos – was noch sympathischer war. Ihr gefiel mein ursprünglicher Schreibstil, aber sie schlug vor vollständige Sätze zu verfassen und eine Unterteilung in Kapitel vorzunehmen. Ich erklärte ihr, nicht in kompletten Sätzen zu denken, von Kapiteln mal ganz abgesehen. Ich war so wütend, dass meine Haut zu kribbeln begann und fragte: *Warum? Warum müssen wir Regeln folgen?!* Oh-oh. Das habe ich jetzt kapiert!

Bei der Lyrik bleibt viel der Vorstellungskraft überlassen, aber auch einer direkten Aufrichtigkeit. Lyrik berührt die empfindlichen Punkte, aber spricht nicht jeden an. Sie ist treffend, aber auch ein Schutzschild. Ich habe geschrieben, um meine Gefühle besser zu verstehen. Ich erkannte, es machen zu *müssen*. Möglicherweise habe ich mich manchmal in das kleine Mädchen aus *Der Exorzist* verwandelt – mit einem rotierenden Kopf, unverständliche Laute von mir gebend. Ich wusste nicht, dass ich so viel Wut und Zorn in meiner Büchse der Pandora bewahrt hatte. Die Niederschrift dieses Buches war eine quälende Aufgabe, viel härter, als ich es mir jemals ausgemalt hätte – und du Kate, hast diese Zeiten mit Würde und Fürsorge miterlebt. Ich danke dir für dein Engagement, die Geduld und dem absoluten Willen, es zu vollenden.

Nun kommt der Auftritt der wunderbaren Andra Miller. Auch wir hatten einen schwierigen Start, aber kämpften weiter, bis wir das Gute fanden. Andra, du hattest den harten Job mir bei der Ausformung meiner Gedanken zu helfen, und sie unterschiedlich zu präsentieren. Dein Background beim Lektorieren von Fiction war von entscheidender Bedeutung und zudem eine sehr geschätzte Perspektive, die ich benötigte. Ich war total durcheinander … ich brach mehrmals zusammen, während du dort geduldig saßest, um mich durch all die Gefühle zu führen und die vielen Kaninchenlöcher, die wir gemeinsam erkundeten. Ich weiß, dass ich störrisch bin, aber für mich ist das eine wichtige Fähigkeit zum Überleben. Letztendlich bin ich zufrieden und stolz – und ich würde niemals wollen, dass dieses Buch anders erscheint, als so wie es ist. Eine Arbeit der Liebe. Euch allen danke ich dafür.

Ich möchte mich auch bei meinen beiden Literaturagenten David Kuhn und Nate Muscato von Aevitas bedanken, die einige Male „dazwischenfunken" mussten, um mich zu ermutigen; meinem Agenten Chris Smith von APA; meinem Rechtsanwalt Don Steele (er ist der Fels in der Brandung für die geschäftlichen Angelegenheiten meiner Familie), meinem PR-Agenten und Freund Matt Berritt, und meinem Assistenten Jonathan Zeiler, das Bindemittel, das mich zusammenhält.

Meine Mom und mein Dad verdienen meinen tiefsten Dank und Respekt. Sie haben mich durch Dick und Dünn unterstützt, ohne zu zögern und mir alles über die Liebe beigebracht, was ich weiß.

Ich bin meinem Bruder Gerry dankbar, der eine neue Seite aufgeschlagen hat, indem er nüchtern wurde und von Neuem begann. Ich bin stolz auf dich, G.. Du bist ein selbstloser und ein engagierter Mann. Deine Frau und deine Kinder können sich glücklich schätzen, dich zu haben. Danke dir, dass du seit unseren frühsten Tagen mein „Komplize" gewesen bist. Ich bin dankbar, dass wir wieder auf einem gesunden Weg zusammenfanden, da wir eine gemeinsame Geschichte haben.

Ein besonderes „Ich-danke-euch" gilt meinen wunderbaren Kindern Brandon und Dylan Lee. Das hier war eure Idee. Und das ehrt mich wirklich, Sweethearts. Ich war zuerst zögerlich, aber ihr wusstet, dass ich meine Lebensgeschichte wieder an mich reißen musste, die auch eure Geschichte ist. Nun kann ich freier durchatmen und mit Würde nach vorne gehen. Ein neuer Anfang …

Brandon, du arbeitest so hart. Du bist ein kämpferischer und naturgeborener Agent, eine Rolle, die du überraschend annahmst – spontan, ohne Angst. *Mom, bitte schreib etwas, das die Leute verstehen. Ich lese deine E-Mails und du klingst verrückt. Niemand weiß, über was du da gerade redest.* Man weiß, dass ich oft unzusammenhängendes Zeugs labere, mich über philosophische Themen auslasse und dabei oft abschweife. Ich schreibe wie ich denke – hoffe aber, dass dieses Buch einen Sinn ergibt. Ich denke, wir haben den Job gut erledigt.

Dylan, du bist der Buddha der Familie. Deine Ruhe und Musikalität sind inspirierend. Die Ruhe im Sturm. Ich weiß, dass du eine schwere Last trägst – du bist ein Künstler und empfindest Emotionen tiefer und intensiver. Ich hoffe jetzt, da diese Geschichte veröffentlicht wurde – die Wahrheit –, dass du zumindest etwas besser verstehst, warum die Menschen sich so verhalten, wie sie es eben tun. Und wenn wir wissen, wie die Menschen geprägt wurden, können wir auf ein Urteil verzichten. Eine Kettenreaktion. Wir feiern die schweren Zeiten, denn die guten Zeiten erklingen nur durch sie noch süßer.

Es ist kein Geheimnis. Ihr beide seid das Resultat einer äußerst seltenen und überaus intensiven Liebe. Was mich zu Tommy führt. Ich danke dir, dass du exakt der Mensch bist, der du bist und dafür, der Katalysator für alles Gute in meinem Leben zu sein.

In diesem Buch gibt es keinen Kummer. Es ist eine Feier von unvollkommenen Menschen und ihren unvollkommenen Leben und dem Glück, das sie dort finden. Die Vergebung ist unsere Rettung. In der Weisheit, dass wir uns niemals für unser Glück von anderen abhängig machen dürfen, liegt die Erlösung. Wir können uns nicht gegenseitig retten, wir können aber andere lieben.

Wir sind die Helden unserer eigenen Geschichte. Es ist primitiv. Wir alle sind Affen.

Ein Kriegsruf. *Memento mori* (Sei dir deiner Sterblichkeit bewusst).

SELBSTPORTRÄT

ÜBER DIE AUTORIN

Pamela Anderson ist eine internationale Ikone, deren Werk sowohl das Entertainment, als auch den Aktivismus umfasst. Mithilfe der Pamela Anderson Foundation setzt sie sich für Belange ein, die ihr am Herzen liegen, darunter der Erhalt des Meeres und des Regenwaldes und das Engagement für schutzbedürftige Menschen und Tiere. Davon abgesehen genießt Pamela die Mutterrolle für ihre Söhne Brandon Thomas Lee und Dylan Jagger Lee, ihre höchste Priorität und die Quelle ihres größten Stolzes.